病由心生

內心的傷痛，身體都知道

卓文琦，墨迪◎著

常覺得頭暈目眩、胸悶不適，去看醫生卻又一切正常？

剛剛才接收到的訊息，下一秒立刻忘記？

消極、厭世、負能量爆棚，為什麼對一切提不起精神？

平日表現得樂觀開朗的人，其實壓力大到隨時會崩潰？

飽受摧殘而傷痕累累的內心，你察覺到了多少？

崧燁文化

目錄

上篇　健康的身體來自健康的心理

第一章　養身先養心

身心健康的標準 ⋯⋯⋯⋯⋯⋯⋯⋯⋯⋯⋯⋯⋯⋯ 10

百病由心生 ⋯⋯⋯⋯⋯⋯⋯⋯⋯⋯⋯⋯⋯⋯⋯⋯ 12

身心失調產生的後果 ⋯⋯⋯⋯⋯⋯⋯⋯⋯⋯⋯⋯ 16

治病首先要理心 ⋯⋯⋯⋯⋯⋯⋯⋯⋯⋯⋯⋯⋯⋯ 20

學會自己調節自己 ⋯⋯⋯⋯⋯⋯⋯⋯⋯⋯⋯⋯⋯ 23

第二章　身體各部分與情緒的密切關係

潰瘍患者常常具有潛在的「潰瘍易感體質」 ⋯⋯ 33

不良心理會誘發氣喘 ⋯⋯⋯⋯⋯⋯⋯⋯⋯⋯⋯⋯ 35

和壓力性事件有關的原發性高血壓 ⋯⋯⋯⋯⋯⋯ 38

「敵視情緒」就像吸菸和高血壓一樣對心臟有害 ⋯ 41

控制情緒，勞逸適度可預防腦血管病 ⋯⋯⋯⋯⋯ 43

小心「氣」出糖尿病 ⋯⋯⋯⋯⋯⋯⋯⋯⋯⋯⋯⋯ 46

皮膚是心理的情緒地圖 ⋯⋯⋯⋯⋯⋯⋯⋯⋯⋯⋯ 49

神經性皮炎是情緒變化的標誌 ⋯⋯⋯⋯⋯⋯⋯⋯ 53

值得重視的現代上班族常見病 —— 神經衰弱 ⋯⋯ 56

無論什麼事，總害怕會出現最壞的結局 —— 焦慮症 ⋯ 61

目錄

被邱吉爾稱為「黑狗」的憂鬱症 ……………………………… 65

本質為自相搏鬥的強迫症 ………………………………………… 70

第三章　撥開心靈迷惘的雲霧

走出悲觀控制的陰霾 …………………………………………… 74

跳脫虛榮的華麗藩籬 …………………………………………… 78

去掉猜疑的無形枷鎖 …………………………………………… 82

穿過自私的狹隘空間 …………………………………………… 85

拋棄完美的迷人光環 …………………………………………… 89

衝出自卑自憐的沼澤 …………………………………………… 92

平息浮躁搖擺的不安 …………………………………………… 96

充實空虛寂寞的心靈 …………………………………………… 99

第四章　駕馭情緒的上下起伏

抑制憤怒狂躁的不良心理 …………………………………… 103

熄滅嫉妒的熊熊烈焰 ………………………………………… 107

走出孤獨的心理空間 ………………………………………… 110

剷除抱怨的心理 ……………………………………………… 113

第五章　修補人格的心理缺陷

揭開羞怯的紅蓋頭 …………………………………………… 117

消除自負產生的傲氣 ………………………………………… 121

永遠不要逃避 ………………………………………………… 124

糾正偏執的心理障礙 ………………………………………… 128

避免掉進貪婪的無底洞 ……………………………………… 133

第六章　突破意志的心理障礙

懷舊也是一種病 138

扔掉拐杖，獨立自主 143

拖延是毀掉前程的惡魔 146

懶惰是人心的腐化劑 150

衝動是厄運的導火線 157

意志力強弱決定成敗 160

告別猶豫不決的情懷 166

第七章　走出不良行為的心理桎梏

不做嗜酒如命的「酒君子」 171

不做吞雲吐霧的嗜菸者 178

不做嗜賭如命的賭將軍 185

告別厭食的苦惱 189

不同於常人的愛乾淨 —— 潔癖 192

剎住瘋狂購物的快車 195

不做網路的「蜘蛛人」 201

成癮的並不是網路 202

下篇　做自己身心的駕馭者

第八章　搬走工作壓力的重石

學會忙中偷閒 208

忙中偷閒，輕鬆應對壓力 209

擺脫令人煩惱的「星期一」 211

目錄

科學作息，不當工作狂 …………………………… 215

接受現實，改變工作態度 ………………………… 218

做自己喜歡的工作 ………………………………… 221

使工作變得積極 …………………………………… 225

不要把工作帶回家 ………………………………… 227

降低工作壓力的竅門 ……………………………… 230

第九章　掀掉家庭壓力的牢籠

處理好子女的問題 ………………………………… 234

正確看待家庭消費支出 …………………………… 237

保持良好的婚姻狀況 ……………………………… 238

夫妻和諧的心理條件 ……………………………… 243

最重要的是溫馨和睦的家庭氣氛 ………………… 245

第十章　大膽的與人來往

保持一顆愛心 ……………………………………… 249

重視朋友的含義 …………………………………… 252

去和不同性格的人來往 …………………………… 255

懂得採納朋友的建議和意見 ……………………… 258

和朋友說話的藝術 ………………………………… 261

讓自己多一些幽默風趣 …………………………… 264

容易人緣不好的幾種人 …………………………… 267

讓他人可以信賴你 ………………………………… 271

從容面對他人的指責 ……………………………… 273

盡量避免誤解與偏見 ……………………………… 276

讓理解搭起一座通心橋 279

第十一章　健康理智的追求「性福」

性健康的大忌：諱疾忌醫 282

更年期的性健康 285

男性慎用壯陽藥 287

知己知彼，愉悅身心 290

殉情並不是健康的愛 292

兩性互相吸引的保健含義 295

性保健的三要素：吸引、親密和關心 299

性保健套餐：性慾、情慾和愛慾 301

求偶的健康性心理 304

樹立健康的生殖器觀念 306

第十二章　正確認知老年的到來

老年心理保健的要領 309

人老體老心不老 311

講究科學的生活方式 313

順其自然宣洩情緒 317

懂得適時的角色轉換 319

合情合理的老年再婚 321

保持和睦的家庭氛圍 323

琴棋書畫陶冶情操 325

第十三章　百病不患的心理訓練法

自信心訓練 —— 告訴自己「我是最棒的」 328

目錄

情緒控制訓練 —— 在感覺快要失去理智時使自己平靜下來 ⋯⋯⋯ 332

意志力訓練 —— 訓練和提升它，就能使一個人獲得成功的強大動力 ⋯⋯⋯⋯⋯⋯⋯⋯⋯⋯⋯⋯⋯⋯⋯⋯⋯⋯⋯⋯⋯⋯⋯⋯⋯ 335

社交能力訓練 —— 被他人拒絕的人很多是因為不懂得交際的規則 337

人生規畫訓練 —— 對自己的人生有個整體的把握 341

第十四章　健康人生靠自己

快樂與否看你自己 ⋯⋯⋯⋯⋯⋯⋯⋯⋯⋯⋯⋯⋯⋯⋯⋯⋯ 344

善待自己才會更美麗 ⋯⋯⋯⋯⋯⋯⋯⋯⋯⋯⋯⋯⋯⋯⋯ 346

讓自己的容貌永遠單純 ⋯⋯⋯⋯⋯⋯⋯⋯⋯⋯⋯⋯⋯ 348

把快樂當成自己的一種心理性格 ⋯⋯⋯⋯⋯⋯⋯ 350

保持從容不迫 ⋯⋯⋯⋯⋯⋯⋯⋯⋯⋯⋯⋯⋯⋯⋯⋯⋯⋯⋯ 352

讓心中永遠充滿陽光 ⋯⋯⋯⋯⋯⋯⋯⋯⋯⋯⋯⋯⋯⋯⋯ 354

幸福來源於「簡單生活」 ⋯⋯⋯⋯⋯⋯⋯⋯⋯⋯⋯⋯ 355

珍惜自己的生命 ⋯⋯⋯⋯⋯⋯⋯⋯⋯⋯⋯⋯⋯⋯⋯⋯⋯ 357

上篇

健康的身體來自健康的心理

第一章　養身先養心

身心健康的標準

聯合國世界衛生組織曾對健康給出這樣的定義：健康不僅僅是沒有疾病，而且是身體上、心理上和社會上的完好狀態。也就是說，人的健康包括身體健康、精神健康和社會適應功能良好三個方面。

對此，聯合國世界衛生組織具體提出了人的身心健康標準，它包括肌體和精神的健康狀態。一共有 8 項標準，具體如下：

(一) 吃得快

吃得快是指用餐時有很好的胃口，能很快吃完一餐飯，並且對食物沒有什麼挑剔，食慾與用餐時間基本一致，這表示內臟功能正常。吃得快並不是說要風捲殘雲般進食，而是指吃飯時不挑食、不偏食，沒有難以下嚥的感覺。吃得順利，食慾正常，用完餐感到很飽足，沒有仍舊很餓或腹脹的情況。

(二) 便得快

便得快是指有便意時，能很快的、順利的排泄大小便。而且感覺輕鬆自如，在精神上有一種良好的感覺，說明胃腸功能良好。

(三) 睡得快

睡得快是指睡眠有規律，夜晚上床能很快入睡，而且睡得熟；醒後精神狀態非常飽滿。如果睡的時間過多，且睡後仍感疲乏無力，說明心理生理上出現了問題；如各種心理生理障礙、精神官能症。睡得快說明中樞神經系統的功能正常而協調，且身體各臟器對中樞神經系統沒有干擾。

(四) 說得快

說得快是指說話流利，語言表達正確，說話內容合乎邏輯。能根據話題轉換，隨機應變。表示頭腦清楚，思維敏捷，中氣充足，心肺功能正常。說話不時常停頓或下意識重複或前言不搭後語，說話不覺吃力，沒有有話說而又不想說或說話過程中有疲倦之感，沒有大腦遲鈍、辭不達意的情況出現。

(五) 走得快

走得快是指腿腳靈活，邁步輕鬆、有力；轉體敏捷，反應迅速，動作流暢。證明軀體和四肢狀況良好，精力充沛旺盛。因諸多病變導致身體衰弱均先從下肢開始，人患有一些內臟疾病時，下肢常有沉重感；心情狀況不良時，則往往感到四肢乏力，步履沉重，行動遲緩。

(六) 良好的個性

良好的個性是指言行舉止能被別人認可，能夠在適應環境中充分發揮自己的個性特點，沒有經常性的壓抑感和持續性。感情豐富，熱愛人生和生

活，總是樂觀向前，胸懷坦蕩。

（七）良好的處世能力

良好的處世能力是指看問題符合客觀實際，自我控制能力強，與人互動的行為方式能被大多數人認可和接受。適應複雜的社會環境，對事物的變遷能始終保持穩定而良好的情緒，在不同的環境中能保持彈性，能保持對社會外環境和肌體內環境的平衡。

（八）良好的人際關係

良好的人際關係是指有與他人互動的願望，有所選擇的交朋友，珍視友誼，尊重別人的意見和人格。待人接物能大度和善，既能善待自己，自尊自愛，自信自強，又能寬以待人，對人不吹毛求疵，對人際關係問題上不過分計較。

百病由心生

一般來說，人生病不外乎內外兩方面的原因，內部原因是七情困擾，喜、怒、哀、思、悲、恐、驚，哪樣情緒控制不住都會損傷五臟六腑，造成內傷不足的病症，叫做虛症。外部原因是風暑燥熱溼寒侵入，屬於後天有形的氣血之症，叫做實症。

由於發病的原因不同，治療的方法也就不同，實症採用打針吃藥針灸等方法可以治療，虛症最好的治療方法是心病還需心藥醫，需要反思靜養。有人大病纏身，一旦看開世態炎涼，拋棄爭強好勝之心幡然醒悟，往往會逐漸痊癒康復，就怕執迷不悔，醫術再高的人也無能為力。同樣是癌症患者，有的精神崩潰，有的坦然面對，結果也肯定不同，快樂療法被證明是治療絕症

行之有效的方法。 下面，我們就介紹一下導致人生病的內外原因的幾個具體因素。

環境因素：

　　環境這一因素在疾病的產生中是不可輕視的。比如說，南極上空的臭氧層破洞已經對南半球的人們造成了嚴重的健康威脅。現在全世界都在呼籲和宣導綠色飲食、綠色呼吸等，但我們卻都在不自覺的攝取毒素，比如化肥和農藥的殘留物、工廠廢料、車輛排氣等等。至於汙染引起的健康問題，最明顯的一個例子就是氣喘病發生率的顯著提升。無數事實顯示，我們將自然改變得越多，付出的代價也就越沉重。在每個病例中，都應考慮到環境因素的影響，疾病與環境汙染的關係是我們急需深加研究的課題。

　　不要覺得現在為時已晚而自暴自棄，更不能覺得這只是小事一椿，不值得小題大做，漠不關心。我們必須有所行動。

　　另外，環境因素也包括社會和文化因素的影響。舉個例子，在某個國家發生率奇高的病症很可能與當地風俗和地理環境相關，這種病症可稱作「國家性疾病」。比如乳癌，在日本的患者較少，但在美國卻有九分之一的女子受到乳癌的困擾。這僅僅是由於飲食結構的差異，還是與兩種文化中女性對於自己身體的態度不同呢？這有待於進一步探討研究和解決。

　　再比如，捷克在國家體制轉變之前，在過去的很長時間裡，他們一直生活在極大的精神壓抑下。在很多地區，很多人深受喉部與胸部疾病的困擾。身體的這兩個部位與情感壓抑緊密相關，尤其是悲傷與惱怒。很長時間，他們無法為了自己呼吸，也無法為了自己說話。他們的情感在心中壓制了太長時間，以至於無法接觸到真正的「心」 —— 愉悅之心，關愛之心。這就是喉部疾病和心臟疾病發生率較高的原因。

基因因素

　　遺傳或者基因是不可否認的另一個致病因素。比如說，有些生理缺陷在每一代人身上都會發生，所以，相比其他病症，父母身上的病症更可能發生在我們身上。不過，單單一個基因並不是決定性的力量，外部的因素對基因的誘導可能更加重要。舉個例子，同胞兄弟有完全一樣的基因組合，但是他們不一定患一樣的病。

　　生活態度和情感環境對於身體的健康來說是同等重要的。它們一起決定了我們的飲食方式、鍛鍊方式和個人習慣。反過來，這些方式和習慣又影響到身體健康和抵抗疾病的能力。當你的身體缺乏照顧、缺少鍛鍊、營養不足或被惡習（比如吸菸酗酒）所侵蝕後，即使原來的體質並不弱，也無法抵禦疾病來襲。如果把病因歸結為「我之所以得病是因為我父母也得過這樣的病」，只會讓宿命論和絕望占了上風，而你的抵抗力越加脆弱。不管發生什麼，都要鼓勵自己、愛護自己。你越加關愛你的身體，你的身體就越能對抗發生在你身上的疾病。

其他因素

　　假設一下，當我們患病了，然而卻對病因毫無所知，而且其他所有的解釋都對不上號的時候，其他一些不可知的因素就成為了最後的解釋。我們必須承認，有些未知因素是確實存在的，有可知的事情就有未可知的事情，不是所有事情都可以被我們徹底認識和了解的。

　　這種所謂的不可知的因素會讓我們的心理和精神感到迷惘並深受挫折。雖然如此，我們的態度仍然很重要。如果我們輕易向絕望和無助投降，就會迅速滑向沮喪的深淵。不過，如果我們選擇用一種尊重規則的態度，也就得到了這些不可知的尊重。比如說，在死亡面前，我們可以選擇放棄生命，也

可以用各種方式來體驗生活中種種神祕之處，兩種不同的態度必然帶來兩種不同的方式或結果。

如果大多數病症確實是由生活態度和生活方式引起的，我們就必須嚴肅認真的想想這個問題了。生活方式涵蓋了生活中的各方面：鍛鍊身體的頻率如何，是否吸菸喝酒，休閒時間和可以支配的個人時間有多少，對待自己的態度是漠然還是尊重。這些因素都會慢慢的削弱或者增強我們對疾病的抵抗力。

相比而言，自我感覺也是不容忽視的。不過，如果你並不是真的愛自己，如果你感到生活毫無價值，並且經常內疚和羞愧，長此以往，這些負面念頭都會在你身上留下傷痕。

和那些整日鬱鬱寡歡的病人相比，具有開朗樂觀心境的病人痊癒的可能性要高得多。當我們對疾病持悲觀、絕望態度時，體內的潛能就無法正常發揮，康復的時間可能就會遙遙無期。當我們對疾病持一種樂觀、平淡的態度時，疾病痊癒的可能性就會大得多。

另外，我們是不是喜歡自己的身體，對自己身體的關注程度的大小也是影響我們心理和身體健康的因素之一。可以這樣說，很少有人用愛與尊敬的眼光來看待自己的身體。大多數人都希望自己更苗條一點或者更有線條感，希望自己更高躯些或者臉上的皺紋更少。如果你問一下身邊的朋友，哪些人是真心誠意的愛自己的身體，答案很可能是沒有。

比如，你可能不太喜歡自己的大腿。在過去很長的時間裡，你一直希望你的大腿更苗條或更壯實（當然這是對男性而言），希望它更細膩、柔滑，充滿線條感。所以，每當你照鏡子時，都覺得自己的大腿粗糙而又醜陋。別太在意自己的形象，記住，你就是最好的，你的身體當然也是最好的。只有懷著樂觀開朗的心情去接受，才是最佳的心理狀態。

身心失調產生的後果

當人極度煩惱或承受著極大的壓力時，會不自覺的出現反常的思想和行動，其具體的症狀有：

令人難以理解的行為舉止

在大街上，我們時不時的可以看見一些穿著西裝的人冷不防用力一踢街上的空罐子；穿得時尚大方的女士，突然用力猛甩頭髮。這些不期然的下意識行為，正是沉重壓力下最直接也最容易被覺察的壓力症狀。而大聲吼叫和拍打桌子也是許多人的發洩反應；另外，一些無意識的動作，如手中不斷弄著筆桿、把車票或紙張折成細方塊形、唉聲嘆氣等。

反常的行為舉止

因壓力而引起的情緒或心理障礙，經常表現在個體的反常的行為舉止中，這一類人在情感上的變化，不是過於高昂（躁期），就是過於低落（鬱期），或是兩者依次出現，不過，都是有器質上的起因的。在躁期，個體的心還必須處於興奮、激昂、狂放、急躁的狀態。具體的現象有：無休止的活動，似乎不肯閒下來；思潮澎湃，聯想力增快；變得非常喜歡講話，大聲的滔滔不絕；食慾增加，性慾亢進；本來性格很害羞內向，沉默寡言的人，會突然變得非常熱情，能言善道；不肯入眠，注意力不易集中，沒有聽批評的耐心，也不願接受束縛和限制；表現出過度的樂觀，冒不必要的風險，承諾一大堆事情，做一大堆計畫；常常不切實際的空想，並認為自己的能力不同於常人。

而在憂鬱期，這種狀態下的人幾乎對所有的事情都喪失興趣。隨著憂鬱的情緒持續存在，常出現的是哀傷、沮喪和不滿的感覺。另外還經常會產生下列症狀：覺得自己沒有價值，有罪惡感；思考與行動的速度均顯得緩慢；

說話顯得平淡而機械化；常常會有憂鬱的傾向和自殺的想法；哀傷、憂鬱、失望，對幾乎所有的平常活動失去興趣和樂趣，食慾不佳，體重顯著減輕，失眠或睡眠過多，行動遲緩或減少，常常坐著發呆，自我責備，缺少活力，富有悲觀、消極、虛無的色彩，注意力渙散、不易集中，容易忘記事情等。

此外，受壓力的影響，其所引發的反常行為還有精神無法集中、記憶混亂、語言混亂、不理性的行動、思想刻板以及因錯誤評估造成的惡性循環。個人會因花費過多不必要的精神去憂心壓力的後果，致使精神無法集中，經常在與朋友的交談過程中，聽不到朋友在說些什麼；個人因過分緊張，而讓記憶變得模糊而混亂，往往會在一個重要的演講場合，忘了拿自己好不容易才準備好的稿子；個人會因思維被壓力打亂，使得語言的邏輯雜亂無章，經常是慌慌張張、長篇大論的把話說完，但是卻讓聽眾聽得一頭霧水；個人會因腦中解決事務的機制失去控制而發生不合乎正常道理的行為衝動。

處在躁期或鬱期的個體因為沒有足夠的安靜的思考空間，致使思想轉來轉去，走不出那條死胡同，進而變得缺乏彈性，固執而刻板。反應在應付壓力上，他將很難提出明確而有建設性的策略，取而代之是僵硬的態度和令人無法溝通的困境。個人會因高估事情的困難度而過於低估自己處理事情的能力，使問題由小變大、由簡單變得繁雜，而錯誤的評估將使問題越來越惡化，並導致惡性循環，最終使自己無法自拔。

憤怒或採取攻擊行為

在承受極大壓力的情況下，個人往往表現出一種破壞一切的本能行為。大多數人有受到挫折、失望以及被汙辱時，有不安、緊張、焦慮等情緒是較常見的反應，但超過一定限度時，就如決堤的江水般洶湧奔流。這些情緒很多時候會使人脾氣暴躁而難以與人相處，但有時會令自己懷疑，感覺到自己好像很不明白自己的感覺，或是不能控制自己的情緒，這些感覺一般令人覺

得思維混亂以至於產生憤怒的情緒。

　　然而，憤怒的對象在多數時候並不僅僅針對自己，也包括了其他人；憤怒的情緒之外，也會伴隨著攻擊的行為。由對動物所進行的研究發現，當動物面臨各種壓力來源（包括隔離、過度擁擠、嗎啡中斷和電擊等）時，經常會出現攻擊的行為反應。實驗顯示，把一對動物放在一個牠們無法逃離的籠子中，並給予電擊，則當電擊開始或結束後不久，牠們會隨即打起架來。當只有一隻動物被關起來時，同樣的電擊則是引起過度進食的行為（在隨後的文字中我們會講到）。

　　對於我們人類而言，攻擊行為往往是挫折所導致的。挫折是有機體被阻撓了通往目標之路時所存在的一種狀態。當個體有高度的目標動機，即將達到目標，並在進展上只有一部分被阻撓時，他將會有更大的挫折。挫折即是對壓力來源的一種反應，它自己本身其實也是一個壓力源，當挫折導致了攻擊反應時，此攻擊反應會是外顯的，也就是說，直接的想要除去挫折的外在來源。當然，採取攻擊行為這種做法並不一定是明智的，因為攻擊行為很有可能會從真正的目標轉移到某些替代的目標上。就像我們會選擇玩偶、弟妹等較小的或較弱的對象來發洩自己的怒氣；或者在外受了怨氣，卻發洩在親密的家人身上，因為我們知道家人一般是不會進行還擊或報復的。

過度進食或厭食

　　在前面的文字中，我們說到當動物受到電擊時，其反應之一會是過度進食。事實上，在人類的生活中，過度進食是某些人用來應付日常壓力的最典型的行為反應。就像一個情緒憂鬱的肥胖婦人所說的：「有時候我認為自己根本不覺得餓，我只是為了某些得不到的東西感到沮喪，而食物是最容易得到並可使我覺得內心舒服和開心的事物之一。」

　　反之，受情緒的影響也會使人產生與嗜食症對應的厭食症。厭食症和

嗜食症（過度進食）在心理學上的說明是極端不同的。厭食症患者的傾向是較為內向、否認飢餓，並很少表現出外在的苦惱；嗜食症的傾向則是較外向、較有衝勁、較常濫用藥物和酒精，並會顯現出較強的焦慮、憂鬱、罪惡感、自棄及自殺的意圖。另外也發現，嗜食症患者有一部分會有偷竊的傾向或行為。

其實，患有嗜食症的人不一定就會肥胖，這是因為受極大壓力的影響而造成腸胃吸收能力失常，而厭食者的情況較為嚴重，除了消瘦之外，貧血、血壓低和營養不良也對健康構成危害。另外，食之無味也是壓力之下常有的反應，由於種種憂慮，分散了其他注意力，或腦下垂體分泌失常，影響味覺神經的動作，導致食慾不良。

體型的改變

當人受到一定的壓力時，個體有躁型或者鬱型兩種極端的傾向，加上嗜食或厭食的不良的飲食方式，兩者交互作用之後，通常情況下也會使個體發生過胖或失重的體型上的變化。

神經衰弱

一般來說，當個體遇到自己無法控制的情況時，會耗費過多的時間去擔憂自己因應付不了環境要求而失敗的後果，甚至自我誇張了失敗的結果，而將精力消耗在與處理問題無關的思維或事情上。精力分散了，便不能集中精神去分析和面對問題。連帶的出現記憶混亂、語言混亂、不理性的衝動及許多錯誤的評估等等神經衰弱的現象。

神經衰弱是極度煩惱和壓力狀態下的一種常見的病症，在現代社會，此症更是非常普遍的。患有神經衰弱的人，常感到頭痛、眼脹、失眠、昏昏欲睡、噁心、耳鳴、記憶力衰退、腸胃不佳、注意力不集中，別人說話時，個

體的接受力低及容易忘記前一段所說的話，這表示個體所受到的壓力已超過正常的程度。

高血壓

有科學家研究發現，已開發國家中過度進食含大量動物飽和脂肪的飲食、運動量不足以及精神壓力，都與其高血壓盛行有關。在美國，黑人比白人有更多人得了高血壓，但所指的黑人並不包括居住在鄉村的黑人，而是指城市之中，居處擁擠髒亂的黑人。調查顯示，在城郊地帶的中產階級黑人得高血壓的比例只有住在擁擠都市內黑人的一半，在後者的居住環境中，我們可以很明顯的找出某些值得考慮的情緒壓力因素：焦慮、敵意、暴力、挫折、被排斥以及沒有安全感所帶來的痛苦。但現在，這一情況已不只在已開發國家出現了，在開發中國家和第三世界國家也已普遍存在。

治病首先要理心

生活中，我們習慣於身體有了病便求醫問藥，彷彿這是解決問題的唯一途徑。然而對許多人來說，即使是妙手回春的神醫，也沒能讓他們從痛苦中解脫出來。這究竟是什麼原因？相關專家解釋：出現這種情況的原因往往在於這些人多少存在一定的心理障礙，而且這種障礙並沒有引起本人的足夠重視，或者他們對心理疾病的發生和發展根本就毫無概念。

在醫學上，由於消極不良的心理狀態刺激而導致生理機能失調，進而導致生理病變，叫做身心疾病；由消極不良的心理狀態刺激導致高級神經活動失調，進而導致各種疾病的發生，叫做精神性疾病。身心疾病和精神性疾病統稱為心理疾病。

目前，心理疾病已成為人類健康的主要威脅。危害人類健康最嚴重的疾

病，已經不再是我們所熟悉的傳染病等生物學意義上的疾病，而是與環境、社會、人際關係等因素密切相關的身心疾病。心理專家認為：一個人的心理狀態將會直接影響他的人生觀和價值觀，甚至直接影響到他的某個具體行為。因此從某種意義上來說，心理衛生比生理衛生更加重要，也更加要引起我們的重視。

俗話說，解鈴還須繫鈴人。同樣的道理，治病首先要理心，心病還需心藥醫。只有找到問題的真正根源，擁有一個健康的心理，才能找回真正的健康，找回消失已久的快樂。

那麼，怎樣才算是心理健康呢？這是一個頗難一言以蔽之的問題。這裡我們先介紹幾個心埋健康的標準，相信你看完以後，會對心理健康形成一個整體的把握。

正視現實

心理健康的人可以和現實保持良好的接觸，對周圍的事物有著客觀而清醒的認識；他們能夠正視生活中的各種困難和矛盾，並能以切實有效的方法去處理，而不是逃避困難；他們既有高於現實的美好目標，又不沉迷於不切實際的幻想。在工作、學習和生活中，心理健康的人能夠處處表現出積極進取的精神。

了解自我

心理健康的人不但了解自己的優缺點及各方面的能力，而且還對自己的性格、愛好以及情緒與動機等有所了解，並能夠據此妥善安排自己的生活與工作，從而在各方面做出正確抉擇，讓自己多一份成功的希望與把握。

情緒樂觀

心理健康的人情緒穩定，心胸開闊，常向光明處去看，不往黑暗處去鑽。他們熱愛生活，積極向上，未來對他們來說無限美好。在遇到各種困難時，他們能夠積極採取行動，自行解脫。

與人為善

心理健康的人一般都有良好的人際關係網，他們既對別人施予感情，也能欣賞並接受他人的感情；在與人相處時，他們所持的積極態度（如尊重、信任、喜悅等）遠遠多於消極態度（如嫉妒、懷疑、憎惡等）。

自尊自制

心理健康的人自尊自重，為人謙和。在社會交往中，他們既不狂妄自大，也不畏懼退縮；在行為上，他們獨立自主，既能有所為，又能有所不為，好的事情就主動去做，壞的事情則可以自我克制，能夠抵制來自各方面的不良誘惑。

樂於工作

在工作中，心理健康的人能充分發揮自己的聰明才智，獲得成就，並能從工作中得到滿足感。工作對他來說充滿挑戰，其樂無窮，而不是一種難以逃脫的負擔。

以上提到的這幾條，有哪些是你能夠做到的，哪些是有待於進一步改善和提高的？不要總是抱怨生活太累，工作太忙，讓自己的心靈多沐浴一些溫暖的陽光，對生活多一些希望，對未來多一些規畫，對身邊的人多一些關愛，對自己多一點信心……當你的心理狀態真正達到健康的標準，你會發現，曾經的那些煩躁不安的情緒會在不知不覺中悄然隱退，迎接你的當然是

一個個輕鬆自如的日子。

理好自己的心情，讓煩惱都見鬼去吧！

學會自己調節自己

有一首詩裡這樣寫道：「你要想活得隨意些，你就只能活得平凡些；你要想活得長久些，你就只能活得簡單些；你要想活得輝煌些，你就只能活得痛苦些。」當然，每一個人都希望自己能在這個世界上有所作為，縱然不期望流芳百世，也不願碌碌無為虛度一生。因此，我們都在不停的奮鬥，為了那似乎並不遙遠的成功和輝煌。而快速多變的現代生活節奏，在不斷激發我們的進取心，鍛造我們的耐力和韌性的同時，也必然讓我們付出了高昂的生理代價和心理代價。

在這種情況下，我們要學會自我調節，讓自己遠離消極因素的困擾，走出心理困境，擁有一個良好的心態，一個健康的人生。

一般來說，人的情緒和其他一切心理過程一樣，是受大腦皮層的調節和控制的，這就決定了人能夠有意識的控制和調節自己的情緒，做情緒的主人。以下幾種方法有利於我們在陷入心理困境時進行自我解救。

迴避法

一個人在陷入心理困境時，最先也是最容易採取的就是迴避法，即躲開或不接觸導致心理困境的外部刺激。所謂「眼不見心不煩」，說的就是這個道理。比如，被家裡的瑣事弄得焦頭爛額時，就到公司去上班；面對一份失敗的戀情帶來的痛苦，以一種大智大勇的態度來迴避，這都是非常有效的心理自救，也可叫做客觀迴避法。此外，還可採取主觀迴避法，即透過主觀努力來強化人的本能的潛在機制，努力忘掉或壓抑自己不愉快的經歷。注意力轉

移是最簡便易行的一種主觀迴避法。在我們痛苦愁悶的時候，集中精力去做一件有意義的事，自然就迴避了令人煩惱的心理困境。

轉視法

　　事實上，並不是所有的客觀現實都能夠逃避。有時候，同樣一事情，如果從這一角度來看，可能引起消極情緒，從而使人陷入心理困境；而從另一角度來看，則可以發現其積極的意義。透過轉視法，我們可以使消極情緒轉化為積極情緒。有這樣一個故事，一位老太太有兩個女兒：大女兒賣傘，二女兒曬鹽。老太太每天都悶悶不樂。為什麼呢？每逢晴天，老太太便念叨：這大晴天的，傘可不好賣喲！於是為大女兒愁。每逢陰天，老太太又嘀咕：這陰天下雨的，鹽要怎麼曬呀？又為二女兒愁。就這樣愁來愁去，老太太日漸憔悴，終於成疾。兩個女兒不知如何是好。後來有人開導老太太：「晴天好曬鹽，您該為二女兒高興；陰天好賣傘，您該為大女兒高興。您說是不是啊？」聽完這話，老太太豁然開朗，變愁苦為歡樂，心寬體健起來。

　　如此看來，學會轉換視角，換個角度看問題，會使那些讓我們痛苦不堪的心理困境頓時化為烏有。

精神勝利法

　　有一則寓言，說一隻狐狸吃不到葡萄，就說葡萄是酸的;只能得到檸檬，就說檸檬是甜的，於是便不感到苦惱。這也是我們常說的「吃不到葡萄說葡萄酸」，是一種比較常用的自我安慰法。心理學上將這種以某種「合理化」的理由來解釋事實，變惡性刺激為良性刺激，以求心理自我安慰的現象，稱為「酸葡萄與甜檸檬」心理。雖然我們都知道，這樣的理由不過是「自圓其說」，甚至可以說是自欺欺人，但不可否認，它確實有維護心理平衡，實現心理自救的效果。

通常我們對阿 Q 式的「精神勝利法」不屑一顧，甚至還帶有一絲的嘲笑。但事實上，有些不如意的事情擺在那裡，如果你有能力去改變，當然最好不過，如果已成定局，無法挽回，就該寬慰自己，承認現實，不能把自己逼進死胡同。

宣洩法

心理學認為，當一個人受到挫折後，用自身堅強的意志來壓抑情緒，使自己表現出正常情況下的談笑自若，這種做法雖可以減輕焦慮，但只能緩解表面的緊張，卻按捺不住內在的情緒紛擾，因此有時候不僅不能解決問題，反而還會陷入更深的心理困境，對身心健康造成更大的危害。比如，一個人如果在悲痛時強加抑制，不讓淚水流出來，不僅會危害身心健康，甚至會有氣絕身亡的危險。困境中的心理重壓，只有透過適當的方式加以宣洩，才能獲得心理上的萬里晴空。

幽默法

幽默法是解脫心理困境十分有效的自救策略之一。

古希臘大哲學家蘇格拉底有一位脾氣相當暴躁的太太。一天，蘇格拉底正與客人談話，太太突然跑來大鬧，並隨手將臉盆中的水潑在蘇格拉底身上。眾人面對此情此景，都目瞪口呆，以為蘇格拉底一定會暴跳如雷，沒想到蘇格拉底卻淡然一笑，說：「我早知道，打雷之後一定會有大雨。」聽聞此言，眾人都笑了，他妻子也不好再發作，一場尷尬就這樣被巧妙的化解了。

困難是人生旅途中不可或缺的一道風景，也是磨練個人意志的試金石。如何面對困難，決定著一個人能否成功的最終結局。有的人在困難面前意志堅強，信心百倍，有的人則心驚膽戰，畏畏縮縮，失去進取的勇氣。同樣，自信也是人生潛能最有力的控制者，是創造性思維中最重要的一個因素。一

個人失敗了並不可怕，可怕的是失去對自己的信心，那才將是真正的失敗。

「當自求解脫，切勿求助他人。」這是釋迦牟尼圓寂時的最後一句話。當我們為心理困境所擾時，首先應當學會自救，學會自己調節自己。

力戒大喜與大悲

老子云：上善若水。幾千年前，老子便用水的各種特點來描述聖人謙退不爭的品格，他認為，聖人努力學習水的品格，要做到「七善」，其中之一便是要做到「心善淵」，即心胸要善於保持沉靜，不可大喜大悲，這樣就符合養生之道。諸葛亮在〈誡子書〉中也曾寫道：非淡泊無以明志，非寧靜無以致遠。可見古人十分講究保持平靜的心態，不以物喜，不以己悲。平常心是一種恬淡灑脫、氣定神閒的心態，它既是「寵辱不驚，閒看庭前花開花落；去留無意，漫隨天外雲卷雲舒」的愜意，也是「竹仗芒鞋輕勝馬，一簑煙雨任平生」的超脫。處變不驚、不隨物悲喜的超脫人生觀，是我們在紛紜變幻的世事中所努力追求的，也是最難得到的。

報紙刊登過一則社會新聞，說的是一個年輕人在購買樂透時中了大獎，不幸的是中獎後又破產，結果導致精神失常。一個原來好端端的年輕人遭此厄運，真的很不幸，著實讓人同情。醫學專家對此的說法是：買樂透須持一顆平常心。其實，豈止買樂透要有平常心，做其他事也一樣需要平常心啊！

雖然我們從小就接受這樣的教育：在大是大非面前絕對不能糊塗！但在心理保健方面，難得糊塗卻不失為一劑良方。「難得糊塗」是鄭板橋的得志之作，按照現在的理解，是指一個人在非原則問題上不計較，在細小問題上不糾纏，對危害自身的詢問假作不知，對不便回答的問題佯作不懂，以理智的「糊塗」化險為夷，以聰明的「糊塗」平息可能發生的矛盾。從某種意義上說，「難得糊塗」可以解除許多心理壓力，也可讓僵硬的人際關係化干戈為玉帛。

　　韓先生因為所買的基金漲跌不定，情緒波動較大，結果導致心臟病復發；秦太太為了一些小事與家人發生爭執，血壓突然升高，出現持續性頭疼，胸悶氣短的症狀；遠來奔喪的楊媽媽則是在極度悲傷的情況下，最初的受涼感冒發展為支氣管炎……醫生提醒，情緒不良容易致病，人們要學會控制好自己的情緒。

　　英國女作家珍奧斯汀曾經說過：「以理性來領會世界就註定是個喜劇，以感性來領會世界就註定是個悲劇。」這就是說，過於感情用事，容易失之偏頗。其實，這個世界上並不存在完全理性或完全感性的人，每一個人都是理性與感性的複合體。過於理性的人，容易給人一種冷酷無情的感覺，而過於感性的人則太過情緒化，容易被外物所左右，很難做命運的主人。所以，我們要學會在理性與感性之間尋找一種平衡，而不是將自己的情緒極端化。

　　我們常常會因為別人的讚揚而過分沾沾自喜，也會不時的為一些芝麻瑣事而和別人生氣，甚至火冒三丈……如何才能避免自己感情上大起大落的衝動呢？還是那句老話：凡事保持平常心。在成功面前，不要被鮮花和掌聲沖昏了頭腦，要知道，一時的成功並不等於一世的成功，鮮花不會永開不敗，在未來的道路上，你需要再接再厲，而不是成天沾沾自喜。在遇到不如意的情況時，更要懂得調節自己的情緒。一方面，你可以嘗試找個沒人的地方把內心的憤怒、痛苦等對健康有害的情緒合理釋放出來；另一方面，你也要學會控制自己的情感，不要輕易被外物所左右。

　　要讓理智戰勝情感，不妨學學《孫子兵法》中著名的一招：知己知彼，百戰不殆。首先，要能察覺到自己當時的情感體驗，是喜，是悲，是苦還是樂？如果你在焦躁不安的時候卻無法意識到自己正處於情緒失控的狀態中，又怎麼能冷靜的想到處理問題的辦法呢？然後，可以冷靜分析一下自己為何產生這樣的情緒，只要找到問題的根源，對症下藥，將問題解決，不良情緒也就自然而然消失了。

讓我們以一種平常淡定的心態去品味和珍惜人生中的酸甜苦辣吧，看透並超越人世間的成敗得失，努力進取，於平凡的人生中創出不平凡的業績，實現夢想，讓快樂伴隨一生。

生氣為健康大敵

人生在世，不如意之事十有八九，碰到煩心惱人的事，也就難免要生氣。人生氣時，會出現精神緊張、情緒波動、心跳加速、呼吸急促、血壓升高等一系列症狀。唐代名醫孫思邈在〈養生銘〉中說，憤怒過度會大傷元氣。清朝名醫林佩琴在《類證治裁》中記載因怒氣傷肝的病症多達 30 餘種。動輒生氣的人很難健康長壽，歷史上有很多人其實是「氣死的」，比如《三國演義》中的諸葛亮三氣周瑜，少年得志的周瑜因此而短命夭亡。

生氣為何成為健康的頭號大敵呢？中醫認為，人的精神心理活動與肝臟功能有關。當人受到精神刺激而心情憂鬱時，肝臟就不能正常發揮其功能。我們都有這樣的體會，當遇到令人非常生氣的事情或受到重大打擊時，就會沒有食慾，茶飯不思，這就是肝功能沒有正常發揮其功效的典型表現。醫學研究人員曾對幾個大城市的 398 例胃癌患者的病歷進行研究，結果發現，「生氣吃飯」和「好生悶氣」是患癌症的主要因素。另外，因為肝臟有貯藏、調節全身血液的功能，因此它對月經的按時來潮有重要的意義。對女性來說，保證月經正常的重要條件之一便是肝臟功能正常。此外，肝臟還與精神活動有關。肝氣不舒則急躁易怒，人在情緒激動的情況下，往往會做出一些不理智的事情，有時還會造成無法挽回的嚴重後果。

那麼具體說來，生氣究竟從哪些方面危害我們的身心健康呢？

· **長色斑**：人在生氣時，由於血液大量湧向頭部，會導致血液中的氧氣減少，毒素增多。毒素對毛囊有所刺激，引起毛囊周圍發生程度不同的炎症，從而出現色斑。愛美的女性朋友要特別注意這一點，切不可因為雞

毛蒜皮的小事而氣走姣好的容貌。

- **胃潰瘍**：生氣會引起交感神經興奮，並直接作用於心臟和血管上，胃腸的血流量會因此減少，蠕動減慢，食慾變差，嚴重時可引發胃潰瘍。

- **傷肝**：生氣時，人體會分泌一種叫「兒茶酚胺」的物質，作用於中樞神經系統，能使血糖升高，脂肪酸分解加強，血液和肝細胞內的毒素會相應增加。

- **傷肺**：你有沒有發現，當你的情緒較為衝動時，呼吸就會變得很急促，甚至出現過度換氣的現象。這是因為，人在生氣時肺泡會不停擴張，因為來不及收縮，所以無法得到應有的放鬆和休息，從而危害肺的健康。

- **心肌缺氧**：生氣時，大量血液衝向大腦和臉部，心臟的血液因此減少，從而造成心肌缺氧。為了滿足身體的需要，心臟只好加倍工作，於是心跳更加不規律，也就更加危險。

- **引發甲亢**：生氣會導致內分泌系統紊亂，甲狀腺分泌的激素會隨之增加，久而久之便會引發甲亢，對身體造成損傷。

- **加速腦細胞衰老**：大量血液湧向大腦時，會增加腦血管的壓力。這時血液中含有的氧氣最少，毒素最多，對腦細胞來說簡直不亞於一劑「毒藥」。

- **損傷免疫系統**：生氣時，大腦會命令身體製造一種由膽固醇轉化而來的皮質固醇。這種物質一旦在體內累積過多，就會阻礙免疫細胞的運作，導致人體的抵抗力下降。

如此看來，生氣實乃健康人敵！怎麼才能避免生氣呢？俗話說得好：忍一時風平浪靜，退一步海闊天空。如果我們能容能忍，寬大為懷，心胸開闊，有一種寬容和體諒的心境，就能夠遠離生氣，避免生氣對我們帶來的身心損傷。

發怒有損健康

人有七情六欲，遇上不順心的事情，難免要生氣，甚至怒不可遏。一些愛發怒的人，總是為了一些小事便怒髮衝冠，對已經無法更改的壞結果耿耿於懷，久而久之，這種易怒的情緒就會導致血壓升高，食慾下降，精神壓抑，甚至引發心腦血管疾病，後果不堪設想。

有心理學家認為，動不動就火氣衝天的人只會越來越易於發怒，而不會越來越減少發怒的次數。發怒能夠破壞人們健全的思維能力，使人面對問題時難以理智處理，一些失去理智的衝動猶如魔鬼一般，讓人在無意識中釀成終身大錯。

易怒絕非一種健康的心理狀態。遇到可氣之情，有人怒，有人不怒，可見怒是可以抑制的。林則徐曾為自己題的座右銘就是簡單的兩個字──「制怒」。「制怒」，看似簡單，其實需要有相當的修養。據說宋朝有個叫謝上蔡的，一次，他的老師問他近來有什麼進步，他回答說：我二十年來就克服了一個「忿」字。可見制怒有多不易！

想要制怒，首先要做到容人克己。心胸狹窄的人往往更容易發怒，因為他們只要遇到一點不如意，就暴跳如雷；如果別人做事沒有合自己的心意，就耿耿於懷，怨恨在心。有句話說，「怨人者易怒，責己者心寬。」容易發怒的人不一定什麼都正確，我們應當明白這樣一個道理：容忍別人的不對之處，對別人不能苛責太過。寬容一些，發怒的次數就會少一些。

其次，要做到泰然處之。有些人特別是老年人，敏感多疑，尤其容不得別人的批評。事實上，面對他人的批評，倒不如讓自己泰然處之。發怒於己無益，泰然處之方顯大度。對別人的批評甚至惡意誹謗，有則改之，無則加勉，不必牢記在心。一大把年紀了還與別人爭論得面紅耳赤，唾沫橫飛，實在有傷大雅。

《史記》中記載了這樣一個故事，漢武安侯與魏其侯不和，為某事告到皇帝面前，兩人互相指責，我是你非，互不相讓。退朝以後，武安侯埋怨御史韓安國不替他說話，韓說：「你怎麼那麼不自愛？今天在朝廷上你毀謗他，他毀謗你，猶如街上小兒老婆鬥嘴，怎麼那樣不識大體呀！」由此可見，制怒並非人人都能做到，但我們不能因此而放棄「修練」制怒的境界。

發怒有害身體健康早已是不爭的事實。美國相關報導顯示，發怒的男性比沒有發怒的男性患心房顫動的比例高 10%，發怒還會使男性的致死率增高 20%。Elaine Eaker 是美國威斯康辛州埃克流行病學企業（Eaker Epidemiology Enterprises）的負責人。他也表示，根據現有的資料，科學家們認為發怒和敵意會影響人們的健康。因為即使沒有其他心臟毛病、高血壓、膽固醇、年齡等因素的影響，一些男性仍有心律失常的表現。Eaker 認為，這可能與這些人的態度或脾氣不好有關。

如果你經常發怒，不妨試試以下制怒的方法，或許對你很有幫助。

- **克制情緒，轉移注意力**：遇到不痛快的事時，找知心朋友傾訴一下，或者先不去想那些煩人的事情，靜下心來閱讀一本心儀已久的書籍、看一部經典的老電影，都可以幫助你放鬆心情。等心平氣和之後重新審視問題，你會發現，原來事情不過如此，並沒有到了山窮水盡的地步。

- **積極鍛鍊，舒展筋骨**：適當的體育鍛鍊能夠趕跑心裡的怒氣。比如跑步、打球、游泳、爬山等，既可以減輕精神負擔，又能夠帶來視覺上的享受，身心愉悅，何樂而不為？

- **靜養身心，隔離怒源**：一個人的認知不可能停滯不前，它總會發生一些改變。假如你遇到讓自己幾乎暴跳如雷的事情，不妨暫時關起門來休息幾天，全心全意陪陪家人，這樣有助於你放鬆神經，拓寬思維，獲得新的認知。

人生在世，不可能萬事如意，不可能沒有挫折，因此我們要學會寬容。

在與他人發生衝突時，如果能擁有一顆寬容的心，站在對方的立場上考慮問題，或許就會覺得眼前的這個傢伙也並非十惡不赦。每個人都有決定自己的行為方式、生活方式和思維方式的權利，只要它符合社會道德規範，就不應當受到無辜的譴責。如果你非得改變他人已經習慣的那種方式，我要告訴你，那是徒勞的，你只能自己找氣受。所以，還是寬容待人吧！理智的控制發怒，這樣既不傷感情，又有益健康。

第二章　身體各部分與情緒的密切關係

潰瘍患者常常具有潛在的「潰瘍易感體質」

以前，人們一直認為潰瘍病是一種軀體疾病，與人的心理活動無關。近年來，隨著心理因素在病因方面的作用逐漸引起相關人員的重視，人們對潰瘍病的發病原因也有了進一步的認識。研究人員發現，在某種程度上，潰瘍病的發生與人的心理狀態有很大關係。

大量的實驗研究和臨床證明，情緒因素在潰瘍病的發生中有著相當重要的作用。據相關報導，在美國一家醫院裡接受調查的 500 名胃腸患者中，由於情緒不好而患病的占到 74%。這是一個很驚人的比例！如果一個人長期處於焦慮、憂鬱、恐懼、憤恨等消極情緒狀態中，就會導致其生理功能發生改變。而且，這些不良情緒對胃腸功能的危害尤為明顯，稍不留意就會使胃及十二指腸形成潰瘍。

胃潰瘍和十二指腸潰瘍，在臨床上統稱為消化性潰瘍。研究顯示，它的

形成與不良精神情緒的刺激密不可分。此外，有專家從臨床心理測定（包括人格測定）得出，消化性潰瘍的發生與人的個性也有密切的關係。在性格上趨於被動、拘謹、依賴性強、不善交際、缺乏主見、猶豫不決、情緒不穩的人，更容易為此病所困擾。因此，消化性潰瘍也可被認為是一種情緒緊張性疾病。有人透過實驗發現，潰瘍病患者與正常人相比，他們對於緊張的刺激感受較為悲觀。由於受性格因素的影響，潰瘍病人的應付能力也要比正常人差一些，而且應付方式也較為不成熟，他們在面臨突發事件時容易衝動，對自己能否妥善處理突發事件缺乏信心，並且心理調劑能力也較差。之所以如此，是因為有專家在對消化性潰瘍發病的社會心理因素的分析中發現，此類患者常常具有潛在的「潰瘍易感體質」。這種「潰瘍易感體質」使他們在遇到某些事情時，自我應付能力被不穩定的情緒所削弱，從而使他們產生一種嚴重的自我失敗感，心情因此越加緊張。如此循環往復，久而久之，便會對身心健康造成不利影響，最後引發潰瘍病。

　　有心理學家曾做過這樣一個實驗：將兩隻羊分別關在兩個籠子裡，給予相同的生存條件，所不同的僅僅是讓其中一個籠子靠近狼窩。實驗顯示，在相同的生存條件下，那隻靠近狼的羊因恐懼、焦慮而最終導致潰瘍病。之後，將患病的羊遠移至沒有狼的環境下，並給予相應的治療，潰瘍病逐漸癒合。如果將這隻羊再次放在狼窩旁，潰瘍病會再次復發。

　　上述實驗顯示，精神因素的刺激對潰瘍的形成具有重要作用。有專家研究發現，當一個人受強烈而持久的緊張刺激時，就會產生一系列情緒變化，如憤怒、恐懼、焦慮等。這些情緒變化能直接影響大腦皮層高級中樞對皮層下中樞的控制，並透過神經調節機制的改變擾亂胃的生理功能，使胃黏膜充血水腫，胃蠕動增強，胃酸分泌明顯增多，甚至會腐蝕胃黏膜。

　　有的學者還用老鼠做了類似的對比實驗，來證明緊張情緒對胃腸潰瘍的重要作用。實驗由若干組年齡、體重、健康狀況相同的 3 隻鼠組成，每隻鼠

尾巴上都按一個電極，其中的兩隻鼠會不斷接受同等強度的電擊，而另一隻鼠則不接受電擊。然後讓其中接受電擊的一隻鼠在每次電擊前 10 秒鐘，就可先聽到「吱」的一聲信號警報。而另一隻鼠則不固定在什麼時候聽到信號警報，或在電擊前，或電擊時，或電擊後。

實驗結果顯示，那隻沒有接受電擊的鼠無胃腸潰瘍，另外接受電擊的兩隻鼠都發生了不同程度的胃腸潰瘍。而且，不能預先知道發生電擊的鼠的胃腸潰瘍要比可預先知道發生電擊的鼠的胃腸潰瘍要嚴重得多。這個實驗足以說明，情緒越緊張，發生胃腸潰瘍的機率也就越大。

因此，當一個具有潛在的「潰瘍易感體質」的人遇到類似引起精神緊張或心理壓力的生活事件時，就會比普通人更加容易產生情緒變化，也更容易患潰瘍病。

不良心理會誘發氣喘

誘發氣喘的因素比較複雜，包括變態反應、感染、生物、化學、內分泌改變等，其中，心理因素也是不可忽略的重要因素。雖然單獨的心理因素不會引起氣喘發病，但它對部分患者氣喘的發生、發展、治療和預防等方面都會產生相當重要的影響。

有研究顯示，35%～ 40%的氣喘患者經暗示可誘發支氣管收縮，也可經暗示而緩解，非氣喘患者則沒有這樣的反應。而且，平時有不健康的心理表現和心理障礙者，氣喘發作時死亡率較高。有些氣喘患者入院後沒有經過治療，症狀卻明顯減輕，這可能與緊張情緒的緩解、安全感的增強有關。

早在西元 1886 年，就有學者曾報告過關於氣喘與情緒有關的案例。一位對玫瑰花過敏的女性氣喘患者，在看到人工做的玫瑰花時也會產生典型的鼻塞及氣喘反應。此後，心理因素與氣喘的關係受到了越來越多研究者

的關注。

當一個人的內心充滿了焦慮、憤怒和恐懼等不良情緒的時候，特別容易誘發氣喘。比如，讓幾個氣喘病患者處在同一環境中，當其中一個人由於對某種變應原過敏而誘發氣喘後，其他的人會頓時情緒緊張，隨即也會感到憋悶或呼吸困難，氣喘隨之發作。可是他們一旦離開這個環境，即使此種變應原保持不變，氣喘病也不會再次發作。這便是由於內心過度緊張而導致氣喘發病的最好證明。

不良心理與氣喘的關係越來越多引起人們的關注。美國研究人員日前表示，心理緊張狀態曾顯示對氣喘的發作產生作用，現在造成這一相互作用的腦部區域已經得到確定。據報導，美國威斯康辛麥迪森大學的一位博士和他的同事們最近使用功能性核磁共振成像的方法，確定了人們的情緒和氣喘發作連結在一起的腦部區域。在這一實驗中，6 名輕度氣喘患者被安排在充滿豚草（能產大量花粉，是引起乾草熱的主要原因之一）或是塵蟎提取物的環境中。研究人員給這些輕度氣喘患者出示 3 種不同的詞語：一種是和氣喘有關的詞語，如「喘息」；另一種為和氣喘無關的消極詞語，如「孤獨」；最後一種為中性詞語，如「窗簾」。結果顯示，這些氣喘患者在聽到和氣喘有關的詞語時，其腦部的兩個區域，即前扣帶皮層（anterior cingulate cortex）和腦島（insula）的活性明顯較聽到其他兩種詞語得到增強。而且，這種增強的活性與來自豚草和塵蟎提取物的生理信號有顯著關聯。研究人員對此做出總結：「在那些患有氣喘病和其他一些與壓力有關的疾病的人中，這些大腦區域可能對疾病特殊情緒和生理性信號具有極度反應，從而可能導致氣喘病情的加重。」

患有氣喘病的人，應當在日常生活中注意調節自己的心理狀態，要盡量做到少受不良心理的暗示和影響。這裡提供一些避免產生不良心理的方法給大家，以供參考。

- **色彩**：紅色容易使人激動、興奮；黃色給人溫暖的感覺，可以穩定情緒；綠色給人舒適、寧靜之感，能鎮定神經，緩解視疲勞；藍色有鎮靜作用，能緩慢降低血壓；紫色給人新而美的感覺，可使孕婦感到鎮靜、安定；白色給人明快、潔淨的感受；黑色給人暗淡、嚴肅、沉悶的感受。容易產生不良情緒的人，不妨將居室的色調布置得清新淡雅一些，這樣你會感到一種發自內心的輕鬆。換掉衣櫥裡那些顏色壓抑的衣服，讓明快的顏色帶給你一個飛揚的心情。

- **飲食**：健忘、煩躁、焦慮不安的人，可多食大豆、牛奶、鮮橙等；脾氣暴躁者，應多食蝦、蟹、海帶、大豆、牛奶等；膽小怕羞、畏懼交際、喜歡獨居、易受驚的人，可經常服用蜂蜜加果汁。這些食物對緩解人內心的緊張情緒有一定作用。

- **養花或寵物**：千姿百態、絢麗芬芳的鮮花不僅可以裝點生活，而且還能調暢情緒、防治疾病。某些花的花香中含有一種既能淨化空氣，又能殺菌的芳香油，其氣味通過嗅覺神經傳遞到大腦皮層，可使人產生香氣沁人心脾之感。時間長了，可使人血脈調和，氣順意暢，達到生理和心理的相對穩定。水仙花和紫羅蘭的香味，讓人感到溫馨纏綿，可增添女性潛在的美感氣質；金銀花的撲鼻清香，可防治流行性感冒；天竺花的香氣有鎮靜作用，是治療神經衰弱和健腦的良方。

- **運動**：生命不息，運動不止。運動可以使人忘記憂愁、沮喪，並促進大腦分泌激素，使人產生愉快感。經常運動，可使人保持充沛的精力，增強應對生活中各種困難的能力。運動還可以促進血液循環，提高人體對氧氣的利用率，從而達到情緒的轉移，直至化解由情緒不佳而引起的身體不適，從而達到強身健體的目的。

- **理髮**：義大利精神病研究小組最近提出一種新奇的情緒調節方法——理髮。「假如你心境不佳，那就去理一次髮。」其中一位小組成員如是說。

如果心情欠佳，就去呵護一下自己的頭髮吧，做一個頭髮護理，或者乾脆換個髮型，相信全新的面貌一定會帶給你一個陽光燦爛的心情！

和壓力性事件有關的原發性高血壓

壓力是指機體在受到各種因素刺激時所出現的非特異性全身反應，是機體整個適應、保護機制的一個重要組成部分，也是一切生命為了生存和發展所必需的，它與心境、激情共同構成情緒的三種狀態。

壓力對健康有雙重作用：適當的壓力能夠增強機體的適應能力；反之，則會造成不同程度的軀體、心理障礙。壓力性事件主要是指在生活中，需要做適應性改變的任何變故，如改變居住地點，入學或畢業，改換工作或失業，以及家庭重要成員的出生、離別和亡故。

壓力在疾病的發生發展上有著十分重要的作用。疾病可被壓力所誘發，或是被壓力所惡化。一些人由於心理素養較差，遇到壓力性事件往往無法採取正確的措施來應對，並且還會產生鬱悶沮喪、煩躁不安等消極情緒，進而引起身體上的一些疾病，如原發性高血壓、動脈粥樣硬化、冠心病、潰瘍性結腸炎、支氣管氣喘等。

人在壓力狀態下會伴有明顯的生理變化，這是因為在意外刺激作用下，個體必須調動體內全部能量以應付緊急事件和重大變故。這個生理反應的具體過程為：緊張刺激作用於大腦，使得下丘腦興奮，腎上腺髓質釋放大量腎上腺素和去甲狀腺素，從而大大增加通向體內某些器官和肌肉處的血流量，提高機體應付緊張刺激的能力。加拿大一位心理學家將整個壓力反應過程分為三個階段：動員、阻抗和衰竭，用來說明壓力對疾病的影響作用。首先，有機體透過自身生理機能的變化和調整，做好防禦性準備；其次，借助呼吸心率變化和血糖增加等調動內在潛能，應對環境變化；第三，當刺激不能及

時消除時，持續的阻抗使得內在機能受損，防禦能力下降，從而導致疾病。

高血壓被人們稱為「無聲殺手」，是最常見的一種心血管疾病。這種病的發生與壓力性事件有很密切的關係。

據世界衛生組織（WHO）建議，高血壓的診斷標準如下：

1. 正常成人血壓：收縮壓為 140mmHg 或以下，舒張壓在 90mmHg 或以下。

2. 成年人高血壓：收縮壓為 160mmHg 或以上和（或）舒張壓在 95mmHg 或以上。

3. 臨界性高血壓：收縮壓高於 140mmHg 而低於 160mmHg，舒張壓高於 90mmHg 而低於 95mmHg。

一般情況下，高血壓分為原發性高血壓和繼發性高血壓兩大類，我們通常講的高血壓病指的是原發性高血壓，占整個高血壓中的 90%。引起原發性高血壓的確切原因還不清楚。一般認為，原發性高血壓並非由單一因素引起，而是一種多因素導致的疾病，如遺傳因素、膳食電解質、社會心理壓力等。除這些因素之外，心理社會因素在高血壓病的始動機制中的作用也不容忽視。此外，腎因素、神經內分泌因素等均可引發高血壓。

雖然引起高血壓的確切原因還是一個未知數，但我們不難發現，地區差異或生活習慣的不同都對高血壓的發病有影響。相關資料顯示，在惡劣的社會環境中生活，責任過重，工作壓力過大，或壓力性不良生活事件過重過多的人群，易患高血壓。同樣的黑人，凡世代居住非洲的，患高血壓者甚少，而生活在美國北方大城市的，因其犯罪率高，暴力事件多，人口密度大，遷居率、離婚率高，患高血壓者也多。在日本，由於工作壓力太大，高血壓病已經成為居民的主要死因之一。現代城市居民因升學就業競爭壓力大，生活節奏快，人際關係複雜，患高血壓者明顯高於農村。

有人曾用動物做過實驗：讓不同群體的大白鼠生活在缺少食物的一個籠子裡，結果大白鼠均因爭食廝打毆鬥而患高血壓病。又如關在籠子裡的狒狒王，眼看自己的「下屬」自由進食而不理牠的威風和尊嚴，經常氣得暴跳如雷，最後也患上了頑固性高血壓病。可見，長期的緊張刺激會使動物血壓升高。

另外，有關情緒與高血壓的研究顯示：情緒對血壓的影響特別明顯。長期的憂慮、恐懼、憤怒會導致血壓的持續升高。有人透過催眠暗示的辦法研究情緒對血壓的影響，發現：經催眠暗示，被催眠者表現愉快時，血壓可下降 20mmHg（2.67Kpa），脈搏每分鐘減少 8 次；相反，在暗示憤怒時，血壓可升高 10mmHg（1.33kpa），脈搏由每分鐘 65 次增加到每分鐘 120 次。

顯然，壓力性事件及不良情緒對誘發高血壓「功不可沒」。對於因壓力性事件等因素引起的原發性高血壓，我們可以試著圍繞以下幾個目標來進行治療。

1. 幫助患者從客觀上消除致病的心理社會因素。
2. 提高患者對壓力的認知程度，增強應對能力。
3. 幫助患者減輕生理反應，緩解病情。

　具體方法有以下幾種：

- **藥物治療**：在像高血壓這樣的身心疾病中，情緒因素是導致病情變化的重要原因，而病情變化又會影響到疾病本身。因此當患者的焦慮、憂鬱等情緒已維持很長時間，認知能力變得很差時，使用藥物治療可緩解這種不良情緒，生理反應也會隨之改善。
- **環境治療**：在治療過程中，可對患者的居住環境做出適當調整或住院。目的是讓患者暫時擺脫引起或加重其疾病的生活或工作環境，減少或消除壓力源。
- **心理治療**：心理治療的目的在於影響患者的人格、應對方式和情緒，以

減輕因過度緊張而引起的異常生理反應。心理治療方法有很多，如精神分析法、認知法、行為療法等。其中行為治療方法對原發性高血壓或某些類型的心率失常、偏頭痛和緊張性頭痛等效果較好。

「敵視情緒」就像吸菸和高血壓一樣對心臟有害

有關「敵對情緒」，美國的一位博士給出了這樣的解釋：「敵視情緒」包括對他人的厭惡感和不信任，持這種處世哲學的人容易生氣，長期鬱積會破壞身體的免疫系統，從而導致心臟受損。在那些帶有消極情緒的人身上，可以發現較高含量的炎症蛋白，這種連續的、涉及整個心臟系統的炎症狀況對引發冠心病有重要作用。

生活中，總有一些人對自己看不慣的人或事習慣性的持一種敵視情緒，輕則心生抱怨，嚴重時會產生報復心理，對社會和他人造成危害。殊不知，這種敵意是一種有害情緒，它不僅會傷害到別人的善意和情感，還會對自己的身心健康產生極為不利的影響。

生活處境、生活狀況相同的人，往往也會有不同的人生，有的精彩，有的頹靡，這在很大程度上與他們的心態有很重要的關係。樂觀主義者通常健康無恙，即使有時患病，也容易不藥自癒，這通常讓生性悲觀的人很是羨慕。相反，那些長期帶有「敵視情緒」的人卻不願積極去面對生活中的挫折，他們的身體也因為長期受不良情緒影響而經常感到不適，但又始終找不到合適的方法來排解內心的憂愁苦悶。久而久之，快樂的人永遠都能夠笑對人生，而悲觀的人則只能埋怨上天的不公平，日復一日的重複著悽苦的生活。

除了生活上的不如意，帶有「敵視情緒」的人往往還比較容易遭受病痛的折磨。最近，美國科學家研究顯示，消極的心理情緒，如憂鬱、焦慮和憤恨等，均會對男性的心臟造成損害，特別是引起冠心病。這項研究耗費了長

達三年的時間，研究對象是 500 名中年男子。結果顯示，消極情緒與心臟病的形成有很大關係。「敵視情緒」可引發憂鬱心情、焦慮、悲觀情緒、胡思亂想以及注意力不集中等症狀，這些因素每上升一分，患心臟病的危險就可增長 6 個百分點。值得引起我們注意的是，「敵視情緒」長期鬱積，不但會破壞男性身體的免疫系統，更能對心臟系統產生壓力，嚴重時還會導致心臟受損。

早在 1958 年，美國一位心血管病專家就開始對 250 名醫科大學生進行追蹤研究，25 年之後，他發現其中「敵視情緒」強或較強的人，死亡率高達14%，而性格隨和寬容的人死亡率僅為 2.5%。而且在這批人中，患有心臟病的人竟然是其他人的 5 倍之多。他認為，「敵視情緒」就像吸菸和高血壓一樣對心臟有害。

既然「敵視情緒」對我們的健康有如此大的損害，那麼我們如何使自己心寬氣和，如何摒棄陰暗灰色的心理，成為一個健康向上的人，擁有一個積極快樂的人生呢？假如你正為此困惑不堪，不妨參考以下幾點建議。

1. 與人交往時不要抱持成見，尋找機會獲得對方的信任，堅持心誠待人的處事原則。如果你處處關心他人，用誠懇友愛的態度來對待大家，你就會消除怒氣，和大家相處融洽。明人陳繼儒說，居家不一定非要沒有壞鄰居的地方，聚會也不一定非得避開不好的朋友。關鍵是你要有一顆平和的心，學會尊重別人的選擇，學會寬容他人。

2. 當與人為敵的念頭在你的頭腦中閃現時，要學會用理智來克制自己的情感。這時你千萬不能發脾氣，要嘗試「自持」，用理性來幫助你克制心頭的怒火，使敵意、怒氣漸漸化解。很多時候，及時控制自己的情緒會讓你的修養和定力得到很好的鍛鍊。

3. 對人不要斤斤計較，甚至打擊報復，要做一個心胸豁達的人。心胸豁達代表的是一種自信，它不是盲目的自我表露，而是一種修養，一種理

念，一種至高的精神境界，說到底是對待人生的一種積極態度。總之，要以德服人，而不是稍不如意就四處潑灑你的怨氣。

4. 不可魯莽行事，應當學會設身處地的為他人著想。只有這樣，你才能理解別人的觀點和行為舉止。假如你在大多數場合都能做到這樣，你就會發現自己的憤怒已經失去了它的爆炸性，整個人變得平和很多。

5. 學會幽默。幽默能緩解矛盾，使你和周圍人的關係更加融洽。人和人交往，難免會發生一些摩擦，一些不愉快，而一個得體的幽默往往能夠使雙方立時擺脫尷尬的境地。幽默，會使你心頭的怒火化為過眼雲煙。

控制情緒，勞逸適度可預防腦血管病

　　腦血管病是威脅人類健康的常見病，兒童、青年或中老年均可發病，它具有發生率高、死亡率高、致殘率高、復發率高及併發症多等特點。一般情況下，該病主要發生於中老年人，其發生率從 50 歲開始有隨年齡增高的趨勢。世界衛生組織曾對 57 個國家做過統計，有 40 個國家將腦血管病列為前三位死亡原因。據報導，有些國家每年有 200 多萬人發生腦血管病，死亡率為 116/10 萬，在全部死因中居第二位。腦血管病患者經過搶救，即使不再有生命危險，也會有 50%～ 80%的人留下不同程度的致殘性後遺症，如半身不遂、講話不清、智力減退、關節僵硬等，甚至出現痴呆。另外，腦血管病的復發率也很高。據統計，在那些經搶救治療而存活下來的患者中，在 5 年內約有 20%～ 47%的復發率，而且在 1 年內復發的最多。腦血管病後遺症患者大多抵抗力低下，易於發生各種併發症，如肺炎、尿路感染、褥瘡等，隨時對患者的生命造成威脅。

　　腦血管病發病較急，而且病情凶險，一旦發病，重則立刻死亡，輕者雖經搶救能夠脫險，但常遺留口眼歪斜、言語不清及肢體癱瘓等一系列後遺

症，讓患者生不如死，痛苦不堪。因此，腦血管病的預防越來越被人們所重視。那麼，如何才能有效預防腦血管病呢？這需要我們從心理到生理、生活等各方面認真做起，總結起來，主要有以下一些方法，供大家參考。

首先，注意控制情緒，避免精神過度緊張和疲勞。因為來自外界的不良刺激及精神過度緊張和疲勞，可導致血壓突然升高，進而導致腦血管破裂出血而發病。

其次，注意節制飲食。做到定時定量，不要吃得太飽，不要攝取太多食鹽，以防血管硬化。少吃肥肉、辣椒、生蔥、大蒜等肥甘厚味和辛辣刺激的東西，多吃一些新鮮水果和蔬菜。

第三，生活有節律，勞逸應適度。中醫認為，過勞則傷氣，過逸則形肥而軟弱，均易發生腦血管病。所以從事腦力勞動及進入中老年之後，要特別注意勞逸結合，在空餘時間可適當參加一些體育活動，以增強體質和抗病能力。

第四，注意節制性生活。中醫認為，房事過度可致腎水虧虛，肝木失養，肝陽上亢，肝風內動，從而發生腦血管病。

第五，保持大便通暢。便祕、排便時用力過猛，可使血壓突然升高而誘發腦血管病。因此，血壓偏高或有腦血管病先兆的中老年人，應當保持大便通暢，防止便祕。

以上建議都有利於我們在日常生活中預防腦血管疾病。飲食、生活方面的要求，只要我們適當注意，就完全可以做到，唯一比較困難的是控制好自己的情緒。情緒是一種很抽象的東西，看不見摸不著，但它確實無時無刻不影響著我們的心情，關係著我們的生活品質。情緒主要有四種類型：快樂，憤怒，恐懼和悲哀。在這四種基本情緒的影響下，我們的人生才不會淡如白開水。人活在世上，活的就是一種心境，它需要我們調製、創造和保持快樂

的情緒。一個心理成熟的人，不是沒有消極情緒的人，而是善於調節和控制自己情緒的人。學會調節和控制自己的情緒，並不是說要壓抑自己的消極情緒，而是把情緒以合適的方式宣洩出來，只有這樣，才能保證有一個健康的心態，從而有一個健康的身體。

心理學研究顯示，「壓抑」並不能改變消極情緒，反而會使它們在內心深處沉積下來。當累積到一定程度時，不但會對自己和他人造成傷害，而且還會造成更深的內心衝突，導致心理疾病。

情緒有好壞之分。所謂壞情緒，是指因受到外界刺激而衝動發火，做出種種不理智的行為，分為急性和慢性兩種。對付壞情緒，常用的方法是及時給予自己暗示和警告。當你感到怒氣正在上升時，在心裡對自己說：克制，再克制！或者默默的從一數到十，讓自己的心緒平靜下來，那時再去處理問題，就不會因一時魯莽而造成更加惡劣的後果了。

慢性的壞情緒往往是由生活中許多不如意的事情造成的。造成壞情緒的原因不一定能一下子全部消除，但長期陷在壞情緒之中不能自拔，卻會使情況變得更糟。當感到自己情緒消沉或者沮喪時，可以用轉移注意力的方法改變它，比如出去散散步，聽聽輕緩的音樂，或是逛逛書店；也可以向知心朋友傾訴一下。當然，你也可以寫寫部落格，把自己的壞情緒對著電腦螢幕一吐為快。過後，你會發現其實一切都沒有自己想像的那麼糟糕，一切痛苦都會在時間的沖刷下變得雲淡風輕。

除了合適的宣洩以外，如果你能為改變自己的處境去努力，或者將逆境作為人生的動力去奮鬥，就會更加幫你從消極情緒中走出來。一方面，做事需要集中注意力，這會讓你沒時間去自怨自艾；另一方面，你的處境會因為你的努力而得到不斷改善，從而心情也會一天天好起來。心情好了，各種疾病自然就「知難而退」了。

另外一個需要強調的預防腦血管病的關鍵是要注意作息正常。勞累過度會使血壓增高，從而誘發腦血管病。現代社會的競爭日趨白熱化，職場工作壓力越來越大，退休、失業、晉升、家庭、感情、健康等等問題，對人們的身心帶來龐大壓力。

霍先生是一家網路公司的技術總監助理，在公司素有「拚命三郎」的「美稱」。這家網路公司忙到什麼程度？大家連上廁所都是百米衝刺的速度。他作為技術總監助理，更是常常對著電腦足不出戶，螢幕一盯就是一整天，絲毫不敢放鬆。長年累月，沒有周休二日，沒有節假日，甚至還有數不勝數的突發事件將他從夢鄉拖回現實，生理時鐘完全被打亂，睡眠嚴重不足。由於缺乏鍛鍊，勞動強度太大，他的身體已經完全沒有大學剛畢業時那樣健碩，情緒也變得非常煩躁，常常因為一些小事和同事大發雷霆。由於工作出色，他在進公司三年後被提拔為部門主管。但不幸的是，在收到任命書的同時，他也收到了醫院的入院證明書和老婆的離婚協議書。

小心「氣」出糖尿病

隨著大眾生活水準的提高、人口老化、生活方式的改變等原因，糖尿病患者的數目正在以驚人的速度增加。WHO 1997 年報告，全世界約有 1.35 億糖尿病患者，預測到 2025 年將上升到 3 億。

引起糖尿病的原因有很多，但你一定想不到，生氣也會引起糖尿病。你是不是覺得這一說法不可思議？不要驚訝，這絕對不是危言聳聽，現實生活中，由於不良情緒和精神因素而導致糖尿病的患者還真不是少數。

在糖尿病患者中，部分人由於病情輕，症狀不明顯，故平時不會出現糖代謝異常，所以通常沒有自覺症狀；另外一些患者空腹血糖顯示正常，但飯後有高血糖及糖尿，糖代謝紊亂不嚴重，也沒有表現出臨床症狀。然而當人

體處於緊張、焦慮或受驚嚇的狀態時，交感神經的興奮就會直接作用於胰島細胞的 β 受體，抑制胰島素的分泌。專家提醒，長期受不良情緒影響，會使胰島素分泌不足的傾向最終被固定，進而導致糖尿病。當然，並不是所有人只要情緒不好就會引發糖尿病，也不是所有的糖尿病都是因為情緒問題而發生的，不良情緒對胰島素分泌的影響主要限於中老年人。老年人的內分泌功能隨著年齡的增長開始漸漸減退，胰島 β 細胞的數量也逐漸減少，功能下降。因此，中老年人更應當積極控制不良情緒，以防誘發糖尿病或其他疾病。另外，不是一般的不良情緒就能導致糖尿病，只有當這種情緒反覆刺激，並且長時間作用於機體時，才有可能誘發糖尿病。

當然，情緒問題不是誘發糖尿病的唯一原因。目前，糖尿病的病因尚未完全闡明。但專家認為，糖尿病不是唯一病因所致的單一疾病，而是複合病因的症候群，它除了與個人情緒密切相關外，還與遺傳、自身免疫及環境因素有關。從胰島 β 細胞合成和分泌胰島素，經血液循環到達體內各組織器官的靶細胞，與特異受體結合，引發細胞內物質代謝的效應，這整個過程中的任何一個環節發生問題，均可導致糖尿病。

下面我們著重從精神因素方面對糖尿病做進一步的認識。常言說「氣大傷身，十病九氣」，中醫認為「怒傷肝」，這話不無道理。因為肝臟具有舒泄、暢達、疏通、排泄等綜合生理功能，一旦遇上外界的精神刺激，就十分容易引起肝的疏泄功能異常，從而引起各種病變。

食物進入體內後，必須透過脾的運化功能和肝的疏泄促進作用，才能把其中所含的水穀轉變成精微物質，將水穀精微散布全身，各臟腑組織器官得到充分的營養後，才能維持正常的生理功能。但是，假如肝的疏泄功能失調，就會嚴重影響到脾胃運化作用，導致胰島素分泌不足，引起糖的代謝紊亂，從而誘發糖尿病。

　　由此可見，生氣對於糖尿病的發生有著不可推卸的責任。因此，我們都要以樂觀的態度對待各種突發事情，防止情緒波動太大，最後只落得個勞神傷身。

　　另據科學家研究顯示：每天都保持心情愉快的人，血液中會有較健康的化合物產生。越是快樂的人，擁有的可體松越少，而高含量的可體松和二型糖尿病、高血壓有密切關係。易生氣而又不善於及時消氣的人，生氣時容易引發心律不齊，嚴重時可以致命。有人曾將生氣等不良情緒比作生命的「斷路器」，會壓塌整座生命「大廈」，出現災難性的後果。

　　生活中不乏這樣的人，他們時不時的為一些小事就生氣，但卻有一個不錯的身體，而且有人還很長壽，這又是什麼道理呢？常生氣的人長壽的理由是會及時消氣！這種人生氣時情緒波動不顯著，或者生氣的過程十分短暫，剛才還是愁雲密布，馬上就豔陽高照了。透過和這樣的人接觸，我們不難發現，他們都善於自我排遣，可以迅速消氣，具有較強的自我心理調節的能力。說到底，他們還是屬於樂天派，懂得不拿別人的錯誤懲罰自己的道理，不和自己生悶氣。

　　如此說來，在某種程度上，性格不僅決定一個人的命運，還會左右一個人的健康、壽命、家庭幸福以及事業的成敗。近年來，越來越多的科學家發現：什麼樣的性格得什麼樣的病。這絕對不是玩笑話。比如，性格暴躁的人，愛生氣、易發怒，多引發高血壓、心臟病、糖尿病；性格內向、憂鬱的人，易引發溼疹、癌症；而性格溫和的人，常能保持心平氣和，氣血暢通，不易生病。

　　如果你恰恰就是一個十分容易生氣動怒的人，有沒有想過試著改變一下自己暴躁的脾氣呢？或許你曾經努力過，想要做一個心平氣和的人，但最終還是沒能成功，只好獨自嘆一句：江山易改，本性難移！其實你完全沒有必

要因此而灰心喪氣，性格的確不是輕易改變得了的，不過我們至少可以做一些嘗試，讓自己的性格趨於完善，讓自己的身體遠離疾病的困擾。只要你有決心，有毅力，相信你的性格還是會有一些改變的。

性格暴躁的人，可以從今天起，在要發火的時候，克制自己數 30 下再發。如果能順利做到的話，再慢慢把數量增加，待加到能數到 300 時，你就會發現自己已經沒火可發了。

一個人的性格很少能夠幾十年如一日，不發生絲毫改變。透過努力，相信你會逐漸擁有一個日趨完善的性格。班傑明·富蘭克林年輕時，覺察到人們都不喜歡他，就反省自己，而後列出自己所有讓人討厭的性格特點，他決定徹底改掉這些壞毛病。以後的時間裡，每改掉一個壞毛病，他就從清單上劃掉一個，直到劃完為止。最後，他成為全美國人格最完美的人之一，其人見人愛的性格也成就了他多個領域的偉大事業。

人無完人，我們都需要改善、修正自己。從現在開始，從小事開始，讓自己真正心平氣和下來，平心靜氣的對待周圍的人和事，相信你會體會到什麼是真正的快樂，也會因此而擺脫無孔不入的身心疾病。

皮膚是心理的情緒地圖

我們都知道，皮膚是人體的第一道防線，但很少有人會知道皮膚也是一種心理器官。由於在胚胎發育上，皮膚與神經系統「同宗」，所以皮膚不可避免的會受到心理因素的影響。許多描述內心活動的成語都和人的外在表情有關，比如用「喜形於色」表示內心的欣喜，用「面如土色」表示心情沮喪；用「愁眉苦臉」表示內心焦慮；用「面紅耳赤」表示羞愧難當；用「怒髮衝冠」表示盛怒，用「大驚失色」表示震驚……這些都是心理狀態在皮膚上的表現。

你是否遇到過這樣的情況，在心情憂鬱的日子裡，你的皮膚會變得毫無

光澤，整體感覺上去就是灰色一片；推杯換盞或遊山玩水的長假之後，你的皮膚卻變成了粉刺的根據地；當繁重的工作壓力向你襲來時，你的手指會立刻出現水皰；一場重要的談判即將到來，你的蕁麻疹卻突然發作……多麼讓人鬱悶而又無奈的事情啊！

心理包袱的加重，的確會引發各式各樣的皮膚病，因此將皮膚稱作是「心理的情緒地圖」一點都不誇張。那麼，我們該如何解決這令人惱火的皮膚問題，如何處理好皮膚與心情的關係呢？

俗話說得好：「心病還須心藥醫。」不少皮膚病患者在醫生的建議下，除了接受藥物治療外，同時也會接受心理治療。當我們被皮膚病困擾時，要擺正自己的位置，保持良好的心態，調整好自己的情緒，不要有什麼心理負擔。受到不良刺激時，要盡快從不良情緒中解脫出來，採用適當的方法來宣洩。

據專家分析，人的皮膚出現問題，原因是多方面的，其中既有生理因素，也有心理因素，在很多情況下，心理因素所占的比重更大。從解剖和生理學上說，在每 1 平方公分的皮膚裡，就有 1000 公尺長的神經纖維，人的各種精神狀態、心理變化經過神經傳遞，會對皮膚造成各種不同的影響。比如，人在恐懼時，由於血管出現痙攣，皮膚供血不良，就會出現皮膚蒼白的現象，而且這種情況還容易使人產生皺紋；精神創傷、心情憂鬱等精神壓力，一方面可使植物神經失去平衡，導致皮膚失去營養，出現乾燥、鬆弛、失去光澤的現象，另一方面還容易引起激素失調和內分泌紊亂，導致皮膚過早衰老，皮膚的免疫力降低，從而引發一系列皮膚問題。

如果你善於觀察身邊的人，不難發現，那些多愁焦慮的人，眉間和額部的皺紋會較一般人多些，而且會漸漸趨向於一種憂鬱面孔，給人一種心情苦悶的感覺。這是皮膚為我們繪製出來的生動而準確的心理情緒地圖，我們就

算想否認都找不到合理的理由啊！

下面，我們來深入了解一下在不同的心理狀況中，皮膚究竟能繪製出多少種類的「地圖」。

皺紋：緊張造就的溝壑

你看上去至少要比同齡人大 3 至 5 歲，在同學聚會時，不得不接受同窗好友頻頻「關切」的目光和仔細耐心的詢問……這些皺紋不是因為肥胖或者脫髮，也不是那種淺碎的小細紋，而是表現為堅硬的線條，幾乎要嵌入肌肉的深紋。你只能微笑著用「歲月不饒人」來為自己開脫，心中的苦澀與尷尬卻無人知曉。如果你沒有身體上病痛的困擾，當你遇到這樣的尷尬時，就應當從心理方面找找原因了。

事實上，這種不合時宜的深深溝壑通常是由緊張情緒所導致的。緊張的情緒會消耗掉許多生命活動所需的營養，使細胞活力和新陳代謝速度減慢，皮膚隨之表現出晦暗和缺乏彈性，皺紋也就更容易顯露出來。

有時候，因為心理壓力過重而引起的肌肉緊張，也會加速皺紋的產生。如果你的抬頭紋比較深，你的緊張源可能是由於剛換了一份新工作，你無法適應新的環境或新的同事。如果你有一對很深的笑紋，確認一下你是不是常常在賠笑臉，而這些笑並不是真正發自內心的微笑？如果你的皺紋在眉間，檢查一下自己的眼鏡度數是不是又加深了。如果你在眼睛下方的面頰上發現了一對細紋，說明你對生計問題一直有一種潛在的顧慮，對現狀想要改變而又覺得力不從心。心情的好壞，有時候在你的臉上一覽無遺。

我們都知道，大腦的慣性工作最容易讓一個人的身體陷入僵硬狀態。當你的大腦已經疲憊不堪而你仍在勉強工作時，你的表情和身體就會出現某些習慣性的變形，雖然這樣做的初衷只是讓自己疲憊的身體感覺稍微舒適一些。可你無法想到，正是因為這種無意中的小動作，讓你的肩周、頸椎和腰

椎受到了傷害，你的臉也同樣會留下很多深刻的皺紋，尤其是皺眉、撇嘴等下意識的習慣動作，會替你的面部刻上難以袪除的紋痕。

給你一點小建議：在工作 40 分鐘左右活動一下，爬爬樓梯，活動一下身體各部分。如果你無法離開辦公室，坐在辦公椅上也可以做一些放鬆身體的小活動，伸伸手臂，做一些擴胸運動，活動一下幾近麻木的雙肩。雙手手指伸開，在鼻翼兩側由內向外打圈按摩臉部，會替你的臉部帶來徹底的放鬆。

晦暗：憂鬱心情的寫照

你的臉上沒有任何「異物」，沒有惱人的粉刺、雀斑、脂肪粒或者皺紋，只是看起來了無生氣。整個面孔缺乏一種生命的光亮，甚至連黑白眼球也似乎界限不清，唇色遠算不上光鮮。

毫無疑問，假如你有上述「症狀」，說明你的身體正處於亞健康狀態或不健康狀態。如果沒有明確的病因，憂鬱的心理狀態可能是你糟糕面色的罪魁禍首。因為心情憂鬱，你的食慾降低，活動減少，呼吸短淺，這會導致身體的新陳代謝順勢放慢速度，一臉菜色也就不稀奇了。

給你一點小建議：你是不是總習慣性的低著頭走路？如果答案是肯定的，那麼請立即改變你的走路姿勢。當你把腰椎挺直時，你的胸椎也會順勢挺得更直。這樣，你每次呼吸的深度會增加 5%，你會看到一個更廣闊的空間。雖然撿到意外之財的機率會下降，但你的疲憊感會因此而減少很多，做一個有氧的人，你會重新擁有一張光鮮亮麗的面孔。

成人痘：煩亂不安的紅燈

儘管你的青春期早已成為歷史，已經在婚姻的圍城中體驗生活的酸甜苦辣，但青春痘卻從來沒有遠離過你。你的雌激素總是上下浮動，始終沒給身體一個適應的度量。

　　這種情況主要歸根於沉重的心理壓力。心理壓力促進皮脂腺的活動，使皮膚出油。你是不是還經常會遭遇失眠的困擾？糟糕的睡眠會讓你的皮膚失去徹底的吐故納新的機會。另外，忙碌的生活讓你心緒煩亂，導致內分泌失調。在三種原因共同作用下，你的皮膚難免會亮起紅燈。如果你的粉刺是白頭的，這多半與你在焦慮狀況下大幅度進食甜食和高熱量食品有關；如果你的粉刺是黑頭的，這與你過度的戶外奔波有關；無頭粉刺則通常是神經高度緊張的結果。

　　給你一點小建議：坦白的說，化妝品對你皮膚問題並沒有太大的破壞或改善作用，你不會因為化妝品使用不當而導致粉刺，卻也很難因為使用適合自己的化妝品而讓粉刺問題有所改觀。這個時候，你不妨試試「浮想聯翩」，用美妙的幻想來緩解煩亂的心情。你可以想像自己的身體在漸漸變輕，輕到逐漸上升，可以騰空漂浮在湛藍的天空中，此時天上正飄著一個龐大的水晶球，不斷發射出清涼的能量，而你的身體正在不斷接納這個能量，一種沁人心脾的清涼逐漸瀰漫全身，你的心情因此而漸漸舒緩、平和、寧靜……緊張的情緒是不是有所緩和？

　　這些方法，在很多時候較之五顏六色的藥片更能解決你的皮膚問題。因為有很多皮膚病的發病原因並不僅僅是身體方面的不適，更重要的是個人的心理狀況。因此，你應當對自己的心理狀況給予適當的關注，身體與心理雙管齊下，早日解決皮膚問題。

神經性皮炎是情緒變化的標誌

　　過去，人們常把皮膚病看作是單純的生物因素所引起的皮膚組織損傷性疾病，例如過敏因素、感染因素等。其實不然，許多皮膚病如溼疹、癢疹、牛皮癬和神經性皮炎等，固然是以過敏性因素為主要原因，但精神與心

理因素也是不容忽視的原因之一。皮膚會表達人們的情緒變化，無論是憤怒、恐懼、憂愁還是羞辱，都可以引起神經性皮炎的發生或促使神經性皮炎的發展。

神經性皮炎是一種以皮膚苔蘚樣變及劇烈瘙癢為特徵的神經功能障礙性皮膚病，好發於頸部兩側、頸部、肘窩、膕窩、骶尾部、腕部、踝部，也可見於腰背部、眼瞼、四肢及外陰等部位。該病的發生與精神因素有關，情緒波動、精神緊張、性情急躁、勞累過度以及局部衣領摩擦、搔抓刺激等均可促發該病或使該病加劇。神經性皮炎分為局限性神經性皮炎和泛發性神經性皮炎兩類：皮損僅限於一處或幾處，稱為局限性神經性皮炎；皮損分布廣泛甚至泛發於全身者，稱為泛發性神經性皮炎。

目前，全球有 22% 的人群患有神經性皮炎、過敏性鼻炎、氣喘、溼疹等皮炎及過敏性疾病，並以每 10 年 23 倍的超人速度增加。

精神緊張、勞累、情緒急躁、心理壓力過大常是神經性皮炎的誘發因素，也會使病情加重。一般情況下，局限性神經性皮炎比較常見，它們經常生長於頸後、手肘、腰骶部等部位。患者會覺得奇癢難耐，忍無可忍便用手抓撓，瘙癢雖然可以暫時得以控制，可過後依然沒有任何改觀。神經性皮炎由於易復發、多年不癒、發癢難耐，所以患者常會伴有一些精神症狀，如易激動、失眠、記憶力減退等。

于小姐在醫生的建議下，從皮膚科轉來看心理醫生。大約 1 年前，于小姐感覺大腿根部時常發癢，起初她不很在意，只是在上班時間搔抓，感覺尷尬。後來，她發現敏感部位長出一些類似粟米大小的丘疹，並逐漸增多、融合、變厚，成為銅錢大小的一塊。于小姐感到了問題的嚴重性，趕緊上醫院檢查，被皮膚科診斷為「局限性神經性皮炎」。一段時間後，雖經過治療，但她的神經性皮炎還是沒有徹底治癒。為了全面了解于小姐的患病原因，心理

醫生開始深入了解她的個人生活經歷。

　　于小姐出身偏遠的鄉村，自幼喪母，家境貧寒，下面還有弟妹，父親家教甚嚴。10年寒窗，成績優異的她終於考入一所知名大學。畢業後，她順利進入一家外商工作，收入頗豐。然而世界上沒有十全十美的人生，雖然豐裕的物質生活讓她很有成就感，但她的個人感情生活卻並不順利。在大學期間，她曾暗戀同班的一位男生，但為了父親期盼的目光和弟妹們的成長，她不得不壓抑自己的情感，把全部精力都用在學習上。大約兩年前，于小姐與她的上司在工作中擦出火花，久違的激情終於再次萌發了。但為了職業前途，她再次選擇了壓抑，讓炙熱的愛情深深掩埋在心底。後來在一次酒會後，兩人終因抵抗不住誘惑而「越軌」。此後，于小姐的內心充滿了自責，並經常感到焦慮不安，甚至夜裡常被噩夢驚醒。她覺得公司裡的同事都用一種異樣的眼光看自己，在他們低聲說話時，她也覺得是在議論自己，久而久之，她心情憂鬱，並產生了深深的罪惡感。沒過多久，她就出現了難以擺脫的「皮膚問題」。

　　從于小姐的經歷我們可以看出，情緒問題確實對神經性皮炎有很大的影響。下面這位王先生的神經性皮炎也與情緒有很大關聯。

　　王先生長期遭受神經性皮炎的折磨，他頸後患神經性皮炎已經長達30年，久治不癒，現在已形成了一塊高度肥厚的苔蘚化皮損。王先生在這漫長的歲月裡，因受各種精神刺激，神經性皮炎一次次加重。王先生生性是個急性子，經常為了一些小事就著急上火，這麼多年來，他為子女、為家庭、為工作上的不愉快等等，都曾焦躁得幾乎夜不能寐，特別是由於情緒變化而導致的失眠，更加重了問題。越癢越想抓，越抓皮膚越厚，也就越難以治癒。

　　目前所知，神經性皮炎的病因還不十分清楚，但毫無疑問，此病與心理因素有明顯關係。據臨床觀察顯示，神經性皮炎患者多數有頭暈、失眠、煩

躁易怒、焦慮不安等神經衰弱症狀。如果這些症狀獲得改善，那麼神經性皮炎的症狀也就隨之好轉。因此，專家認為，該病的發病機制可能是由於大腦皮層的抑制和興奮功能失調所引起的。

神經性皮炎最可靠和有效的治療方法是徹底修復皮膚神經功能障礙，減輕皮損處的炎症反應和苔蘚樣變，徹底排毒，防止組胺和組胺受體的釋放，穩定減輕劇烈瘙癢。患者如果採用比較傳統的控制神經性皮炎的方法治療，如使用一些激素類、抗組胺類、消炎類藥物時，一時的效果很明顯，但過一段時間，病情又會加重，這樣反反覆覆，極易形成惡性循環。

神經性皮炎的治療是一個相當漫長的過程，很難痊癒，但臨床治癒後不復發的患者還是有的。在治療期間，重要的是需要患者的積極配合。比如，患者首先要做到樹立信心，克服焦躁情緒，穿全棉內衣，如果皮炎在頸部，要避免衣領對皮損處的摩擦，切忌用熱肥皂水燙洗，以免加重皮損，禁食辛辣刺激性的食物，戒菸戒酒；其次，不要自己隨便用藥，尤其是一些含有激素類的藥物，避免產生激素依賴性皮炎，為治療帶來困難，也會增加治療的時間。

此外，由於該病易受精神因素影響而引起病情加重，因此治療上必須注意減少一切刺激，創造有利於疾病恢復的條件。比如，患者要保證良好的睡眠，要解除容易引起其精神刺激的因素等。同時，家人也要開導病人，使其心胸開闊，設法解決矛盾或擺脫病人自己無法解決的矛盾。只有這樣，再加上合理的藥物治療，才能徹底與神經性皮炎說再見。

值得重視的現代上班族常見病 —— 神經衰弱

隨著時代的發展，腦力勞動越來越成為人們創造財富的重要手段，隨著社會物質的極大豐富，很多無法擺脫的煩惱也「應運而生」，比如困擾作為腦

力勞動者主力軍上班族的「噩夢」── 神經衰弱。此病目前已遍及世界各地，居各種精神官能症的首位。

究竟什麼是神經衰弱呢？我們都聽說過這個病名，但每個人都無法確切的替它下個定義。有的人說自己睡眠不好是因為患上了神經衰弱，也有的人記憶力差就懷疑自己患了神經衰弱，還有的人認為自己精力不足就是神經衰弱的表現……

其實神經衰弱病人的臨床表現很複雜，同時會有多種精神症狀和軀體症狀。由於人體的內抑制過程減弱，當受到內外刺激時，神經衰弱患者的神經細胞極易興奮，能量消耗過多，久而久之，患者就會表現出一系列衰弱症狀，如經常感到精力不足、萎靡不振、不能用腦或腦力遲鈍、注意力不集中、記憶力減退、工作效率降低等等。

另外，對內外刺激的過度敏感也會導致神經衰弱。在日常的工作、生活中，一般的活動如讀書看報、看電視、上網等，往往可視為一種娛樂放鬆活動，但對於神經衰弱患者來說，就是另外一回事了。患者非但不能透過這些活動達到放鬆神經、消除疲勞的目的，反而會導致精神異常興奮，不由自主的浮想聯翩，往事一幕幕展現在眼前，一遍一遍像在「放電影」。尤其是晚上睡覺前，本應該靜心入睡，而患者卻總是不由自主的回憶起多年前的往事，越想神經越興奮，最後導致根本無法入睡。此外，還有的患者對周圍的聲音、光線特別敏感，即使有一點點聲音，有一點點燈光，也會難以入睡。有的醫生認為，這種情況是因為病人的「感覺閾」下降所造成的。所謂「感覺閾」，就是我們身體所能感覺到的最低限度的刺激強度。如果刺激強度太弱，我們就無法感知。只有當刺激強度達到一定程度時，才能被我們感知。對不同刺激的感覺閾因人而異，一般來說，神經衰弱會導致患者的感覺閾下降，因此他們比正常人對刺激更為敏感。正常人感受不到的微弱刺激，他們卻可以明顯的感覺到。

那麼，神經衰弱究竟是如何引起的呢？

目前，關於引起神經衰弱的病因仍不十分明朗，儘管精神病學家對此做了大量的研究工作。經過眾多精神病學家的調查研究，一般認為，神經衰弱與下列三個因素密切相關。

各種社會心理因素

普遍認為，各種引起神經系統功能過度緊張的社會心理因素，都會成為神經衰弱的促發因素。在經濟高速發展的時代，居住稠密、交通擁擠、競爭激烈、失業、退休、個人收入的懸殊等社會存在的某些不良現象，都會導致人們的精神緊張。發生在周圍的生活事件，也會對人們造成嚴重的心理負擔，如股民對股票的漲跌若過於投入，在心理壓力太大的情況下，就會引起神經衰弱。

長期的精神或心理創傷也會引起神經衰弱。如家庭糾紛、鄰里關係緊張、婚姻不幸、失戀等，會使人們精神過於緊張，心理負荷過重，從而出現神經衰弱。大量的調查研究顯示，神經衰弱患者發病前一年內經歷的壓力事件的頻度明顯高於對照組。

腦力活動強度大，學習時間過長，壓力過大，尤其在像大學入學考等重大考試中受挫等情況，通常會造成神經負擔過重，這也成為現在學生中神經衰弱患者屢見不鮮的一個重要原因。

易感素體因素

我們都知道，內因是變化的根據，外因是事物變化發展的條件。神經衰弱發病也遵循這一規律。在同樣的生活、工作環境下，為什麼有的人會患上神經衰弱，而大多數人都不會呢？這就涉及到易感素體因素的問題。這種因素主要包括遺傳和人格類型、年齡、性別等。

神經衰弱與人的性格不無關係。性格內向、情緒不穩定的人，多表現為多愁善感、焦慮、保守、安靜等特點，這種人往往易患神經衰弱。他們通常沒有什麼特殊的興趣愛好，也很少有特別高興的時候。這些人信仰養生之道，對改變生活習慣很敏感，過分注意自身的感覺。巴夫洛夫認為，人的高級神經活動類型屬於弱型和中間型的人，易患神經衰弱。他們往往表現為孤僻、膽怯、敏感、多疑、急躁或遇事容易緊張等特點。

維持因素

指患者所處的社會文化背景及個體病後附加的回饋資訊，使疾病形成惡性循環，久治不癒。

二戰期間，曾在納粹集中營被長期拘役的倖存者們，幾乎百分之百患有焦慮、憂鬱、緊張、失眠等神經症症狀。假如一個人搬遷到一個語言不通，風俗習慣與以往不一樣的地方，他就會產生一些不良的心理反應，有些比較敏感的人會因此而產生神經衰弱。隨著工業化和都市化的進程不斷加快，神經衰弱的患者數目也在不斷增加。據統計，臺灣 1946 至 1948 年精神官能症患病率為 1.2‰，15 年之後上升到 7.8‰，其中就包括神經衰弱患者的增加。

神經衰弱的診斷標準有許多種類，世界衛生組織（WHO）有（ICD）診斷標準。西歐人多採用美國的診斷標準，即 DSM-I、DSM-2、DSM-3。某些國家新近的診斷標準如下：

1. 至少具備下列四組症狀中的三項，方可診斷為神經衰弱。

    A. 衰弱症狀：精神疲乏、腦力遲鈍、注意力難集中、記憶困難、工作學習不能持久。

    B. 興奮症狀：工作學習、用腦均可引起興奮，回憶及聯想增多，自己控制不住，可對聲光敏感，並且語言增多。

    C. 情緒症狀：緊張、易激動、煩惱。

D. 心理症狀：緊張性疼痛（頭痛、腰背或肢體痛），睡眠障礙（如入睡困難、多夢、易醒、醒後乏力），植物神經功能障礙（如心悸、多汗）。

2. 病程遷延至少 3 個月以上，病情常有波動。休息後減輕，工作學習緊張則加重。

3. 如伴有焦慮情緒往往是短暫的、輕微的，在整個病程中不占主導地位。

　　另外，神經衰弱在診斷時還應注意與其他疾病的鑑別，應排除疲勞症候群、壓力症候群、軀體疼痛、藥物中毒、憂鬱症、精神分裂症、心理障礙等類似疾病。

　　神經衰弱患者在飲食方面應注意食用一些對腦有營養價值的食物。下面列出一些神經衰弱患者應當經常食用的食物，供大家參考。

· **富含脂類的食物**：如肝、魚類、蛋黃、奶油、大豆、玉米、羊腦、豬腦、芝麻油、花生及核桃等。

· **富含蛋白質的食物**：如瘦豬肉、羊肉、牛肉、牛奶、雞、鴨、魚、蛋及豆製品等。

· **富含糖的食物**：如白糖、紅糖、蜂蜜、甘蔗、蘿蔔、大米、麵粉、紅薯、大棗、甜菜及水果等。

· **富含維他命 B 群、維他命 PP（菸鹼酸與菸鹼醯胺）和維他命 E 的食物**：如酵母、肝、豆類、花生、小麥、胚芽、糙米、燕麥、玉米、小米、地瓜、棉籽油、高麗菜及海藻等。

· **富含維他命 C 的食物**：一般水果及蔬菜中均含有豐富的維他命 C。

· **富含微量元素的食物**：如動物肝、腎臟與牡蠣、粗糧、豆製品、魚肉、菠菜、大白菜等。

　　很多神經衰弱患者之所以久治不癒，是他們對自己設置了太多的心理障礙，他們不相信自己的能力和價值，常常在臨陣退縮後隨即陷入深深的

自責。他們否定了生活的豐富性和多變性以及人們之間的差異性等基本事實，其實就是作繭自縛。神經衰弱症的治療雖然需要很長時間，但合理安排生活，改變不良的生活習慣，加強體育鍛鍊，與醫生積極配合等，都有利於治療。

無論什麼事，總害怕會出現最壞的結局 —— 焦慮症

焦慮是一種較為複雜的心理現象，從字面上來理解，焦慮指的就是焦急和憂慮。焦慮情緒的產生始於對某種事物的熱烈期盼，由於期盼值太高，同時又十分擔心失去或達不到目標，故心存擔心和疑慮。焦慮不只停留於內心活動，還常常表現為外顯行為，如不能集中精力工作、坐立不安、失眠多夢等，對身心健康帶來極大危害。

焦慮症的全稱為焦慮性神經症，以廣泛性焦慮症（慢性焦慮症）和發作性驚恐狀態（急性焦慮症）為主要臨床表現，常伴有頭暈、胸悶、心悸、呼吸困難、口乾、尿頻、尿急、出汗、震顫和運動性不安等症。作為一種精神症狀，焦慮症為患者帶來了無盡的痛苦，顯著妨礙其心理和社會功能。

焦慮症患者的病前性格大多為膽小怕事，自卑多疑，做事思前想後，優柔寡斷，無法很快適應新事物及融入新環境。正常人在面對困難或有危險的任務，預感將要發生不利的情況或危險發生時，也可能會產生焦慮，但這種焦慮通常並不構成疾病，而是一種正常的心理狀態。只有當焦慮的程度及持續時間超過一定的範圍時，才構成焦慮症狀，這時焦慮就會產生相反的作用，妨礙人處理面前的危機，使人在事情還沒有定論時就習慣於想到最壞的後果，嚴重時妨礙正常生活。

通常，有以下兩方面的症狀可被確定為焦慮症。

焦慮心情

　　患者成天提心吊膽，惶恐不安，總感到大難就要臨頭或危險迫在眉睫，但他也知道實際上並不存在什麼危險或威脅，卻不能解釋自己為什麼如此心煩意亂。他們似乎時刻在等待不幸的降臨，不論什麼事，總害怕出現最壞的結局，他們習慣於預知未來歲月中可能發生的一切危害和災難。比如皮膚劃破一個小傷口，他們馬上會想到破傷風和敗血症，想到死亡；排隊買菜時，總擔心輪到自己菜就賣完了，或者害怕自己因為給錯錢而受他人指責……實際上，這些情況發生的機率幾乎為零。

客觀表現

　　焦慮的客觀表現主要有兩種。一是運動性不安：患者閉眼向前平伸雙臂可見其手指對稱性輕微震顫；肌肉緊張使病人感到頭緊頭脹，後頸部發僵甚至疼痛，還常常感覺四肢和腰背酸疼；嚴重者坐立不安，不時做些小動作，如搓手抖腿等，甚至來回奔走，一刻也無法安靜下來。二是植物功能紊亂，尤其是交感功能亢進的各種症狀，如口乾、出汗、心悸、呼吸緊迫、胸部發悶、食慾不振、便祕或腹瀉、尿急尿頻、易昏倒等。

　　一般認為，只有焦慮心情而沒有其他任何客觀症狀的人，很可能是人格特性或常人在一定處境下出現的正常反應，不能夠依此判定此人就是焦慮症患者。同樣，單純根據植物功能紊亂而視為焦慮症，也是不科學的。

　　對焦慮症的起因，不同學派的研究者有不同的意見。這些意見並非相互衝突，而是互補的。主要觀點有以下幾種：

　　第一，軀體疾病或者生物功能障礙雖然不是引起焦慮症的唯一原因，但在某些特殊情況下，病人的焦慮症狀可以由軀體因素引發，比如甲狀腺亢進、腎上腺腫瘤等。很多研究發現，病人處於焦慮狀態時，他們大腦內的正

腎上腺素和血清素的水平會發生急劇變化，但是這些變化到底是焦慮症狀的原因還是結果，還有待進一步確認。

第二，認知過程或者思維在焦慮症狀的形成中有著極其重要的作用。研究發現，憂鬱症病人較一般人而言，更習慣於把模稜兩可的、甚至是良性的事件理解成危機的先兆，更習慣於認為壞事情會落到他們頭上，更習慣於認為失敗就在前方等待著他們。

第三，在有壓力事件發生的情況下，更有可能出現焦慮症。一些專家認為，既然焦慮是積極壓力的本能，那麼壓力行為包括壓力準備就可看做是焦慮成症的主要原因。由於壓力行為的強化，在某些情況下（比如資訊缺失），會使壓力準備過程中累積或調用的心理能量得不到有效釋放，產生緊張、心慌等情緒，影響到後續行為，從而引發焦慮。

新加坡國大醫院於 1998 年針對約 3000 名新加坡人所進行的一項調查顯示，當地約有 10% 人口有患上焦慮症的跡象。男女患者的比例是 1:2。一位心理醫生在接受記者採訪時說道，焦慮症是最常見的精神疾病之一。女性可能基於本身的生理與心理構造，較缺乏安全感，導致她們在這方面的發生率較男性高。他還說，精神疾病可分為輕微和嚴重兩大類。輕微的又統稱為精神官能症，常見的包括焦慮症、強迫症和恐懼症。較為嚴重的精神病則有憂鬱症、精神分裂症等。造成精神病的因素包括遺傳、性格問題和後天環境因素。

目前，都市上班族用電子郵件來相互傳遞資訊已是平常事，電子郵件成為繼信件、電話之後的另一交流工具，然而電子郵件在為上班族帶來便捷的同時，由電子郵件引起的焦慮症也正在侵襲著都市上班族。

薇薇大學畢業後一直在一家外商做文案，三年來，她每天早上起床後的第一件事就是打開電腦，趁啟動的空檔匆匆刷牙洗臉。然後就是坐在電腦前

目不轉睛的瀏覽新聞，收發郵件。一隻手握滑鼠，另一隻手胡亂的拿點餅乾之類的東西往嘴裡填。進入辦公室之後，薇薇查看電子郵件的頻率基本上是二十多分鐘一次，她不停的更新頁面，滑鼠點擊螢幕有時竟成了一種無意識的動作……

這種現象在上班族中並不少見，甚至有些上班族在非工作時間依舊對電子郵件、通訊軟體等念念不忘。

在外貿部工作的林小姐說：「我現在基本上夜不能眠，主要原因還是在於電子郵件。在公司裡怕忽略郵件，我設定了聲音提醒，如果有新郵件進入，就會出現提示音。晚上回到家裡，電腦幾乎從不關機，總覺得有新郵件，睡覺很容易驚醒，一醒來就會不自覺的去看看是不是又有郵件來。即使關掉電腦，耳朵裡也總會聽到辦公室那種『叮咚』的郵件提示音……」

有專家表示，「電子郵件焦慮症」的患者大多學歷高，工作壓力大，他們認為自己必須隨時更新最新資訊，加以消化利用。記者、廣告人員、網路從業人員等長時間處於緊張工作狀態的人是「電子郵件焦慮症」的高發人群。這其中女性的比例要遠高於男性，且症狀嚴重程度與其收入、職位有很大關係。

輕鬆的心情有助於緩解緊張情緒、克服焦慮，從下面的建議中找出適合自己的方式吧。

- **深呼吸**：深呼吸有助於舒解壓力，消除焦慮與緊張的情緒。當你感到緊張或焦慮時，你的脈搏會加速，呼吸也會緊迫，而深呼吸可以迫使你減緩呼吸速率，使身體相信焦慮已成為過去。
- **活動下顎和四肢**：當一個人面臨壓力時，容易咬緊牙關。此時不妨放鬆下顎，左右擺動幾下，以鬆弛肌肉，緩解壓力。你還可以做擴胸運動或上下轉動雙肩，並配合深呼吸。舉肩時，吸氣；鬆肩時，呼氣。如此反

覆數次，焦慮的情緒會有所緩解。

· **保持樂觀**：缺乏信心時，不妨回憶一下過去的輝煌，或想像自己成功後的景象。你將很快化解焦慮與不安，恢復自信。

· **幻想**：幻想是緩解緊張與焦慮的好方法。幻想自己躺在灑滿陽光的沙灘上，清涼的海風徐徐吹拂你的面頰。試試看，也許會有意想不到的效果哦。

· **轉移注意力**：如果眼前的工作讓你心煩意亂，你可以暫時轉移一下注意力，把視線轉向窗外，使眼睛及身體其他部位適時的獲得鬆弛，從而暫時緩解眼前的壓力。

· **保持充足睡眠**：多休息，保證睡眠充足是減輕焦慮症狀的一劑靈丹妙藥。對於被焦慮症困擾的人來說，擁有一個好的睡眠很難，因為緊張常使人輾轉反側，難以入眠。睡眠越少，情緒越容易緊繃，所以試試音樂冥想之類的心靈 SPA，或者睡前喝一杯熱牛奶，都有助於睡眠。

被邱吉爾稱為「黑狗」的憂鬱症

憂鬱症是臨床上比較常見的一種精神疾病，主要表現為精神不振、情緒低落、言語減少、行動遲緩、疲乏無力、常自己責怪自己、對環境無興趣、消極悲觀甚至有自殺企圖。著名心理學家馬汀·塞利格曼將憂鬱症稱為精神病學中的「感冒」，而邱吉爾則向民眾坦言自己「心中的憂鬱像隻黑狗，一有機會就咬住我不放」。據統計，世界上大約有 12% 的人在他們的一生中的某個時期都曾經歷過相當嚴重、需要治療的憂鬱症，所以，假如你被憂鬱所困擾，不必擔心，憂鬱的又不是你一個！

一般來說，憂鬱症是有階段性的，就像感冒有發作期一樣。在疾病期，患者非常痛苦，但過了這段時間，即使不治療，情況也會有所好轉。憂鬱症

的復發性很高，治療的目的在於縮短病程、減輕症狀、減少和預防復發，使患者恢復正常、快樂的生活。

　　有資料顯示，憂鬱症是造成全球精神疾患的主要原因之一。現今隨著生活節奏的日益加快，人們固有的生活秩序被打亂，憂鬱症也日益增多。可你知道嗎，並不是所有的憂鬱症都能夠及時察覺，有些憂鬱症具有「隱形」的特徵。

微笑型憂鬱

　　此類患者通常面帶微笑，表面上若無其事，甚至給人活潑開朗、熱情的假象，但內心深處卻積滿了壓抑與憂愁。大多時候，他們的微笑不是發自內心深處的真實感受，而是出於「工作需求」、「面子需求」、「禮節需求」、「尊嚴和責任的需求」等等。他們可能早上還有說有笑，下午就跳樓自殺，讓家人和朋友倍感震驚，難以理解。

疑病型憂鬱

　　患者常常感到身體肌肉痛、頭痛、背痛、胃痛、心慌、神經衰弱、小便頻密和睡眠不良等，經過各種檢查卻沒有大的器質性病變。實際上，這類患者是在不自覺的設法以肉體的痛苦來代替精神的折磨，希望藉此博取家人、朋友的同情與關注。

激越型憂鬱

　　此類憂鬱症患者的顯著特徵就是易怒。實際上，容易動怒和激怒是一種內心痛苦和壓抑情緒的釋放、宣洩，有時也是一種尋求幫助的呼叫，其本質仍然是情緒低落。這種宣洩有時也是一種對憂鬱情緒的掩飾，同時反映了憂鬱症患者對現狀的不滿以及力求擺脫的心態。

嗜睡型憂鬱

症狀出現時表現為嗜睡，黑夜白天連著睡，怎麼睡都睡不夠。開始時，睡兩三天症狀就會消失，但隨著時間的推移，症狀越來越明顯，睡眠時間越來越長。這種嗜睡其實是潛意識裡對現實的逃避。

提到嘉嘉，每個熟悉她的人的第一句話都是，「她很愛笑，笑起來非常甜，超可愛。」可是嘉嘉的丈夫卻說，他至少 5 年沒有見過妻子對他開心大笑過了。在家裡不但常常冷面孔對人，有時還對他惡語相向。

嘉嘉的丈夫小濤是一位記者，和嘉嘉結婚已 7 年。他說，剛剛結婚的時候，嘉嘉的確是一個性格開朗又熱情的人。那個時候她剛剛工作不久，在政府部門做財務工作。但是自從離職進了一家外商之後，嘉嘉忙得天昏地暗，薪水自然也多起來，但兩個人交流的時間少了，嘉嘉的脾氣變得越來越暴躁，有時為了一些小事就大發雷霆，更多的時候則沉悶不語，「問三句話只答一句」，對誰都是愛搭不理的。但是，一旦小濤的同學、朋友到家裡做客，嘉嘉就可以在剎那間變成一個笑顏逐開的賢妻良母，即使再累也要親自下廚，和大家有說有笑，讓每位客人都能感覺到她的熱情和周到。

抱著試一試的態度，小濤帶著嘉嘉來到一家醫院看心理醫生。心理醫生了解、分析了嘉嘉的情況後，稱嘉嘉患了一種病種，叫「微笑憂鬱症」。他說，像嘉嘉這樣的「雙面佳人」是典型的「微笑憂鬱」患者。表面看來，憂鬱和微笑似乎背道而馳，但實際上，有很大一部分憂鬱症患者內心深處會感到非常壓抑，外在表面卻若無其事，面帶微笑，看不出絲毫憂鬱的痕跡，醫學上稱之為「微笑憂鬱」，尤其以服務行業的職業微笑為典型。

「微笑憂鬱」常見於學歷較高、事業有成的上班族女性，特別是高階管理和行政工作人員。專家指出，「微笑憂鬱症」比一般普通的憂鬱症危害更大。一般而言，患「微笑憂鬱症」的人一般都相當優秀，他們為了維護自己在別

人心目中的美好形象，會刻意掩飾自己的情緒。而當承受的壓力大到再也無法承受的時候，他們的反應也是極大的，可能會從一個極度自信的人變成一個非常自卑的人，甚至懷疑自己各方面的能力。這時候，人的神經系統就會受到一定傷害。

有醫生說，體育療法是治療「微笑憂鬱症」的最好方法。如果一個人能堅持每天運動半個小時，那麼，即使是有憂鬱症，症狀也會很快減輕。因為鍛鍊能給人一種輕鬆、自主的感覺。其次就是食療，要多吃水果和蔬菜。因為很多水果中含有的維他命 B，能夠緩解緊張情緒。此外，平時也可以讀讀自己喜歡的休閒書籍，讀書能使人心靈寧靜，心境高遠，是對抗憂鬱情緒的一劑妙方。

憂鬱症還是導致自殺的「罪魁禍首」。據報告，某國每年至少有 25 萬人自殺，200 萬人自殺未遂，自殺成為該國 15 至 34 歲族群的第一位死因；70%左右的自殺死亡者和 40%的自殺未遂者在自殺前患有嚴重的精神疾病。另有調查結果顯示，憂鬱症患者有一半以上有自殺想法，其中有 20%最終以自殺結束生命。

由於憂鬱症是最常見的自殺原因，因此預防自殺的一個最佳方法就是提高公眾對身邊發生的憂鬱症和自殺問題的認識。有專家表示，治療憂鬱症最有效的不是藥物，而是心理。當一個人感到沮喪時，通常會有以下一些想法，其實換個角度想問題，你會發覺所有的不幸其實都來自於自己的想像。

1.　絕對化的思想：把一切事物都看成涇渭分明，一次偶然的失誤便全盤否認自己，認為自己是徹底的失敗者。這種思想會使你無休止的懷疑自己，認為不論做什麼總會失敗。

2.　過於普遍化：由於有過一次不愉快的經歷，你就認為在別的事上也會同樣倒楣。

3.　精神過濾：你看到事物的消極一面，腦中就總是想著它，於是你認為每

件事都是消極的。

4.　自我輕視：因周圍的佼佼者而產生自卑心理，遇事總想著自己不行。

5.　武斷亂下結論：你設想別人瞧不起你，但不去檢驗設想正確與否，你展望未來，盡是災難。

6.　放大與縮小：習慣於放大自己的缺點，縮小自己的優點，歪曲事實的本來面目。

7.　情感上的推論：「我感到內疚，因此我一定做了壞事。」你的感情成為你思想的根據。

8.　應該論：「我應該這樣做」或「我必須那樣做」，都是你感到內疚的思想，它們無法讓你去踏實的做好任何一件事。

9.　亂戴帽子：如果你選擇並為之付出心血的目的沒有達到，你就會想「我是個失敗的人」，而不是想「我選擇錯了」。

10.　個人化：你總是在想「無論發生什麼事，都是我的過失」，總有「責任問題纏繞著你」。

　　如果你更加喜歡自己一些，更自信一些，你的感覺就會好一些。請記住這一格言：「你能自救，上帝才能救你。」不要輕易否定自己，更不能輕易放棄生命！

　　憂鬱症患者常伴有失眠症狀，家人應當給予患者安慰和勸導，經常陪伴在他們身邊，讓患者產生一定的安全感。在情緒低落的時候，患者常常表現為食慾下降，所以家人應當加強對患者的飲食護理。對病情較輕的患者，家人應當鼓勵其多參加一些活動，並及時給予一定鼓勵，樹立他們對自己、對生活的信心。另外，多聽輕鬆歡快的音樂、到公園散步、外出郊遊等，都有利於改善憂鬱症狀。

本質為自相搏鬥的強迫症

強迫症是一種比較常見的精神疾病，指患者在主觀上感到有某種不可抗拒和被迫無奈的觀念、情緒、意向或行為上的存在。其特點是有意識的自我強迫和自我反強迫同時存在，二者的尖銳衝突使患者內心充滿焦慮，痛苦不堪。強迫症的本質就是主觀願望對客觀存在的事實自我的不接受，抵抗與排斥！

有專家分析，近年來，強迫症患者的職業和年齡都出現了明顯變化，年輕上班族階層的發生率越來越高，值得關注的是，他們中有相當一部分是完美主義的追求者或一意孤行的偏執狂，往往是在不經意中，他們就跳入了自己設下的強迫症精神陷阱。

張先生是一家大型電子企業的市場部經理，一個典型的完美主義者。他對工作要求盡善盡美，經常讓下屬覺得筋疲力盡。客戶發來的訂貨傳真，他常常花大量時間一遍又一遍的看，生怕漏了什麼，就連職員的業務報告也是如此，看起來沒完沒了。他甚至還自製了「年度業績總數上升圖」、「個人業績指數表」等圖表掛在辦公室。一到週末，他就下意識的向下屬打電話詢問業務情況，明知沒有必要，卻無法控制。

吳小姐剛大學畢業，在一家合資企業做祕書。不知從什麼時候起，每一份合約文案草擬完畢，她總要不厭其煩的看上個十多遍，逐字逐句甚至標點都要唸出聲。下班以後，經常躺在床上還覺得文案中寫了錯別字，好幾次半夜回到辦公室看文案。

從以上案例我們不難看出，張先生和吳小姐都患有輕微的強迫症。他們可以說是都市上班族階層的代表，所處的工作環境具有壓力大、競爭激烈、淘汰率高的特點。在這種環境下，人的內心容易變得脆弱、急躁，自制能力也會變差，很容易產生強迫心理，從而引發強迫症。其中，完美主義者的強

迫行為表現尤為突出，在競爭激烈的環境中，他們會制定一些不切合實際的目標，並且過度強迫自己和周圍的人去達到這個目標，由於目標實現起來有一定難度，於是他們總是在現實與目標的差距中苦苦掙扎。此外，自幼膽小怕事、缺乏信心、遇事謹慎的人，在長期的緊張壓抑中會產生焦慮恐懼的精神狀態，為緩解這種焦慮恐懼，他們會產生一些強迫症行為，如反覆洗手、反覆檢查、反覆詢問等。

強迫的觀念從何而來？當你每次遷就因強迫所表現出來的行為時，雖然好像馬上放鬆，但其實被抓得更緊。比如，患有強迫症的人會一再檢查門窗到底有沒有關好；剛發完的郵件，他們會再次打開，看看有沒有漏掉什麼內容……強迫症的想法雖與精神病不一樣，但卻以不同程度表現出這一特性。在強迫症中，最輕微的症狀就是敏感，較嚴重的症狀是執著於某種想法而無法解脫，如頭腦總是在想：要被辭退了或是如果朋友背叛自己等等。患者總是覺得不安，深覺自己的處境十分危險。

防止強迫症產生的最佳辦法，是要知道自己何時及何事最容易產生強迫念頭。強迫行為產生前會有一種狀況：一種特殊的情境使我們每個人在不知不覺中陷進去，誘導我們去做出強迫的行為。強迫行為產生前的情境包括兩個因素，一個是「某個你所擁有而特別在乎的東西」，比如工作、戀愛、婚姻、車子、房子，甚至生命等等。另一個是會特別敏感的覺察到你所擁有的東西就要因為你的某一缺點而失去，不管是真的失去，還是只是想像出來的失去。有了這兩個因素，你就會開始產生一連串的自衛行為，接著想法就會逐步加強，而每個活動又都會加強你那種即將失去的感覺，如此反覆，無窮無盡，久而久之就形成了強迫症。

強迫行為產生前的情境是每個人都無法避免的，因為每個人都有各自認為很重要的東西，而且也都會覺得自己有缺點以致無法完全擁有它。例如，年輕漂亮的女孩總會擔憂隨著年紀的一天天的增加，自己是否仍舊令人喜

愛……強迫症總是這樣產生，由於害怕某事某人或某種原因而又帶著害怕心理去行動，企圖把它趕走。但事實上，每個自我保護的行動只會更加重你的恐懼感，會更使你相信預防是必要的。

強迫行為使強迫症的形成越來越容易，而每個強迫的行為都會增加你的害怕心理。即使像洗手這樣簡單的動作，如果你的想法是出於害怕的話，就會更加深你要洗手的感覺。即使你的雙手已經洗得夠乾淨，而且別人也告訴你已經洗得很乾淨了，但你無法相信他們，還會重複一遍又一遍的洗手動作。

強迫症不同於一般的煩惱，我們平時所感覺到的煩惱僅僅是單純的煩惱，而強迫症則是企圖消除根本不可消除的煩惱而產生更大的煩惱。也就是說，強迫症是雙重的煩惱。

李先生今年 34 歲，碩士學歷。幾個月前，他在報紙上看到了關於建築物的玻璃突然碎裂而劃傷行人的報導，從此以後就有了一種莫名其妙的擔心，十分害怕自己也會遇到同樣的情況。每當他看到玻璃時，就會難以控制的想著玻璃會不會突然碎裂，會不會剛巧砸在自己身上，後來甚至連走在牆邊時，他也會想牆會不會在瞬間倒塌，把自己掩埋……其實他本人很清楚這種事情發生的機率很小很小，幾乎不可能發生，但就是忍不住會去想。最要命的是，他本人的辦公桌就在窗戶旁，於是他每天上班就是在與自己腦中關於玻璃碎裂的想法對抗，根本無法安心工作。

另外一位患有強迫症的陳小姐則有這樣的經歷：

近三個月來，我總是感到不放心，尤其是出門時，我總是要檢查瓦斯開關，水龍頭和燈的開關，不檢查我不放心。我要檢查好多遍才能離開家門，但常常是剛離開家沒走多遠，又返回去檢查。我覺得很累，明知道這樣做有點不對勁，就是不能自己克服。

幾個月前，我的一個朋友在家休息，因為瓦斯沒有關好而中毒，經搶救無效死亡。這對我的衝擊很大，以後我就特別怕家裡出事，怕漏瓦斯，也怕漏電，漏水。這種情況已明顯影響到我的工作和生活，我丈夫對我的行為很不理解，經常怨我，我們現在常常為一些瑣事而爭執不休。

心理學家分析，李先生和陳小姐的強迫症屬於觀念性強迫。從交談中，心理學家了解到，他們的這種症狀存在已經 3 個月以上，而且能夠排除其他精神障礙，如憂鬱症、精神分裂症、恐懼症的繼發症狀，以及器質性病變特別是基底節病變的繼發症狀，並且排除強迫性人格障礙。強迫症與強迫性人格障礙的主要區別在於：是否認為自己的強迫觀念或行為是不合理的。

針對強迫觀念，可以使用自我暗示的方法進行治療。當強迫觀念出現時，告訴自己「玻璃掉落的機率只是極少數，我旁邊的窗戶很安全，我的擔心是多餘的」、或在瓦斯、電箱、水龍頭前貼一張紙條：「我已經檢查過了」、「這裡是安全的」等等，讓自己停止強迫性思考。

強迫症是日積月累所致，有一定的頑固性，可以透過各種途徑先逐步減少強迫觀念或行為，而不強求一招根治。比如，要使自己確信世界上沒有十全十美的事物，殘缺也是一種美。這種想法有利於患者減輕和放鬆精神壓力。對於那些自認為意志力較強的人來說，對強迫症進行強迫是治療的好方法，簡而言之，就是讓患者一下子接觸到最害怕的東西，然後再讓他慢慢適應。對伴有強迫性思維、焦慮和憂鬱症狀的患者，可在醫生的指導下輔以藥物治療。

第三章 撥開心靈迷惘的雲霧

走出悲觀控制的陰霾

解讀悲觀心理

　　悲觀心理，是指人自知面對嚴重後果和危急結局而對自己的未來、目標失去繼續追求的信心或信念，或者乾脆放棄努力的一種心理狀態。存在悲觀心理的人能夠在情緒上感受到這種悲觀，並且隨著情境的不同產生與之相應的悲觀想法。這些想法會引起身體內部組織器官的一系列變化，從而導致心理及生理疾病。

　　悲觀心理是一個人意志薄弱、心理不成熟的表現。透過種種表現，我們可以看出悲觀心理的本質。悲觀心理者習慣用消沉的世界觀來觀察、認識和看待這個世界。在他們眼中，世界的一切都是黑暗的，不美好的，沒有希望，也沒有任何東西可以留戀。由此，他們得出這樣的結論：這個世界只是你們的，與我無關。在悲觀心理者心中，存在著另外一個美好的世界，而想要進入那樣一個想像中的天堂，就必然要放棄現世的生命，這就是悲觀心理

者一種異常的心理表現。他們看待這個世界的思想主要表現在兩方面：一方面，他們認為整個世界是荒誕不經的，人生是灰色無望的。他們認為，個體是孤立於整個世界之外的個人，人的自由無法實現，人的處境無法改變，人的命運無法掌握；另一方面，他們認為世界文明是造成人類一切痛苦和悲哀的源頭。在他們看來，輝煌的人類文明是一把割斷人與世界連結的匕首，人類越文明，也就越可怕。這種充滿悲觀意識成分的心態必然會導致精神危機，存在這種不良心態的個體由否定世界進而拋棄世界，直接導致絕望的世界觀和悲觀失望的情緒。

悲觀心理的特點，主要有以下幾個：

1. 痛苦感：痛苦感是悲觀心理的重要特徵。這種痛苦來源於一個人內心深處的悲觀意識。具有悲觀心理的人，即使遇到快樂的刺激，也會從悲觀的角度去考慮問題、處理事情，這必然導致痛苦的產生。

2. 憂鬱感：悲觀心理者容易對自己失去信心，他們對自己所做的一切持全面否定的態度，認為無論自己如何努力，也永遠都趕不上別人。

3. 受挫感：受挫感是個體的一種主觀感受，是指個體在認知到自己的動機性活動受到某種障礙而不能實現目標時，所引起的一系列心理狀態和情緒反應。悲觀心理者內心的受挫感是其悲觀的根源之一。

4. 兩重性：有心理學家指出，負面性或悲觀性思考，在某種情況下有其必要性和重要性。他們認為，得不到緩解的正面思考壓力，會使個體對痛苦的事情感到更痛苦，對悲觀的事情感到更悲觀。如果強迫個體在遭遇重大打擊的情況下依然強作樂觀，會使他們更難正確面對現實。這個時候，唯有適度的悲觀情緒才能讓他們的內心得到一定程度的穩定。

人生非夢，好壞不要太看重

人生之路並非都是坦途，在前進的道路上，困難、挫折、失敗都是難免

的，人生的起起落落也無法預料，但是有一點我們一定要堅信：永不絕望。卡內基曾說：「一個身處逆境卻依舊能含笑的人，要比一個陷入困境就立即崩潰的人，獲益更多。」當我們遇到逆境時，千萬不要沮喪憂鬱，不管發生什麼事情，不管你的內心正受什麼樣的煎熬，不要讓痛苦占據你的心靈。你要學會用平常心看待這個世界，平心靜氣的去面對困難，理智的尋找一切可以解決問題的辦法，事情永遠不會比你想像的更糟！

　　一位年輕的船員第一次出海航行，途中不幸遭遇狂風巨浪，帆船的桅杆很快就要被吹斷了，他受命爬上去修整，免得翻船。他小心翼翼的往上爬，由於船隻搖晃得很厲害，加上桅杆又很高，他忍不住總是要往下看，好幾次差點摔下來，他開始絕望，幾乎要放棄了。一位有經驗的老水手看到了他的動搖，急忙對他大聲喊：「孩子，不要往下看，抬頭往上看。」年輕的船員聽從了老水手的話，只抬頭往上看，目標一步步逼近，天搖地動般的感覺竟然漸漸消失了，他的內心重又恢復了最初的平靜。

樂觀向上，瀟灑生活

　　有這樣一句話：「世上沒有非走不可的路，沒有非想不可的人，沒有非做不可的事，讓該來的來，該去的去，這樣你我就有一顆快樂的心。」的確如此，當你擁有了一顆樂觀向上的心，你才能夠真正領略到人生的精彩。

　　一個父親有兩個兒子，一個是樂觀主義者，一個是悲觀主義者。有一天，他買了很多好玩的玩具放到悲觀孩子的房間，然後在車庫推了一車馬糞給樂觀的孩子。

　　第二天早晨，父親發現悲觀的兒子坐在房間裡哭泣。

　　「你為什麼不玩這些新玩具呢？」父親問。

　　「我怕弄壞它們。」這個孩子帶著哭腔說道。

　　父親搖了搖頭，走到車庫，看到樂觀的兒子正在馬糞堆裡很開心地玩。

「你在做什麼，我的孩子？」父親很詫異。

「哦，爸爸！」孩子興奮的說，「我就知道附近一定藏著一匹小馬！」

悲觀與樂觀真的有天壤之別，這正應了邱吉爾的一句名言：悲觀者在每一個機會中看到困難，而樂觀者在每一次困難中看到機會。

來做一個心理測試吧，看看你究竟屬於悲觀的人還是樂觀的人。

你來到度假勝地，住到預先訂好的旅館房間後，輕鬆的喘了一口氣，試著打開窗戶時，你希望看到什麼樣的景色？

A. 可以看見旅館的游泳池和人群

B. 看到海邊，還可以看見在那裡玩的人們

C. 可以看見遠方有一座島

D. 窗外是廣大的陽臺，上面種著五顏六色的花草

選擇 A 的人：有點悲觀型。旅館的游泳池之類，一般來說都在窗邊，將這種距離感轉換成時間的流逝，以長久的態度而言，覺得未來是抓不住的，稍微有點悲觀的成分存在。

選擇 B 的人：樂觀型。看得到旅館外的東西的距離感，表示你多少對長遠的未來抱有一點展望，一般來說，這是認為自己的未來很樂觀。

選擇 C 的人：超樂觀型。可以看到那麼遠的距離的話，你的未來是不是很安樂，無憂無慮呢？

選擇 D 的人：只有看到這麼近的東西，你的未來實在是非常悲觀！樂觀的想法是不是已經全部像河水一樣流光了？

不管結果怎樣，努力讓自己成為一個樂觀向上的人吧！樂觀能讓人的心靈得到寧靜，讓人的精力得到恢復，讓人的品格更加豐毅。要想擁有一個樂觀的心態，微笑面對生活，你還要注意以下幾點：

1. 讓自己朝好的方面想：很多時候，人們之所以焦躁不安是由於碰到自己

無法控制的局面。在這種情況下，你要勇於面對現實，然後想方設法創造條件，使之向有力的方向轉化。或者你可以試著暫時把思路轉到別的事情上，這樣不至於讓自己一直沉浸在悲觀之中。

2.　意識到自己是幸福的：悲觀的人總認為自己是天底下最不幸的人，其實，你只是偶爾不走運罷了。或許你在某一方面是不幸的，但有可能在其他方面比其他人都幸運呢。上帝把某人造成一個矮子，卻會賦予他一個十分聰穎的大腦。你不是不幸，只是經常忘記尋求自己的快樂而已。

3.　學會屈服：一個人在遭遇重大挫折時，往往會變得浮躁悲觀，但是這樣對解決問題沒有絲毫幫助。倒不如讓自己靜下來，承認已經發生的一切，放棄生活中已經成為負擔的東西，重新設計美好的明天。

4.　避免挑剔：悲觀的人往往不夠寬容，他們看不慣周圍的一切，希望人世間的所有事情都符合自己的理想模式，這才能感到順心。其實這是不可能的，愛挑剔的人，表面上表現為是非分明，實則是在消極的干涉他人的人格。寬容的人則常以「憨厚」的面目出現在眾人面前，他們堅持自己為人處事的原則，也不會去批駁他人的行為方式。

跳脫虛榮的華麗藩籬

虛榮心理，一種扭曲的自尊心

心理學認為，虛榮心理是指一個人借用外在的、表面的或他人的榮光來彌補自己內在的、實質的不足，透過滿足自己的自尊，贏得別人和社會的注意與尊重。虛榮心實質上是一種被扭曲了的自尊心，是自尊心的過分表現。一位法國哲學家曾經說過：「虛榮心很難說是一種惡行，然而一切惡行都圍繞虛榮心而生，都不過是滿足虛榮心的手段。」

　　生活中的人，沒有誰願意把自己的弱點公布於世，都想把自己最耀眼的部分展示出來，以獲得他人的讚揚，讓自己渴望被關注、被重視的心理得到滿足。但是，偏偏有不少人沒有多少可以向他人炫耀的本錢，於是虛榮心理者作為在群體中的個體，便很自然的凸顯出來。

　　虛榮心強的人，喜歡在眾人面前炫耀自己曾經的輝煌或今日的榮耀，喜歡炫耀有名有地位的親朋好友，喜歡炫耀自己有多少財富，喜歡看到眾人對他露出羨慕的目光。從表面看，虛榮是對某種實際上並不屬於自己的事物作為精神目標的追求，用誇大的或者是根本不存在的現象來向他人證明自己的價值，而從本質上說，虛榮是對某種既得利益或期待利益的占有企圖。

　　與嫉妒心一樣，虛榮心也是人類普遍具有的一種性格弱點。生活中，沒有誰會願意和虛榮心強的人打交道，但很多時候我們自己也會不自覺的流露出或多或少的虛榮。要想在世界上尋找一個毫無虛榮心的人，其難度相當於大海撈針。我們對這樣的場景一定不陌生：男人信口開河的吹噓自己根本不值一提的業績，女人滿面笑容的誇耀自己並不優秀的孩子，富人充滿優越感的嘲笑窮人生活的儉樸，長相出眾的人挖苦別人相貌的缺陷……可以說，虛榮充斥在我們日常生活中的各個角落。

女性更易愛虛榮

　　人人都有虛榮心，但總的來說，女性的虛榮心要強過男性。因此，虛榮心帶給女性的痛苦也遠比男性要大得多。一個人虛榮心的背後，往往掩藏著強烈的自卑，具有虛榮心理的人，多存在自卑與心虛等深層心理的缺陷，他們表面的虛榮與內心深處的心虛總是不斷的進行對抗：一方面，在沒有達到目的之前，他們為自己不盡如人意的現狀所折磨；另一方面，即使達到目的之後，也唯恐自己真相敗露而心生恐懼。在這樣的折磨中，如何會有幸福可言？

　　虛榮心在女性中具有普遍的傾向，是眾多女性的通病。例如在聚會上，從未謀面的兩個女人初次交談。

　　「妳好！很高興認識妳，請多指教！」其中一個彬彬有禮的問候道。

　　「妳太客氣了，互相關照。」另一個在說話的同時，眼睛順勢將對方上下打量一番。

　　就在這短短幾秒鐘裡，她倆已經彼此從頭頂打量到足尖，以確定對方的「價值」。比如服裝、飾品等，都是被計算的物件。如果對方有鑽戒的話，那就會更為認真的「研究」一下，確定它是否是真品，價錢多少等等。而男性一般不會如此耐心仔細的打量對方，他們甚至不記得對方領帶的顏色！

　　隨後，她們說話的語氣和態度也會隨著對方的「價值」而發生變化。女人，永遠都是如此讓人不可捉摸！

　　有些虛榮心比較嚴重的女人，甚至以「虛榮」兩字度過一生。例如，到處吹噓自己的容貌、才能，不招來他人的「驚嘆」絕不罷休；在感情問題上，虛榮心極強的女性寧可放棄愛情，也要選擇「體面」作為衡量未來丈夫的標準；結婚後，她們會到處吹噓老公的能力、社會地位；有了孩子以後，不管孩子喜不喜歡，都要求他們學鋼琴、學繪畫，以此來顯示自己生活的富足和優越。

　　當然，我們不能因此把虛榮心一棍子打死。只要是一個有著正常思維的女人，都會有虛榮心，這不足為奇。女人天性愛美，在經濟允許的情況下為自己買昂貴的包包、衣服、首飾、化妝品等，看著鏡子裡亮麗的自己，自然會有一個好心情。嫁個有錢人做老公，當然，前提是夫妻相愛，可以省去白手起家的打拚，不用為生活的每項開銷精打細算，可以享受好車豪宅，可以周遊世界……這樣的日子的確很有吸引力。但凡事都有兩面性，如果過於注重外在的東西，為了滿足虛榮心而超出自己的能力承受範圍，就會走向極端；

而在婚姻大事上，如果僅僅把金錢和權力作為擇偶的標準，是不可能得到真正的愛情的。

實實在在才是真

　　剛剛進入社會沒多久的小蘭，薪資待遇一般，卻是個花錢高手，屬於典型的「月光」一族。一個週末，她與同事逛購物中心，看中了一件名牌連衣裙，雖然這個月她已經買了兩條價格不菲的裙子了，可還是爽快的刷了4400元把它買了下來。看到同事羨慕的目光，她感到特別滿足，一時忘卻了已經超支的煩惱。第二天上班後，小蘭穿著新裙子在各辦公室到處展示，聽到大家的稱讚，她的情緒相當高漲，眉飛色舞，如果有人反應平淡，她立刻變得悶悶不樂，心裡還認為是人家嫉妒她。

　　小蘭這樣的行為在日常生活中並不少見，它具有相當大的普遍性，代表了不少80後年輕人的共性。我們可以把它看作是年輕人愛美、好勝、追求卓越的縮影，但話說回來，作為一個有理智的人，無論做什麼事情都要注重實際，從自身情況出發，不可一味去縱容自己的虛榮心。

　　愛美之心人皆有之，但不能因為追求美而忘乎所以。穿著前衛、裝扮時尚，本無可厚非，但是不要忘了，在購入奢侈品的同時，要想到自己的經濟條件和承受能力，像小蘭這樣不講實際的透支經濟，是不可取的。長此以往，除了一身債務，恐怕自己在別人眼中的形象也很不堪，盲目的消費和四處誇耀只能讓別人認為自己是一個作風輕浮、內心空虛、不求進取的人。

　　愛美、追求美不是生活的全部，它只能作為我們生活的一種裝點，一種陪襯。人生的真正意義應該是創造生活，主宰生活，而從來都不是虛度生活。生活，需要一種實實在在的態度；人，需要實實在在的活著。

去掉猜疑的無形枷鎖

猜疑心理的產生和封閉性思路主宰了正常思維密切相關

　　信任，是人與人之間進行交往的必要前提。沒有信任，相互懷疑和猜忌，正常的交往就無法得以順利進行。可在現實生活中，有不少人很難跳出猜疑的怪圈。

　　猜疑一般總是從某一假想目標開始，最後又回到假想目標，就像一個圓圈，越畫越圓，越描越粗。關於猜忌，最典型的例子莫過於「疑人偷斧」：一個人丟失了斧頭，懷疑是鄰居的兒子偷的。從這個假想目標出發，他仔細觀察鄰居兒子的言談舉止，怎麼看都覺得這個小孩像偷斧頭的人，這一思索的結果進一步鞏固和強化了他原先的假想目標，於是他斷定偷斧賊非鄰居的兒子莫屬。可是不久後，他在山谷裡找到了丟失的斧頭，再看鄰居的兒子時，發現那孩子一點都不像偷斧者了。猜疑心理的產生和發展，和這種作繭自縛的封閉性思路主宰了正常思維密切相關。

　　猜忌心理的產生還有另外一種原因，有些人由於過分輕信別人，結果在交往中上當受騙，在蒙受了極大的經濟損失和感情挫折後，萬念俱灰，正所謂「一朝被蛇咬，十年怕井繩」，從此以後他不再相信任何人，猜疑心理一天重似一天。

　　《三國演義》中的曹操就是個疑心特別重的人，他刺殺董卓敗露後，與陳宮一起逃至呂伯奢家。曹呂兩家是世交，呂伯奢一見曹操到來，本想殺一頭豬款待他，可是曹操聽到磨刀的聲音，又聽說要「縛而殺之」，便大起疑心，以為要殺自己，於是不問青紅皂白，拔劍誤殺無辜。陳宮問其原因，曹操說出了那句流傳至今的「名言」：寧我負天下人，不教天下人負我。

　　毫無疑問，這是一齣由猜疑心理導致的悲劇。猜疑是人性的弱點之一，

也是一種心理不健康的表現，歷來是害人害己的禍根。一個人一旦掉進猜疑的陷阱，必定事事捕風捉影，處處神經過敏，對他人失去信任，損害正常的人際關係，也影響自己的身心健康。

在我們的周圍不乏猜疑心很重的人，他們整天疑心重重，甚至無中生有，認為人人都不可信、不可交。比如有的同學見到幾個同學圍在一起講話，就會懷疑是在講他的壞話；老師有時對他態度冷淡一些，就會覺得老師對自己有了看法等等。喜歡猜疑的人特別注意留心外界和別人對自己的態度和看法，別人脫口而出的一句話，他可能得琢磨半天，努力挖掘其中的「潛台詞」，這樣自然無法輕鬆與他人交往，久而久之不僅自己心情不好，也無法擁有和諧的人際關係。

猜疑是婚姻和事業的殺手

小梅的丈夫李強是一家企業的總經理，事業做得順風順水。結婚之前，小梅曾有一份穩定的工作，但是隨著丈夫生意越做越大，小梅便辭掉工作，在家做起了「全職太太」。

丈夫生意忙，幾乎每天晚上都有應酬，很晚才能回家，而且一回家就上床「呼呼」大睡，有時小梅想與丈夫親熱，可常常被丈夫以疲倦為由而拒絕。有時，好不容易在一起，丈夫也是草草了事，像是在例行公務。這樣的日子久了，小梅就懷疑丈夫有了外遇，開始疑神疑鬼。有一次丈夫從外地出差回來，等待了整整一個星期的小梅很希望得到丈夫的愛撫，但還是被丈夫以太累為由而拒絕了，於是她哭哭啼啼指責丈夫有了外遇，沒想到李強竟然從床上爬起來摔門而去，一夜未歸。丈夫無情的舉動讓小梅更加堅信了自己的推斷，於是她找到一家調查公司，請求他們對丈夫進行幾個星期的跟蹤調查。幾個星期之後，調查公司給她的答覆是她對丈夫的猜疑純屬子虛烏有。

一些社會學家認為，像小梅這樣不信任配偶的無端猜疑，正逐漸成為危

害現代家庭和諧的重要因素。猜疑，正一步步成為婚姻的隱形殺手。

　　夫妻間的感情，應當建立在互相尊重、互相信任、互相了解的基礎上，而猜疑心理恰恰違背了這些原則。婚姻中如果一方對另一方產生了猜疑，悲劇便會拉開序幕。心胸狹窄、性格不夠開朗的人在婚姻中比較容易產生猜疑心理，遇到這種情況，作為另一半的丈夫（妻子）應當幫助伴侶打破慣性思維，用誠懇的態度化解另一半對自己的誤會，用真誠的愛幫助另一半重塑對你、對婚姻的信心。

　　小燕是一家公司的會計，人很細心，對業務也熟，工作中從沒出過什麼差錯，但老闆卻不怎麼信任她，總覺得其中有什麼問題。一次，老闆竟然找來一個其他單位的老會計來查她的帳，還假惺惺的對她說：「這個會計十分有經驗，讓他指導指導妳，有什麼不會的地方，要多向他請教。」其實小燕很明白老闆的用意，她知道自己的帳沒有問題，「查就查吧，怕什麼呀？」對老闆這種不信任的態度，小燕從心裡感到反感。老會計查完帳，對老闆說小燕的帳做得很好，老闆才改變了他那懷疑的目光。這件事就這麼過去了，但小燕的心裡一直都被老闆不信任的態度所籠罩，工作熱情大減。她心裡總是想：疑人不用，用人不疑，既然這麼不相信我，乾脆去用別人好了。漸漸的，燕子有了離開公司的打算。

切除猜疑的毒瘤

　　猜疑的人通常過於敏感。敏感並不一定是缺點，但敏感過度，特別是與人交往時太過敏感，就非常容易造成對他人的傷害，儘管很多時候你是無意的。嚴重的猜疑心理需要想辦法加以控制，如果你正在猜疑的怪圈裡左右為難，不妨試試以下幾種方法：

1. 用理智克制衝動情緒：當你發現自己開始懷疑別人時，要立即尋找產生懷疑的原因，在沒有形成思維之前，引進正反兩方面的資訊。現實生活

中的許多猜疑，一旦戳穿了是很可笑的，但在戳穿之前，由於猜疑者的頭腦被封閉性思路所主宰，總會覺得自己的猜疑十分合情合理。所以，要學會冷靜思考，用理智克制衝動的猜疑心理。

2. 培養自信心：世界上沒有完人，也沒有一無是處的人，每個人都有優點，都應當看到自己的長處。培養自信，相信自己會有和諧的人際關係，用自信的目光去和他人交流，會讓別人留下良好而深刻的印象。這樣，當我們滿懷信心的工作和生活時，就不用擔心自己的行為會引起他人的不快，也不會懷疑別人是否會挑剔、為難自己了。

3. 學會自我安慰：在生活中，每個人都難免遭到別人的非議和流言，也難免與他人產生一些誤會，不值得大驚小怪。你完全不必在一些生活細節上斤斤計較，學著糊塗一些，不要替自己徒增沒必要的煩惱。如果覺得別人懷疑自己，學會安慰自己，不必為別人的閒言碎語所糾纏，不要在意別人的議論，這樣不僅解脫了自己，而且還獲得了一次小小的精神勝利，懷疑自然也就煙消雲散了。

4. 善於溝通：與他人產生誤會並不可怕，關鍵是我們要有消除誤會的能力與辦法，如果誤會得不到盡快的解除，就會發展為猜疑。所以如果可能的話，最好和你「懷疑」的對象來一次開誠布公的交談，以弄清真相，消除誤會。總之，良好的溝通有助於你擺脫猜疑的困擾，對自己對他人都有好處。

穿過自私的狹隘空間

自私心理：不知如何去愛真正的自我

自私之心是萬惡之源，貪婪、嫉妒、報復、吝嗇等病態社會心理從根本

上講都是自私的表現。自私心理的產生源於對生命缺乏目標以及不知如何去愛真正的自我，通常情況下，「自我」是屬於社會的「自我」，是一個被社會所固定後而不得不依樣去扮演的「自我」，毫無自主的餘地。因此，人在這種呆滯的社會形態下往往會去找尋漏洞，企圖尋求利己的事物，「自私」心理由此產生。自私在程度上有所不同，輕微一點的自私只是計較個人得失、有私心雜念或不講公德；嚴重的自私則表現為為達到個人目的不擇手段，甚至殺人越貨、鋌而走險。作為一種較為普遍的病狀心理現象，自私有深層次性、下意識性和隱祕性的特點。

人有諸多需求，如生理需求、物質需求、精神需求、社會需求等等。需求是人的行為的原始推動力，人的許多行為就是為了滿足自身不同層次的需求。同時，需求又受到社會規範、道德倫理、法律法令的制約，不顧社會歷史條件的要求和客觀現實條件的限制，一味想滿足自己的各種私欲的人，就是具有自私心理的人。自私之心隱藏在個人的需求結構之中，是一種深層次的心理活動。正因為自私心理潛藏較深，所以它的存在與表現常常不為個人所意識。有自私行為的人並非能夠及時意識到他正在做一件自私的事，相反，他在侵占別人利益時往往還會心安理得。所以，自私可以被我們看作是一種病態社會心理。有的人因自私行為而引起公憤，但一時又無法改變這種習慣，為了逃避輿論譴責和社會懲罰，他們便常常口唱高調，故作姿態，將內心自私的本性隱藏於謊言和假象之中。自私是一種羞於見人的病態行為，由於自私的人常常會以各種手段掩飾自己，因而自私又具有隱祕性。

學會給予，把自私踩在腳下

印度有這樣一句古諺：贈人玫瑰之手，經久猶有餘香。給予是一種利己行為，在付出的同時，也將收穫一份助人後的快樂。給予是一種高尚的人格特質，在別人需要的時候伸出援助之手，不僅能讓接受者走出困境，也能使

給予者獲得心靈上的洗禮。

巴勒斯坦有兩個海，一個是淡水，名為伽里里海，裡面有魚兒歡快的暢游。從山脈流下來的約旦河帶著飛濺的浪花，成就了這個海。它在陽光下歌唱，人們在周圍蓋房子，鳥兒在茂密的枝葉間築巢，每種生物都因它而幸福。

約旦河向南流入另一個海。這裡沒有魚兒的歡躍，沒有樹葉，沒有鳥兒的歌唱，也沒有兒童的歡笑。除非事情緊急，旅行者總是選擇別的路徑。這裡水面空氣凝重，沒有哪種動物願意在此飲水。

這兩個海彼此相鄰，何以如此不同？不是因為約旦河，它將同樣的淡水注入。不是因為土壤，也不是因為周邊的國家。區別在於：伽里里海接受約旦河，但絕不把持不放，每流入一滴水，就有另一滴水流出，接受與給予同在。

另一個海則精明得厲害，它吝嗇的收藏每一筆收入，絕不向慷慨的衝動讓步，每一滴水它都只進不出。

伽里里海樂善好施，生氣勃勃。另外那個則從不付出，它就是死海。

巴勒斯坦有兩個海，世上有兩種人。

世上有兩種人，一種樂善好施，一種自私自利，你是哪一種？

學會給予吧！給予是一門學問，也是一種藝術。給予成功以清醒，給予失敗以冷靜；給予孤獨以思考，給予冷漠以熱情；給予朋友以真誠，給予情人以信任；給予強者以尊重，給予弱者以謙和……學會給予是人生的最高境界。耶穌基督說：給予，是快樂。美國盲人女作家海倫凱勒說到自己快樂的訣竅，也這樣說：「我發現生活很令人興奮，特別是你為他人而生活。」學會給予，將自私踩在腳下，生活才會更精彩，生命才會更有意義。

人生需要寬容

　　寬容是一種智慧，一種境界，一種零風險高回報的善念。人生如果沒有寬容，睚眥必報，必定樹敵過多，處處受阻。假如你斤斤計較，對方就會耿耿於懷；假如你絕不放過，對方就會永無饒恕。寬容是理解並接受不同的想法、不同的行為，是對他人的錯誤不計較，是對傷害自己的行為不縈懷。世界因為有了寬容才五彩繽紛，失敗因為有了寬容才走向成功，人生因為有了寬容才遠離抱怨。

　　林肯對政敵素以寬容著稱，一議員有所不滿，對他「好言相勸」：「你不應該試圖和那些人交朋友，而應該消滅他們。」林肯微笑回答：「當他們變成我的朋友，難道我不正是消滅了我的敵人嗎？」林肯的寬容為他贏得了大多數人的支持，也使他成為美國歷史上最成功的領袖之一。

　　寬容的人，終將收穫來自寬容的回報。

　　戰國時期，楚莊王一次在殿內宴請眾將領，酒到酣處，火燭突然滅了，殿內漆黑一片。此時，有一個人因先前一直垂涎於莊王美姬的美貌，便乘機上去抱美姬，美姬大驚，奮力掙脫，情急之下扯落了該人的帽纓，並請求楚莊王懲治那個帽上無纓的人。楚莊王沒有照美姬說的去做，而是在未掌燈之前，命令宴席上所有的將領都把帽纓摘去，繼續縱情歡飲，直到盡歡而散，維護了那位將領的冒失之舉。

　　過了三年，楚國與晉國打仗，有一位將領常常衝在前面，奮勇殺敵，屢建奇功。莊王感到驚奇，忍不住問他：「我平時對你並沒有特別的恩惠，你為何在打仗時如此賣命？」那人回答：「我就是那天夜裡被扯斷了帽纓的人。」

　　可以看出，楚莊王是駕馭群臣的高手，他用寬容換來了將領為他拚死效力。

拋棄完美的迷人光環

莫讓完美耽誤一生

完美主義是一種凡事追求盡善盡美的極端性格，雖能驅使人奮發向上，努力達到目標，但有時也因為標準過高而徒增負擔和壓力。完美主義者往往以完美作為為人處事的標準，習慣於對自己和他人設定過高的標準，一旦事與願違，就會產生不良情緒，甚至對他人充滿厭惡。過分追求完美的人，其實內心深處往往有一種不安全感和自卑感，他們十分害怕被別人拒絕或否定。

哥倫比亞大學的一位心理學家曾經把完美主義性格分為三種類型：

1. 要求自我型：為自己設下完美標準，而且追求完美的動力完全出於自己。
2. 要求他人型：為別人設下高標準，無法容忍別人犯錯誤。
3. 被別人要求型：追求完美的動力完全是為了滿足他人的期望，總是感覺自己被期待著，因此時刻都要保持完美。

心理學研究證明，試圖達到完美境界的人與他們可能獲得成功的機會，恰恰成反比。追求完美會為人帶來莫大的焦慮、沮喪和壓抑。完美主義者在做一件事情時，由於擔心失敗，從事情一開始就輾轉不安，這會妨礙他們全力以赴去獲得成功。如果真的遭到失敗，他們就會異常灰心，想盡一切辦法逃避失敗。他們沒有從失敗中獲取任何教訓，而只是想方設法讓自己避免尷尬的場面。

專家警告，過分追求完美可能會造成心理障礙並有損身體健康。目前，追求完美成為許多職場菁英們孜孜以求的目標。相關調查顯示，越來越多的上班族被對「完美」的過分追求而壓得喘不過氣來，深受職場完美主義之累，身心俱疲。

一位心理諮商師說，有完美主義傾向的職場上班族，大多有強烈的成功欲。「這本是一個優勢，說明他們辦事認真，但過猶不及反而引發焦慮、強迫等心理問題。如果上班族的上司或者客戶是個追求完美的人，那麼在苛刻的工作環境中，一些個性內向的女性上班族也更容易產生心理問題，產生工作與健康隱憂。」

世事本不完美

據美國佛羅里達州大學的一位心理學家評估，全美有一半女性有不同程度的追求完美主義心態。其中，有 10％的人正在遭遇由過度追求完美而引發的憂鬱、暴飲暴食和企圖自殺等狀況，且不為外人所察覺，情況十分令人擔憂。

莎莉是一個不折不扣的完美主義者：工作得心應手，一路高升；與上下級關係融洽，在紛繁的人際交往中遊刃有餘；生活中的大事小事，事前均會做出妥善安排；多年來一直保持苗條身材，體重上下幅度精確到 0.5 公斤……即使是這樣，莎莉卻從不覺得自己的生活很成功。她相當在乎別人對自己的評價，有時候甚至一句小小的抱怨，也會讓她長時間地感到局促不安；而當別人高度讚揚她時，她卻會說，那是因為對手太弱了等等。甚至有好多次，她因為不滿意自己精心準備的衣裝和髮型，最終取消了與朋友的約會。更加糟糕的是，近期以來，她竟然開始暴飲暴食……

完美主義者往往非常挑剔，他們不願意接受自己或他人的缺點和不足。有的人不允許自己在公共場合講話時緊張，更不能容忍自己緊張時流露出不自然的表情，所以每到發言時，他們就拚命克制自己的緊張情緒，結果越克制反而越緊張，形成惡性循環。

完美主義者表面上很自負，內心深處卻充滿了自卑。因為他們很少看到自己的優點，總是關注缺點，很少肯定自己，也很少肯定這個世界。其實，

生活中不存在真正完美的人，一個人，即使缺陷再大的，也有其亮點，正如再完美的人也有缺陷一樣。只要能夠充分發揮自己的長處，照樣可以贏得精彩的人生。

認識自我，跳出完美的迷宮

曾經有一位國際知名的女影星在接受記者的採訪時說，「我長得並不完美，我覺得正因為長相上的某些缺憾，才讓觀眾更能接受我。」一個人能夠認知到自己的不足並能坦然待之，可以說是自信的，心態也是健康的。

過分苛求完美，無異於追求痛苦。如何從追求盡善盡美的誘惑中擺脫出來呢？有專家這樣建議完美主義者：

1. 正確了解自己的潛能：正確認識自己，既不把自己的能力評估得太高，更不必過於自卑。如果你事事要求完美，這種心理本身就會成為你做事的障礙。不要用自己的劣勢去與人競爭，而是要在自己的優勢上培養起自尊、自豪和對工作的興趣。

2. 重新認識失敗：偶爾乃至多次的失敗並不能完全說明一個人的價值。如果從不經歷失敗，你能真正品味到成功的喜悅嗎？成功可以堅定我們的信念，而失敗則給了我們獨一無二的寶貴經驗。不要因為一件事未做到盡善盡美而自怨自艾，沒有「瑕疵」的事物是不存在的，盲目的追求一個虛幻的境界，只能勞而無功，徒增煩惱。

3. 盡自己所能：把自己能夠做好的事情盡量做得完美，這樣你的心情就會輕鬆自然，也會感到自己有源源不斷的創造力，做其他事也將更有成效。實際上，當你不追求出類拔萃而只是希望表現良好時，你會出乎意料的獲得最佳的成績。

4. 學會說「不」：遇到自己力所不及的事情時，要坦然面對，不要為面子而硬撐著，否則最後受傷的只能是自己。

完美是一把雙刃劍，它在給人不斷向上的動力的同時，也讓人在心理上留下沉重的壓力。只求完美，害怕失敗，只能使我們處於癱瘓的境地。給自己一個正確的定位，跳出完美的迷宮吧，你會發現，其實陽光依舊燦爛，外面的世界依舊精彩。

衝出自卑自憐的沼澤

自卑是心靈的麻痺藥

心理學認為，自卑是一種因過多自我否定而產生的消極情緒體驗，屬於性格缺陷的一種。具有自卑心理的人，一般表現為對自己的能力和特質評價過低，在交往中缺乏自信，辦事畏首畏尾，隨聲附和，沒有自己的主見，一遇到有錯誤的事情就以為是自己不好。自卑容易銷蝕人的鬥志，使人的心靈猶如一把潮溼的火柴，再也無法燃起靈感的火花。

自卑的前提是自尊，當個體的自尊需求無法得到滿足，又不能實事求是的分析自己時，就容易產生自卑心理。一個人形成自卑心理後，往往從懷疑自己的能力到不能表現自己的能力，從怯於與人交往到孤獨的自我封閉。

一般認為，自卑心理的形成主要有以下幾方面的原因。

首先，自我認識不足，過低評估自己。一個人總是以他人為鏡來認識自己，如果他人對自己的評價過低，特別是較有權威的人的評價，就會影響對自己的認識，從而過低評價自己，產生自卑心理。

其次，家庭經濟因素。一部分人由於出身貧寒，生活困難，與周圍的人相比，會因為自己家庭經濟實力太差而感到自卑。

第三，童年經歷。童年經歷對一個人的人生會產生十分重要的影響，心理科學的研究已證實，不少心理問題都可在早期生活中找到癥結，自卑作為

一種消極的心態也不例外。

第四，個人的性格特點、意志力。氣質憂鬱、性格內向的人大都對事物帶來的消極後果有放大趨向，而且不容易將這種消極體驗及時予以宣洩或排解。因此，他們的心理比其他氣質、性格類型的人來說更容易受到外界因素的影響，產生自卑的可能性也相應增大。

有自卑心理的人，大腦皮層長期處於抑制狀態，抗病能力下降，從而容易出現頭痛、乏力、記憶力減退、早生華髮、面容憔悴、牙齒鬆動等病症，導致衰老加快。而且，由於自卑的人大多孤僻、內向、不合群，常常把自己孤立起來，與他人缺少心理溝通，所以容易導致心理活動走向片面。

心理學家阿德勒認為：「由身體的缺陷或其他原因所引起的自卑，不僅能摧毀一個人，使人自甘墮落或發生精神病，在另一方面，它還能使人發憤圖強，力求振作，以補償自己的弱點。」

始終不要動搖自己認定的目標

居禮夫人曾經說過，人要有毅力，否則將一事無成。法國著名的生物學家巴斯德說：「告訴你使我達到目標的奧祕吧，我唯一的力量就是我的堅持精神。」有許多與成功無緣的人，他們並不是缺乏追求的目標，而是因為沒有持之以恆的精神。因此，假如你下決心要去追求一個有價值的目標，就應當全力以赴，勇敢的堅持下去，無論前進的道路有多曲折，不要動搖！

曾經，美國西部掀起了一股「淘金熱」，無數人趨之若鶩，夢想一夜之間成為世界富豪。有一個年輕人很幸運，他很順利的挖到了金礦，十分高興，越挖掘希望越高，可是後來礦脈突然消失了。他繼續挖掘，一段時間之後，還是沒有收穫，於是他決定放棄。他把機器便宜賣給一位老人後，便坐車回家了。這位老人請了一位採礦工程師，在原來年輕人停止開採的地方繼續挖掘，竟然在三尺之下再次挖到金礦。這位老人因此淨賺了幾百萬美元，從此

過著富足的生活。如果當時那個年輕人沒有輕易放棄，或許他就會擁有另外一種不同的人生。

「輕易放棄，總嫌太早。」請記住這句話吧。越是在困難的時候，越需要再堅持一下。有時，並不是成功不青睞你，而是你在成功到來之前將它拒之門外。「再堅持一下」，是一種不達目的誓不甘休的精神，是一種對自己所從事的事業的堅強信念，也是高瞻遠矚的眼光和胸懷。它不是賭徒的「孤注一擲」，而是通觀全局和預測未來後的明智抉擇，它更是一種對人生充滿希望的樂觀態度。

失意也不能失志

自卑可以消磨一個人的雄心壯志，使他自暴自棄、悲觀洩氣。自卑好比是人生前進道路上的絆腳石，你鼓起勇氣邁過去，就離目的地更進了一步；躑躅不前，便會因此而碌碌無為，錯過人生道路上許多美麗的風景。

一位母親帶她的兒子去動物園看大象，大象周圍有許多矮矮的木樁，大象與木樁之間，繫著細細的鍊子。兒子不解，問媽媽：「媽媽，這麼大的象，一定很有力氣，牠為什麼不掙脫鍊子逃跑呢？」媽媽回答說：「大象剛來到這裡的時候還很小很小，當時就用這些小木樁圈著牠，牠很想掙斷鍊子跑掉，可力氣太小了，每次都失敗，於是牠就失去了掙脫鍊子的信心。後來，儘管牠的力氣一天比一天大，可牠始終都不知道自己的力量已經很大了，只要輕輕掙一下，就能逃出來。牠不敢這樣想，當然也就不會這樣做，所以只好永遠被鎖在這裡。」小男孩聽後，若有所悟的點了點頭。

有時候，一時的放棄，也就意味著一生的放棄。

在古代，有很多人失意於人生，而得意於詩。比如屈原、陶淵明、李煜、李白、杜甫、蘇軾等。他們的得意之作，幾乎皆是失意之作。如果喪失了意志，我們是否還能讀到「天生我才必有用，千金散盡還復來」的自信與

瀟脫，是否還能領略到「竹杖芒鞋輕勝馬，誰怕？一蓑煙雨任平生」的瀟灑與豪邁？

其實，每一個人從記事的那天起，便生活在得意與失意之間。在成長的歲月裡，你是不是總覺得失意無時不在、無處不有？其實，得意與失意都是人生不能缺少的，不要去埋怨，很多時候，只有失意才會使你冷靜的反思自己，才能使你正視自己的缺點和不足，從而更加完善自己。從某種意義上說，失意是上天對你的厚愛，透過失意，你開始懂得細細品味人生，反覆咀嚼苦辣，培養必勝的信念，不斷去追求成功。

在挫折中找到自己的優勢

自卑的人一般都比較敏感脆弱，經不起挫折打擊。一旦遭受挫折，就很容易意志消沉，自卑感也有可能增強。話說回來，人生在世幾十載，不遭遇挫折幾乎是不可能的事，既然無法避免，何不勇敢面對？在挫折中吸取教訓，不斷挖掘自己的潛能，你會早日擺脫失敗的陰影，收穫成功的喜悅。

有一名戲劇家在排練一場戲時，被告知女主角因有事無法參加排演，情急之下，他只好叫他的大姐來臨時擔任這一角色。大姐不是演員，也從未想過要當一名演員，她只是做些服裝準備之類的事情。現在突然擔任主演，各方面都很不適應。由於自卑、羞怯，大姐在排演時的表現十分不好，引起了包括弟弟在內的很多人的不滿。多次表演都不理想，戲劇家在姐姐又一次失誤後突然停止排練，怒氣沖沖的說：「如果女主角演得還是這樣差勁，就不要再往下演了！」全場寂然，委屈的大姐久久沒有說話。突然，她抬起頭，一掃之前的自卑、羞澀、拘謹，演得相當自信，獲得眾人不斷的讚賞。後來戲劇家曾以「一個偶然發現的天才」為題記述了這件事情。

試想一下，如果大姐沒有這次表演的機會，如果她沒有受到他人言語上的刺激，或許至今還只是一個默默無聞的幕後工作人員，她的演戲潛能可能

一輩子都被埋沒。

平息浮躁搖擺的不安

急於求成的後果

　　浮躁是一種衝動性、情緒性、盲動性相互交織的病態社會心理，主要表現為心神不寧、焦躁不安、盲從盲動等。凡事急於求成，動機雖好，但由於忽略事物發展的客觀規律，往往適得其反，最後以失敗而告終。

　　一位農夫在地裡種下了兩粒種子，不久它們長成了兩棵同樣大小的樹苗。第一棵樹從一開始就決心長成一株參天大樹，所以它拚命的吸收地下的養料，儲備起來，滋潤每一枝樹幹，盤算著如何向上生長，完善自身。由於這個原因，在最初的幾年裡，它並沒有開花結果，這讓農夫很惱火。與此同時，另一棵樹也拚命的從地下吸取養料，打算早點開花結果，不同的是，它做到了這一點。農夫很欣賞這棵樹，經常澆灌它。時光飛轉，那棵久不開花的大樹由於身強體壯，養分充足，終於結出了又大又甜的果實。而那棵過早開花的樹，卻由於還未成熟時，便承擔起了開花結果的任務，所以結出的果實苦澀難吃，並不討人喜歡，日子一長，漸漸的枯萎掉了。

　　可見，早日開花，不一定會有一個好結果，急於求成，最終卻只落得一個悲慘的結局。

　　有一位動物學家曾做過這樣一個實驗：他把一隻小鳥關進一間屋子裡，屋子有兩扇窗戶，一扇向著外面的天空，十分明亮，不過玻璃窗是關著的；另一扇對著一間光線特別暗的小屋，沒有關閉。如果小鳥穿過這扇窗戶，繞過灰暗的房間，牠就能飛出去，重新獲得自由。

　　從一開始，小鳥就盯上了明亮的玻璃窗，可每一次奮勇飛去，卻總被無

情的擋回來。碰壁之後，小鳥在屋子裡飛了幾圈，又一次衝向明亮的玻璃窗。幾次之後，鳥兒跌落在窗台上，頭上開始滲血。牠靜靜的臥在冰冷的窗台上，一動不動望著窗外，直到死去。整個過程中，小鳥一次都沒有看過那扇灰暗的窗戶。

小鳥急於重新回到藍天的懷抱，於是牠選擇了明亮的玻璃窗，可是牠無論如何也想不到，那扇灰暗的窗戶，那條狹長的道路，才可以幫助牠真正獲得自由。牠只是急急的想要飛，卻因此而喪了性命。

一個單身漢，住在一間茅草搭成的房子裡。他勤勞耕作，自食其力，生活用品漸漸安置齊全，日子也越來越好過。可有一件事讓他十分煩惱，房子裡總是有老鼠出沒，白天四處亂竄，晚上不但吱吱叫，甚至還能聽到磨牙的聲音。單身漢滿腹怨氣，他本來就性情急躁，被老鼠這麼天長日久的折磨，他已經到了忍無可忍的地步。

一天，單身漢喝醉了酒，又逢老鼠「興風作浪」，他一下子怒火萬丈，決定要將老鼠徹底消滅。他想了一個十分「有效」的辦法，一把火點著了房子！老鼠沒了，他也再次無家可歸。

無論是人也好，植物、動物也罷，都不能犯急於求成的毛病，順其自然一些，心平氣和一些，事情的結果會遠遠好於心浮氣躁時盲目的衝動。

聆聽來自內心的聲音

你有多久沒有顧及過自己內心真正的想法了？也許你會說，每日都在為生計奔波，累得暈頭轉向，哪裡還有時間去想別的事情。的確，每個人都在忙碌，為名，為利，或者僅僅是為了生存。但我還是想說，不論你有多忙，留一些時間給自己吧，聆聽內心深處最為真實的聲音，不要在終日的勞累中讓心靈的花園漸漸荒蕪，不要讓煩躁不安的情緒遮住心靈的陽光。

有一位考古學家，千里迢迢來到南美的叢林中，找尋古印加帝國文明

的遺跡。

　　他僱用了一些當地的原住民作為嚮導及挑夫，一行人浩浩蕩蕩的朝著叢林的深處出發。

　　那些原住民的腳力確實過人，儘管他們背負笨重的行李和器材，仍是健步如飛。在整個隊伍的行進過程中，總是考古學家先喊著需要休息，所有的原住民才只好停下來等候他。

　　考古學家雖然體力跟不上，但也希望能夠早一點到達目的地，一償平生夙願，好好的研究一番古印加帝國文明的奧祕。

　　到了第四天，考古學家一早醒來，便立即催促著打點行李，準備上路。不料翻譯卻說，原住民拒絕行動，令考古學家惱怒不已。

　　經過詳細的溝通，考古學家終於了解，這裡的原住民自古以來，便流傳著一項神祕的習俗 —— 在趕路時，皆會竭盡所能的拚命向前衝，但每走上三天，便需要休息一天。

　　考古學家對這項習俗產生了強烈的好奇，透過翻譯詢問嚮導，為什麼在他們的部族中，會留下這麼耐人尋味的休息方式。嚮導很莊嚴的回答考古學家的問題，道：「那是為了讓我們的靈魂，能夠追得上我們趕了三天路的疲憊身體。」

　　考古學家聽了嚮導的解釋，心中若有所悟，沉思了許久，終於展顏微笑。他心中深深的認為，這是他這一趟考古旅行中，最有價值的一項收穫。

　　我們總是感嘆人生的短暫，於是路上皆是匆匆的步伐。緊張忙碌的生活中，我們就像一個個被上緊了發條的零件不停的運轉。可你是否真切的想過，其實在我們每個人的生命裡，還有一個自由的自己，一個更加真實的自己，一個渴望寧靜的心靈。人生的意義，不過就是發現自己，成為自己，最終回歸自己，回到那個最好的自己。在佛家，這叫做圓滿。

充實空虛寂寞的心靈

為什麼感覺什麼都沒意思

你有沒有這樣的經歷：忙碌了一天回到家裡，卻發現越發無聊，做什麼都沒意思。打開電腦，只是對著螢幕發呆；打開電視，總是拿著遙控器不停的切換頻道；拿起一本書，翻了幾頁卻根本不知道內容是什麼……現代人或多或少的都有過這樣的感受，為什麼感覺什麼都沒意思呢？在心理學上，這種感受屬於空虛心理的範疇。

空虛心理，確切的說指的是一個人的精神世界一片空白，沒有理想、沒有寄託、百無聊賴，或花天酒地，或醉生夢死，如同行屍走肉一般。嚴重的心理空虛者，還會因為空虛而走上犯罪的道路，成為被社會和家人拋棄的人。

空虛可以說是一種社會病，它的存在極為普遍，當人們在社會中失去精神支柱，或社會價值多元化導致某些人無所適從時，或者個人價值被抹殺時，就極易出現這種病態心理。

在資本主義社會，勞動者處於被剝削的地位，人與人的關係異化為僱傭關係、金錢關係以及赤裸裸的相互利用關係，利潤、買賣代替了人的價值，人們之間存在的僅僅是一種物質交易關係。因此，許多人的生活環境充滿了壓抑、緊張的氣氛。殘酷的競爭導致每個人都面臨著失業的威脅，許多人只好得過且過，用吸毒、縱樂等方式來麻痺自己，空虛寂寞的心理成為一種普遍的存在。

現如今的商品經濟雖然繁榮了曾經死氣沉沉的市場，但隨之而來的弊端也不可忽視。由於商品經濟具有較強的功利性與競爭性，使得一些人為名利、競爭所累，逐漸成為金錢的奴僕。為了錢，他們什麼都肯做，甚至置法

律於不顧，更談不上道德的約束。有些人過著奢靡的物質生活，內心卻十分空虛。一些暴發戶曾說：「我們窮得只剩下錢。」可見其精神世界有多貧瘠！

空虛的心理危害

　　空虛心理的危害性很大。精神空虛者因為萎靡不振，缺乏社會責任感和積極進取精神，往往成為社會的負擔和包袱，不但給社會治安帶來嚴重的安全隱患，而且還對他們的家庭以及周圍環境產生惡劣影響。具體來說，空虛心理的危害如下：

1. 危害青少年身心健康：心理空虛極易導致各種犯罪行為的發生，特別是吸毒犯罪。據調查顯示，吸毒者一般都是因為心裡空虛才開始沾染毒品的。毒品會摧毀一個人的精神和意志，使其道德淪喪，甚至出現人格分裂、心理變態。青少年身心均為發育成熟，一旦染上毒癮，其生理和心理受到的摧殘會更加嚴重，後果也更加不堪設想。

2. 誘發各種刑事犯罪：俗話說，「閒人出事故」。有些心理空虛者由於整天無所事事，再加上品德不好，極易想入非非，一旦勾起貪欲，便會想盡一切辦法滿足自己的欲望，當私欲無法滿足時，他們就會鋌而走險，從事犯罪活動。

3. 阻礙事業成功：空虛心理給人帶來的最大危害，莫過於對個人成才的影響。毫無疑問，一個精神空虛的人是不會去學習任何知識的，假如他喜歡學習，喜歡從書中汲取精神食糧，精神空虛也就無從談起了。因此從根本上來看，空虛心理是對個人成才最直接、最嚴重的危害。這樣的事例不勝枚舉，就不一一贅述了。

　　由此而知，精神空虛對國家、團體、個人有害無利，必須透過社會努力與自我調適加以克服。

將「空空」的心靈充實

空虛心理雖然可怕，但並不是無藥可救。一般情況下，只要個人透過努力，進行積極的自我心理調適，精神空虛是可以克服的。

1. 正確認識社會：空虛心理的產生，有很大一部分原因是個人對社會存在極大的偏見。社會既有積極的方面，也有消極的方面。因此我們要看主流、看社會發展的方向，絕不能以偏概全，只看到社會的消極面，從而不求上進、萎靡不振。正確的態度是透過學習，提高思想覺悟，接受現實，正視現實，改造現實。

2. 鍛造堅強意志：精神空虛者要提高戰勝挫折的心理承受能力和把握自己命運和行為的能力。要用「不以物喜，不以己悲」的平常心態來看待周圍的人和事。做人要有理想抱負，做事要有恆心毅力，用積極的態度去面對挫折與失敗，在逆境中鍛鍊成才。

3. 多讀名人傳記：以名人的奮鬥史作為人生的楷模，正確認識自我，善於反思自我，鞭策自我，記錄自我的人生軌跡與心理變化軌跡。從名人的成長經歷中感悟人生的奧祕，懂得珍惜，學會放棄。明白理想與現實的差距，確立一種「積極有為」的人生哲學，消除無精神追求的心態。

4. 參加社會實踐：成績能強化個人價值，滿足個人自尊、自愛、自信的需求。每個人都有成就動機與自我實現的高層次需求，因此，在實踐中獲得不菲成績可以為個體不斷增添新的動力。

5. 用音樂調節情緒：節奏明快的音樂能振奮人的情緒，軍樂曲、進行曲能使人的情緒高漲，激發人高昂的鬥志；宛轉悠揚的樂曲能使人的情緒安靜而輕鬆；輕音樂能增加生活的樂趣，幫助人了解生活的意義，從而使他熱愛生活，珍惜生命。

生活對每一個人都是熱情的，用你的真心去擁抱生活吧，它會還你一個

多彩的未來！

第四章　駕馭情緒的上下起伏

抑制憤怒狂躁的不良心理

怒大傷肝，喪失理智

　　古代素有「怒傷肝、喜傷心、憂傷肺、思傷脾、恐傷腎」的說法，可見，憤怒是一種不良的心理狀態，對人的身心健康極為有害。心理研究顯示，人在發怒時會產生一系列的生理變化，如心跳加快、膽汁增多、呼吸急促甚至渾身發抖，對健康的損害相當大。

　　哲學家康德曾經說過：生氣就是拿別人的錯誤來懲罰自己。生活中，有很多人在與他人的互動中，僅僅因為一言不合就拍案而起，豈不知這樣既傷了朋友之間的和氣，又在無意中助長了自己的暴脾氣。

　　一位美國生理學家為了研究生氣對健康的影響，做過一個實驗，他將一根玻璃試管插在冰水混合的容器裡，收集人們在不同情緒下的「氣水」。結果發現：同一個人，當他心平氣和時，呼出的氣進入容器後，水依然澄清透明；悲痛時，水中有白色沉澱；悔恨時，有淡綠色沉澱；生氣時，則有紫色沉澱。

隨後，他把生氣時的紫色「氣水」注射在一隻大白鼠的身上，幾分鐘之後，大白鼠竟然死了！這位專家進而分析：如果一個人生氣 10 分鐘，其所耗費的精力不亞於參加一次 3000 公尺的賽跑。實驗證明，人在生氣時很難保持心理平衡，體內還會分泌出帶有毒素的物質，對健康十分不利。

當一個人怒氣衝天的時候，接近狂躁的發洩或瘋狂會使他喪失理智，從而做出一些追悔莫及的事情。

約翰有一次騎上他的摩托車去山裡打獵，豈料半途中車子出了問題，無法繼續前進。約翰很生氣，耐著性子修理了一陣子，可車子依然不聽使喚。他修理的時間越長，就越發感覺自己失去了一次絕好的打獵機會，於是就更加生氣。最後，他的忍耐到了極限，操起獵槍對著車子就是一通猛射，然後一腳將車子踹下了山崖。

約翰心中的怒氣隨著車子的滾落而煙消雲散，但這種平息怒氣的方式也讓他付出了不小的代價，至少，他原本高昂的打獵興致消失殆盡，最後還得步行回家，怎一個「悔」字了得！

憤怒只會助長脾氣

人人都有怒不可遏的時候，一通狂風暴雨的發洩之後，感覺似乎好了很多。其實不然，一次次的憤怒，只會讓你的脾氣變得越來越暴躁。

按照大眾心理學的觀點，憤怒就像是壓力鍋中的蒸氣，不發散出來就會不停鬱積，一旦爆發，威力將不可想像。愛荷華州立大學的一位心理學教授指出：「這種想法是人們發怒的理由，但是這種發洩無濟於事。事實上，人們不會因此而平靜下來，相反會表現得更加暴烈。」

教授為此還做過一個實驗，他把被激怒的志願參與者分為兩組，一組克制怒火，另一組打擊沙袋。結果發現，打擊沙袋的那一組成員的攻擊性比之前增加了一倍。「想要透過擊沙袋或者砸枕頭來息怒，無異於火上澆油。

發洩情緒時，人們應對煩惱的反應不是解決癥結，而是透過踢打和尖叫。」教授說。

耶魯大學的一位心理學教授也說：「這肯定是個『憤怒時代』—— 比歷史上任何一個時期都嚴重。」現在，無論是在公共場合還是在私下裡，發怒的現象都有所增加，而且有越演越烈的趨勢。當一個人心中的憤怒情緒無法得到合理宣洩時，就越發會讓他感覺到狂躁不安，於是淤積在心中的怨氣也會不斷增加，久而久之，越是容易憤怒，脾氣也就會越來越大。

再生氣也應該有底線

現代人的生活節奏越來越快，當預期目標無法按時實現，憤怒的情緒就會隨之產生。無論是在學校拿不到應得的獎勵也好，還是在工作中得不到該有的升遷也罷，都容易讓人感到失望，一旦這種情緒得不到很好的排解，就會產生憤怒。憤怒的情緒需要發洩，但在發洩的同時不要忘記，掌握好一個「度」，任何東西超出了「度」的限制，就會適得其反。無論做什麼事，為自己設定一個底線，才能進退自如。

歐瑪爾是英國歷史上唯一留名至今的劍手。他曾和一個與自己勢均力敵的對手比武，三十年都無法分出勝負。在一次決鬥中，對手突然從馬上摔了下來，歐瑪爾趁勢持劍跳到他身上，一秒鐘就可以將他殺死。就在這時，對手做了一件令人意想不到的事：向歐瑪爾臉上吐了一口唾沫。這簡直是對歐瑪爾的忍耐性發出了最嚴峻的挑戰。歐瑪爾停手了，他對敵手說：「你起來，我們明天再打。」對手死裡逃生，也怔住了，不明白歐瑪爾為什麼要這樣做。

歐瑪爾說：「三十年來，我一直在修練自己，讓自己不帶一點怒氣作戰，所以我才能保持常勝不敗。但是在你剛才吐我唾沫的瞬間，我的心中已經動了怒氣，這時如果將你殺掉，我就再也找不到勝利的感覺了。所以我想調整一下心態，明天重新開始。」當然，這場爭鬥永遠也不會重新開始了，因為

那個對手從此變成了歐瑪爾的學生。歐瑪爾在徹底消除了心中的怒氣之後，劍術更加出神入化。

冷靜是控制憤怒的良方

這是一則古老的印度故事：

從前，有一個小男孩，脾氣十分暴躁。有一天，爸爸給了他一袋釘子，告訴他，每次發脾氣或者跟人吵架時，就在院子的籬笆上釘一根釘子。第一天，男孩釘了 37 根。後面的幾天，他漸漸學會控制自己的脾氣，釘的釘子也逐漸減少，因為他發現，控制自己的脾氣，遠比釘釘子要容易得多。終於有一天，他一根釘子都沒有釘，他高興的把這件事告訴了爸爸。爸爸說：「從今以後，如果你一天都沒有發脾氣，就可以在這天拔掉一根釘子。」日子一天一天過去，最後，釘子全被拔光了。爸爸帶他來到籬笆邊上，對他說：「兒子，你做得很好，可是看看籬笆上的釘子洞，這些洞永遠也不可能恢復了。就像你和一個人吵架，說了些難聽的話，你就在他心裡留下了一個傷口，像這個釘子洞一樣。在籬笆上釘釘子，猶如插一把刀子在一個人的身體裡，等再拔出來，就會留下一個難以消除的疤痕。無論你怎麼道歉，傷口總是在那裡。要知道，身體上的傷口和心靈上的傷口一樣，都難以恢復。」

很多時候，讓我們發怒的其實不是什麼大事，事後回想一下，甚至覺得連芝麻綠豆的小事都算不上，但當時卻氣得幾乎要和對方拚命。朋友，當你忍不住要去「釘釘子」的時候，試著問問自己：這些小事真的使我受到傷害了嗎？情況真的嚴重到需要暴跳如雷嗎？盛怒之下，你做出的那些不理智的事情，或許對他人會造成永遠都無法彌補的傷害。當憤怒來臨的時候，嘗試著讓自己冷靜一下，你會找到比發怒更加有效的解決問題的辦法。

熄滅嫉妒的熊熊烈焰

嫉妒心理的產生：是用「平庸的情調對卓越意識的反感」

　　哲學大師黑格爾這樣揭示嫉妒的本質：「嫉妒是平庸的情調對卓越才能的反感。」從心理學來說，嫉妒心理是一種難以公開的陰暗心理，具體是指自己的才能、名譽、地位或境遇被他人超越；或彼此距離縮短；或級別被提升但學術水準不如下屬；或水準相當但一方被提拔，一方卻維持現狀；或形體容貌不如別人時，所產生的一種由羞愧、憤怒、怨恨等組成的多種情緒體驗。有強烈嫉妒心理的人，對別人帶有明顯的敵意，會產生攻擊詆毀他人的行為，更容易在他人的背後利用某種情境攻擊對方，以達到自己發洩的目的。

　　談起嫉妒，有人認為它會造成「人才內耗」，對社會有巨大的破壞力。也有人認為，如果能把嫉妒心理轉化為競爭意識，它就是一種龐大的推動力。事實上，生活中的每一個人都存在不同程度的嫉妒心理。從某種意義上講，嫉妒可以被看作是推動競爭的一種原動力。

　　每個人都非常重視別人對自己的評價，注意自己在團隊中所處的地位。但過分爭強好勝、排斥他人，甚至嫉妒他人所獲得的成就，就顯得心胸狹窄了。嫉妒心理的產生，主要有以下幾方面的原因：

1.　個人欲望強烈：只要是正常的人，都會有一種積極向上、追求美好的強烈欲望。當這種欲望得到滿足和實現時，會產生一種占有欲和排他性；而當這種欲望未能實現或別人比自己先實現時，便會產生一種為自己達不到目的而憎恨他人的激烈情感。

2.　攀比心理：日常的生活中，人們往往會不自覺的進行各種比較：把自己的能力和他人比，自己的經濟狀況和他人比，自己的成績和他人比，自

己的家庭出身和他人比，自己的相貌和他人比……特別是處於同一環境中，那些優秀的人往往更容易遭到他人的嫉妒，落後者不服氣，攀比心理逐漸化為嫉妒。

3. 品德低下：社會生活中從來都不乏道德品格惡劣的人，他們抱有一種「我不行，你也休想」的處世態度，自己無所為，也見不得他人有所為。看到別人進步，他們的心裡總有點不舒服，由此漸漸滋生嫉妒心理。更有甚者，隨意散布謠言，惡意中傷他人，極力破壞他人的聲譽。

4. 性格缺陷：具有偏執型人格障礙的人大多處事多疑、主觀、固執、心胸狹隘、報復心強，善用想像來編織他人的缺點，善於捕風捉影，製造事端。自我中心意識過強的人也容易產生嫉妒心理，他們把個人利益看得高於一切，總認為自己強於任何人。另外，當一個人的自我實現受阻時，也容易產生嫉妒心理。

嫉妒心理的發展包括三個階段：

1. 早期程度較淺的嫉妒：這種輕微的嫉妒往往深藏於人的不易覺察的潛意識中，很難發現，也很難表現出來。

2. 程度較深的嫉妒：是由強度較淺的嫉妒發展而來的。其標誌是當事人的嫉妒心理不再完全潛抑，而是自覺或不自覺的將嫉妒心理顯露出來。

3. 非常強烈的嫉妒：嫉妒者此時已喪失理智，向被嫉妒者做正面而直接的攻擊，希望置其於死地而後快，往往會導致傷人、殺人等各種危及他人人身安全和社會穩定的極端行為。

要有正確的競爭意識

有位思想家曾說：「嫉妒是萬惡之源，懷有嫉妒的人不會有絲毫的同情心，嫉妒者愛己勝於愛人。」嫉妒是一種比仇恨還強烈的惡劣心理，是心靈空虛和無能的集中表現。妒火中燒，會引發各種不正當競爭，惹出許多是

非。在競爭越來越激烈的現代社會，嫉妒心理不但對身體有害，對社會和個人也很危險。

　　古代就有「並逐曰競，對辯曰爭」的說法，競爭是個人或團體之間為爭得同一利益而力求勝過對方的對抗性行為，是一種極具功利色彩的參與。競爭不是出風頭，更不是爭強好勝。要在競爭中立於不敗之地，你必須明白，知識才是獲勝的最好武器。

　　因嫉妒他人的成就而對其造謠中傷，好比賽場上服用興奮劑、製造假冒偽劣商品、考場上作弊等行為，均有悖於競爭準則。想要在競爭中獲勝，要靠自己的實力，同時還要具備正確的競爭意識。

　　小華在一家公司已工作了 4 年，由於業務能力嫻熟，得到眾多客戶的認可，他已成為部門不可或缺的業務要角。最近，他發現同部門的健民在異軍突起。阿健來公司的時間遠不如他時間長，但小華發現主管屢屢露出要提拔健民的意圖。小華對此感到很鬱悶，認為健民得到重用是因為善於巴結、竭力討好主管。於是，小華經常有意無意的在一些問題上故意為難健民，使他的工作無法順利進行，有時還會在其他同事中間散布一些關於健民生活作風的謠言。時間一長，小華只顧詆毀對方，不僅自己的工作受到影響，人際關係也變得越來越差，最終被老闆炒了魷魚。

　　小華的這種行為完全出於一種嫉妒心理。嫉妒心理嚴重的人，通常有一種非理性慣性思維，一遇到強勁對手或實力與自己相當者，首先猜想對方是採用不正當手段才能維持或達到這種水準，如果對方超過自己，就更加覺得他在使用不正當手段了。在這種嫉妒心理的驅使下，常會做出一些不理性行為。

　　有一項調查顯示，60%的上班族因為嫉妒錯失高薪高職，72%的人採用硬碰硬的方式對待職場勁敵，只有 25.8%的人認為職場勁敵有助於職業成

長，而僅僅有 16% 的人能夠很好對待並解決與勁敵之間的競爭。

　　坦然面對工作中比自己強的對手，與之展開良性競爭，對一個人的成長至關重要。只有擁有積極健康的心態，才能把這種良性的競爭當成自己每天積極進取的動力泉源。

走出孤獨的心理空間

孤獨心理產生的根源

　　《聖經‧創世紀》中說：「人不應該孤獨。」古希臘哲學家亞里斯多德也說：「能夠忍受孤獨的，不是神靈，便是野獸。」這個世界上沒有人永遠孤獨，但卻有人長期孤獨。 孤獨猶如一劑隱形的毒藥，可以慢慢吞噬一個原本鮮活的生命。孤獨很難擺脫，但也並非無藥可救。

　　孤獨是指個體感覺到社交不足或人際關係有缺陷時的一種主觀心理體驗，是一種令人痛苦的不愉快的負性情緒。心理學家佛洛姆認為，人也許能忍受諸如飢餓或壓迫等各種痛苦，然而卻難以忍受所有痛苦中的一種，那就是孤獨。一位在太空船上工作過很長時間的太空人也曾說過，與孤獨相比，太空艙生活的種種困難和不便簡直算不了什麼。可見孤獨的確可怕！

　　孤獨作為人類社會特有的一種心理現象，其形成因素是多方面的。有心理學家認為，孤獨的產生和人的性格關係密切。依據人的不同性格，心理專家將容易產生孤獨感的人分為如下 12 種類型：

1.　立即反抗型：這類人比較容易採取利己的方式進行自我防衛，會形成攻擊性格，時間一長就會令周圍的人感到厭惡，從而走上孤獨之路。

2.　情緒易變型：這類人情緒不穩定，忽而大喜，忽而大悲，喜怒無常，容易得罪朋友，最終使自己陷於孤獨。

3. 不平不滿型：這類人憤世嫉俗，對什麼都看不順眼，始終扮演著受害者一樣的角色，結果不幸為孤獨所困。

4. 精於計算型：這類人處處考慮個人得失，但斤斤計較難免傷了朋友之間的和氣，阻塞自己的路。

5. 固執規則型：這類人不善變通，太拘泥於形式和習慣，了無生趣，基本上令人敬而遠之。

6. 溺愛寵物型：這類人無法或不善於在人際關係中得到互動的滿足，只能在自養的小動物身上尋找樂趣。

7. 評論家型：這類人對事物一知半解，卻喜歡妄加品評，為他人恥笑，悲劇因此而生。

8. 冥想型：這類人離群索居，總是沉溺於自我封閉的思索中，覺得別人不能理解自己，孤獨感最為強烈。

9. 寄生型：這類人精於世故，物欲強且不擇手段，因人不願接近而陷入孤獨。

10. 獨樂型：這類人喜歡賣弄自己，為表現自己不惜傷害他人，最終引起他人的反感，陷自己於孤獨。

11. 張狂型：這種人貌似看破紅塵，實則自我陶醉，與四周環境形成對立，陷入孤獨。

12. 自戀型：這類人因為過於自戀而容易變得自高自大，其孤獨心理也就越強，所謂高處不勝寒。

　　其實，每個人都有過孤獨的體驗。只不過有些人能夠迅速融入新的團體中，孤獨心理可以及時得以消除，而有些人則一時難以適應新環境，孤獨心理要持續很長一段時間。在孤獨期間，如果不加以合理調適，就有可能發展成孤獨症，對學習、生活和身心健康造成嚴重影響。

　　社會學、人類學和心理學的研究顯示，人的健康而又完整的精神面貌，

是在人際互動中逐步形成的，人也是透過人際互動來認識自己、評價自己和改變自己的。一個長期被孤獨感所籠罩的人，由於精神受到壓抑，不僅會心理失衡，思想上也會產生一系列變化，以致失去事業的進取心和追求幸福生活的信心。

如果我們能夠對孤獨多一些正確的認識，能夠把孤獨經歷看作是個人成熟成長的機會，當孤獨襲來時，我們就不會再次陷入迷惘了。當生活環境發生變化，當我們失去往日的依靠時，應當調動自己的一切潛能去解決問題，學會堅強，學會獨立。

超越孤獨

羅爾太太是一位有錢的貴婦人，她在亞特蘭大城外修了一座花園。美麗的花園吸引了許多遊客，他們毫無顧忌的跑到羅爾太太的花園裡遊玩。

年輕人在綠草如茵的草坪上翩然起舞，小孩子跑進花叢中捕捉蝴蝶，老人在池塘邊垂釣，甚至有人在花園中支起了帳篷，打算在此度過一個浪漫的盛夏之夜。羅爾太太站在窗前，看著這群快樂得忘乎所以的人們，看著他們在屬於她的園子裡盡情玩耍，越看越生氣，於是就叫僕人在門外掛起一塊牌子，上面寫著：私人花園，未經允許，請勿入內。可是這一點也不管用，人們還是成群結隊的走進花園遊玩。羅爾太太只好讓她的僕人前去阻攔，結果發生爭執，有人竟拆走了花園的籬笆牆。

羅爾太太想出了一個絕妙的主意，她讓僕人把園門外的那塊牌子取下來，換上了一塊新牌子，寫著：歡迎你們來此遊玩，為了安全起見，本園的主人特別提醒大家，花園的草叢中有一種毒蛇。如果哪位不慎被蛇咬傷，請在半小時內採取緊急救治措施，否則性命難保。友情提示：離此地最近的一家醫院在威爾鎮，驅車大約 50 分鐘。

這個主意太好了，那些貪玩的遊客看了牌子後，再也不肯踏入這座美麗

的花園半步。

幾年過去了，有人再往羅爾太太的花園去，發現那裡因為太空曠，走動的人太少而真的雜草叢生，毒蛇橫行。孤獨、寂寞的羅爾太太獨守著她的大花園，默默的看著遠方的日出日落，偶爾也會懷念那些曾經在園子裡留下歡笑的人群。

孤獨是每個人都曾有過的心理體驗，它並不可怕，重要的是你以何種方式去對待它。要戰勝孤獨，就要學會為別人著想，只要花一些時間和精力關心、關注別人，相信你會在良好的人際關係中體驗到一種自我價值感，而不是孤獨感。「溫暖別人的火，也會溫暖自己。」不是嗎？不要像故事中的羅爾太太一樣，趕走向你奔跑而來的快樂，把自己關在荒蕪的世界裡。

要從根本上超越孤獨，需要確立正確的人生目標。一個有所追求、內心有愛的人，孤獨是無法接近的。有了明確的人生目標，就會多一些寬容與豁達，就會慢慢擁有一個淡定的心態，就會戰勝孤獨、超越孤獨。

剷除抱怨的心理

不要讓抱怨成為習慣

有專家認為，假如一個人的性格裡有「消極情感」的傾向，就容易產生抱怨。抱怨心理的產生與完美主義個性不無關係，另外還有 30% 左右愛抱怨的人和遺傳因數有關。愛抱怨的人在遇到不如意的事情時，他們很少反省自己的責任，大多數情況將原因歸咎於外部或他人。抱怨較嚴重，就可能陷入病態。此外，喜歡抱怨的人還會受到更多的不良身體症狀的困擾，比如焦慮、失眠等。

塞利格曼是美國著名的心理學家。一天，他與五歲的女兒在園子裡播

種。塞利格曼雖然寫過大量的兒童著作，但實際生活中與孩子並不太親密。他很忙，只想快點把工作做完。小女兒卻興致很高，開心得手舞足蹈，竟將種子拋向天空。塞利格曼叫她別亂來，女兒卻跑過來對他說：「爸爸，你還記得我五歲生日嗎？從三歲到五歲我一直都在抱怨，每天都說這個不好那個不好。當我長到五歲時，我決定不再抱怨了，這是我從來沒做過的最困難的決定。如果我不抱怨了，你可不可以不再像以前那樣經常悶悶不樂呢？」聽到女兒的話，塞利格曼的內心突然產生了閃電般的震動。他認知到，是女兒自己矯正了自己的抱怨。這一天徹底改變了塞利格曼。他過去的 50 年都生活在陰暗的情緒中，而從那天開始，他決定讓心靈充滿陽光、讓積極情緒占據心靈的主導。

一位半身不遂的老年人，對心理醫生滔滔不絕的抱怨：我的病是被別人氣出來的，一點都不假。首先是我那老伴，整天囉哩囉嗦、嘮嘮叨叨的，但就是沒一句好話，而且也不會關心體貼人，如果我有個病痛什麼的，也不知道如何照顧我；說到子女吧，更是氣不打一處來，好不容易把他們拉拔大，根本不要提「孝順」兩字，能少給我惹點麻煩，少給我點臉色看就算不錯了；公司也是，工作了那麼多年，結果還是「人走茶涼」，很少有主管來看望……

老頭子滿腹牢騷，看什麼都不順眼。

透過心理醫生的疏導，這位愛抱怨的老先生終於明白了一個道理：自己應當為自己的行為負責。疾病是由於自己過多的不良心理和行為所致，牢騷越多，病情越重。後來經過治療，老先生的生活可以自理了，也不再成天抱怨。

化不滿為動力

人生不如意之事十有八九，產生抱怨在所難免。比如去參加婚禮，沒有哪位會對酒席表示十分滿意，都是挑剔的居多。特別是對辦公大樓的上班族

來說，抱怨不僅僅是一種宣洩情感的方式，往往也是一種人生態度，在他們看來，不抱怨才不正常。

一位年老的印度大師身邊有一個總是抱怨的弟子。一天，他派這個弟子去買鹽。弟子回來後，大師吩咐他抓一把鹽放在一杯水中，然後喝了它。

「味道如何？」大師問。

「苦。」弟子齜牙咧嘴的吐了口唾沫。

大師又吩咐他把剩下的鹽都放進附近的湖裡，然後對弟子說：「你再嘗嘗湖水。」

弟子捧了一口湖水嘗了嘗。

大師問道：「什麼味道？」

「很新鮮。」弟子回答。

「你嘗到鹹味了嗎？」大師問。

「沒有。」弟子不明白大師的意思。

這時，大師對弟子說道：「生命中的痛苦就像是鹽，不多，也不少。我們在生活中遇到的痛苦就這麼多。我們體驗到的痛苦，取決於將它盛放在多大的容器中。」

所以，當你處於痛苦時，不要只記得抱怨，而要開闊胸懷，化不滿為動力，去充實自己……

著名作家福樓拜曾說：「你一生中最光輝的日子，並非是成功的那一天，而是能從悲嘆和絕望中湧出對人生挑戰的心情和幹勁的日子。」

所有的人都不免在某件事中失敗，失敗使我們焦躁不安，心生抱怨，有的人甚至沉迷於抱怨之中，成為現代版「祥林嫂」，整日整夜沒完沒了的怨天尤人。殊不知，有多少成功的機會在我們抱怨的時候悄然溜過，當我們被抱怨所籠罩時，便會背離正常的生活。因為我們忽略了自身具備的珍貴財富，

忘記了去重新迎接挑戰，信心也在日復一日的抱怨中喪失殆盡。

拋開人生無謂的負擔

　　一個老和尚帶著小和尚出門雲遊，來到一條大河邊上。河上沒有橋，只有一塊一塊的大石頭，從河的這頭排到了河的對岸。師徒二人正準備過河，從遠處來了一位女孩。女孩到了岸邊，看看河水又看看兩個和尚，欲言又止。最後，老和尚答應了女孩的請求，背她過河，小和尚緊隨在師父後邊。過了河，女孩道過謝離開了，師徒二人繼續趕路。一路上，小和尚心裡直犯嘀咕：師父不是說我們不能近女色嗎？為什麼師父竟然背一個女孩過河？他想問又不敢問，就這樣走了 20 里地，最後實在是忍不住了，便向師父說出了心中的疑惑。師父笑了笑，說道：「我過了河就把她放下了，而你卻背了她 20 里地。」

　　人在世間就是這樣，有一些東西，拿得起，卻放不下。人生本來就是一個有得有失的過程，也許很多東西會慢慢失去，但不必擔憂，因為你必然會得到另外一些東西。過去的就讓它成為過去，該放下的就一定要放下。千萬不要學習小和尚，背著沉重的包袱趕了 20 里路。

　　一位體操運動員，在一次比賽中意外受傷，高位截癱，甚至一度連說話的能力也失去了。但她頑強的戰勝了傷痛，重新回到了人們面前。雖然她依然無法站立，更不用提重返賽場，但她沒有抱怨生活對她的殘酷，她說，這次重傷是她人生的轉捩點，她忽然發現，除了體操，人生還有許多事情可以去做。所以，無須把人生看得多麼艱難，帶著輕鬆的心態去面對，你會在人生的旅途中獲取更多珍貴的東西。

　　其實，生命的過程就像一次旅程，你攜帶的東西越多，行李越重，旅途便越感吃力。原本輕鬆的旅途，或許會變成一種難以承受的負擔。放下一些包袱，讓旅程輕鬆一點，你會欣賞到沿途一道道美麗的風景。

第五章　修補人格的心理缺陷

揭開羞怯的紅蓋頭

解讀羞怯心理

　　小偉在一家機械廠做技術員，踏實肯幹，聰明好學，精湛的技術使得廠長對他刮目相看，幾次想提拔他，但最終因他自身一些讓人無法理解的原因而作罷。到底怎麼回事呢？原來，小偉天生就是一副「羞答答」的模樣，用他媽媽的話說：「我家小偉投錯了胎，上輩子肯定是個女孩了。」小偉從小就異常害羞，家裡去了陌生人，他總是羞澀的躲在媽媽身後，到了上學的年紀，這種狀況依然沒有任何改變。在學校裡，別的同學都玩得特別開心，唯獨他沒有好朋友，因為他跟人一說話就緊張得面紅耳赤，甚至連意思都表達不清楚，久而久之，他刻意躲著別人，而別人也漸漸忽略了他。

　　鑑於這種不愛互動的性格，父母讓他選擇了技工這一行，因為這樣的工作不需要和人打過多的交道。父母以為，隨著年齡的增長，小偉的這些「毛病」一定會不治而癒。但事與願違，小偉在工作時間大部分都在操作機器，

極少與人交流，這種害怕與人互動的毛病竟然越來越嚴重。

到了談婚論嫁的年齡，同齡人都花前月下，好不浪漫，而小偉依然過著單調的兩點一線生活，從工廠到家，再從家到工廠。父母漸漸有些急了，託了親朋好友替小偉張羅著介紹女朋友。女孩倒是見了不少，但沒一個願意繼續與他交往的，因為大家都嫌他太木訥了。

已近而立之年的小偉至今仍是孤身一人，他不知道自己究竟是患了什麼病，為什麼在他人看來是輕而易舉的事情，到了自己身上就變得那麼艱難。屢次相親不成功，他變得越發膽怯了——不敢在公共場合講話、寫字，不敢在餐廳用餐，甚至不敢去公共廁所。一種明知過分卻又無法控制的恐懼感像枷鎖一樣，緊緊的鎖住了他。他總想克制自己的這些情緒表現，可是每次都不奏效，他生怕自己這樣下去會變成精神病，於是就越發逃避那些令人緊張的場合。

其實，小偉的這種行為是羞怯心理在作祟。羞怯既指害羞，也指膽怯，是心理懦弱的一種表現。人們總以為這種心理特徵會隨著年齡、閱歷的不斷增長自然而然的消失，然而事實並非如此。據史丹佛大學的心理學家所做的調查，在抽樣調查的一萬多名成人中，約 40%的人有不同程度的羞怯心理，且男女人數比例基本持平。

羞澀心理會導致社交恐懼症，小偉就是最典型的例子。社交恐懼症屬於一種恐懼障礙，患者通常害怕與人來往或當眾說話，因為擔心在別人面前出醜或處於尷尬的境況，他們盡力迴避各種社交活動。社交恐懼症因害怕的具體情景不同可分為多種類型：害怕與別人對視或自認為眼睛的餘光在窺視別人而惶恐不安，稱為「對視恐懼症」或「餘光恐懼症」；見人臉紅、害怕被別人看到而惴惴不安，稱為「赤面恐懼症」；害怕在公共場合遇見陌生或熟悉的人，稱為「對人恐懼症」；害怕與異性相遇相處，稱為「對異性恐懼症」。

不做羞答答的「美人」

哈佛大學的一位心理學家認為：「較之一般的緊張與不安，人們與陌生人相處時感到的羞怯是一種更強烈的情緒。容易害羞的人往往性格內向，但性格內向的人卻未必都會害羞。」儘管如此，我們周圍還是有許多害羞的人。心理學家還說，即使不去考慮那些拒絕承認自己害羞的人，社會中的害羞人群比例依舊達到了 30%這一驚人數字。

其實，害羞是一種正常反應。對於害羞，俄亥俄州立大學的一位教授說：「它是人類性情表現的一方面。」科學家們透過觀察研究對象的行為，對他們進行腦部掃描以及基因測試後發現，羞怯是一種複雜的，從一定角度來說，還是有益的心理行為。調查顯示，羞怯的人能體諒人，比較可靠，容易成為知心朋友，他們對愛情比較忠誠，不會三心二意。女性朋友適度的羞怯，更能顯出溫柔和富有魅力。當然，這裡講的是「適度」，如過度羞怯，那就是一種心理障礙了。

事實上，很多人之所以太過害羞，不敢當眾講話，是害怕說錯話而成為別人的笑柄，丟面子不說，還可能被人瞧不起。可真實情況是，幾乎沒有什麼人能記得和關心別人丟臉的事，真正在意的只有你自己。因為在任何場合，你表現得好還是不好完全是你自己的事，只要你自己覺得沒什麼，別人更不會放在心上。相反，如果你自己過分在意別人的眼光，反而會放大你在別人眼中的缺陷。

羞澀往往來自於消極而不客觀的心理暗示，很多羞澀的人總認為好的口才和人際溝通能力是與生俱來的。其實，這種認知不夠全面。天賦因素固然存在，但大多還需要後天的訓練和培養。試想一下，如果每天訓練自己說同樣的話一百遍，堅持說一個月。你會發現，以後每次說這句話時都能像說 YES、NO 一樣流利自如。對於不善於口頭表達的人來說，經常性的背

誦和朗誦是最好的訓練，我們常常看到主持人在台上妙語生花，卻不知他們在台下的緊張焦慮。之所以能有那麼出色的表現，完全是事前刻苦訓練的結果。所以我們要用正確的心態來看待羞澀，不要讓自己成為一個「羞答答的美人」。

鼓足勇氣，直面人生

羞怯是一個人人都能觸及的精神繭殼，而人往往又在這種心理的影響下作繭自縛。要想破繭成蝶，就要打開束縛，勇敢面對生活。

如果你是一個心存羞怯的淑女，那麼，不妨從以下幾個方面去嘗試一下，揭開羞澀的蓋頭，掙脫膽怯的束縛。

1. 相信自己：只有自信的人，才不會動不動就咬手指，以致不敢與人互動，難以展露自己的才智。

2. 積極的態度：只有態度積極，才能爭取主動；只有爭取主動，才會有足夠的自信和機會做自己想做的事。

3. 敢於正視對方：學會毫無畏懼的看著別人，並且是專心的。試想，假如你總是有意無意的迴避別人的視線，或總盯著一件家具或遠處的牆角，不是顯得很幼稚嗎？難道你和對方處於不平等的地位？既然回答是否定的，為什麼不拿出點勇氣來，大膽而自信的看著別人呢？

4. 握住一些東西：與別人在一起時，不妨手裡握住一樣東西，比如一本書，一個水杯或其他小東西。握著這些東西，對於害羞的人來說，會感到舒服，而且有一種安全感。

5. 增長見識：有時你的羞怯不完全是由於過分緊張，而是由於你的知識領域過於狹窄，或對當前發生的事情知道得太少的緣故。如果是這樣的話，建議你經常讀些書籍、報紙雜誌，開闊視野，豐富閱歷，這將會有力的幫助你樹立自信，克服羞怯。

只有樹立自信心，才能消除來源於羞澀的社交恐懼症。充滿信心的你，一定會在社交這個廣闊的舞台上，盡情展現自己的非凡魅力。

消除自負產生的傲氣

是什麼導致了「他們」的自負

自負心理是一種不成熟的心理表現，表現為盲目自大，過高的評估個人的能力，看不起別人，缺乏自知之明。

南美獨立戰爭時期，統帥西蒙‧玻利瓦爾來到基層，剛好看到士兵們在安裝大梁，旁邊有一個人正在得意洋洋的對忙碌的士兵們指手畫腳。

西蒙‧玻利瓦爾問他：「您怎麼不動手？」

「我是班長！」那人回答道。

西蒙沒再說什麼，和士兵們一起忙碌起來。

等到工作做完了，西蒙‧玻利瓦爾擦了擦汗，對那位傲慢的班長說：「班長先生，如果以後還有類似的任務，請儘管吩咐您的總司令，他肯定會立即趕來的。」

剛才還端著架子的班長明白了眼前站著的人就是總司令，立刻羞愧得滿臉通紅。

這位自視甚高的班長本來想得意一下，沒想到搬起石頭砸了自己的腳。

每一種不良心理的產生都有其一定的原因，自負心理的產生原因相對比較複雜。主要表現為以下幾方面：

1. 過分嬌寵的家庭教育：家庭教育是一個人產生自負心理的首要根源。一個人的自我評價首先取決於周圍人對他的看法，家庭是他們自我評價的第一參考系。來自父母、親戚的寵愛、誇讚和表揚，會讓孩子覺得自己

「非常了不起」。

2. 片面的自我認識：自負者通常缺乏自知之明，對自己的能力評價過高，對別人的能力評價過低，努力縮小自己的短處而誇大長處，這樣自然容易產生自負心理。這種人往往好大喜功，獲得一點成績就自認為很了不起，將成功的榮耀完全歸因於自己的主觀努力，假如遇到失敗，則從不在自己身上找原因，而完全歸咎於客觀條件。自負的人通常過分自戀，習慣以自我為中心，把自己的舉手投足都看得與眾不同，魅力非凡。

3. 自尊心太強：自負者一般自尊心也強，為了保護自尊心，他們在挫折面前常常會產生兩種既相反又相通的自我保護心理。一種是自卑心理，透過自我隔絕來避免自尊心的進一步受損；另一種是自負心理，透過自我放大而獲得一定的心理補償。

自負的兩重性

任何問題都有兩面性，自負心理也不意外。有心理學家說，自負是一個雙向性質的問題，有著正反兩面性。所以在看待自負心理時，只有把這兩個方面都看清楚，才能對它完全了解。

一個人是不能沒有自負的，但是同時不要忘記，自負必須建立在客觀現實的基礎上，對青少年來說尤其如此。適當程度的自負可以激發一個人的鬥志，樹立必勝的信心，堅定戰勝困難的信念，使他們能夠勇往直前，而脫離實際的自負則會成為成功路上的絆腳石，從各方面影響一個人的生活、學習、工作以及人際溝通，嚴重時還會影響心理健康。

當一個人的自負心理超出了適度的範圍，就會產生負面影響，這種負面影響必須要預防。自負者的致命弱點是不願意改變自己的態度或接受別人的觀點，故接受批評被看作是根治自負的最佳辦法。接受批評並不是讓自負者完全服從於他人，而只是要求他們能夠虛心接受別人的正確觀點，透過接受

別人的批評，改變自己固執己見、唯我獨尊的性格缺陷。

自負者視自己為上帝，無論在觀念上還是行動上，都無理的要求別人服從自己。因此自負者要學會與人平等相處，以一個普通社會成員的身分與別人來往，避免高高在上的姿態。

另外，自負者還需要提高自我認識。既要看到自己的優點和長處，又要看到自己的缺點和不足，切忌一葉障目，不見泰山。世界上的每個人都有自己的獨到之處，都有他人所不及的地方，同時也有不如人的地方。與人相處，不要以己之長克敵之短，把別人看得一無是處。

最後，還要學會用發展的眼光看待「自負」，既要看到自己的過去，又要正視自己的現在和將來，「好漢不提當年勇」，你曾經輝煌的過去不代表現在，更不會預示將來。

正確認識自大

夜郎國的國王因為問了漢使一句「漢朝與我的國家比起來，究竟哪個大」，就再也沒有摘掉「夜郎自大」這頂妄自尊大的帽子，千百年來一直無可爭議的戴在頭上。

但有一種觀點認為，夜郎國王不僅沒有妄自尊大，而且他「自大」得很有道理。我們知道，夜郎國地處偏遠的貴州西北部，他雖貴為一州之王，但「不知漢廣大」，這符合人之常情。面對不遠萬里而來的漢朝使者，問一聲「漢孰與我大」，似乎無可厚非，不知者不罪嘛。如果夜郎國王明知道漢朝比自己大得多得多，他還要提出這樣的問題，那才是真正的「夜郎自大」！

夜郎國王之所以會問這個被世人視為自取其辱的問題，根本原因還在於夜郎國王面對著讓他俯首稱臣的漢使者，心有不甘，於是他要問「漢孰與我大」，他的言外之意是，如果漢朝並不太大，甚至於沒有夜郎國大，那麼我為什麼要對你俯首稱臣呢？由此看來，夜郎自大是一種自強不屈精神的表現。

他敢與漢朝比大，至少說明他並不認為他的夜郎國弱小可欺，可以隨隨便便臣服於任何人。這樣的夜郎自大，不應該遭到人們的非議。如果面對漢使者，夜郎國王不僅不敢問漢大漢小，而且從一開始就唯唯諾諾，俯首貼耳，一副奴才模樣，這樣「自小」的夜郎，才應當遭人鄙視恥笑呢。

　　一個人，在某些時候，其實是很需要一些貌似妄自尊大，實則勇於爭強爭勝的「夜郎自大」的精神。特別是那些弱小者，面對生活中各式各樣的挑戰，總要比一比，爭一爭，絕對不可輕言放棄。

永遠不要逃避

逃避什麼問題也解決不了

　　逃避型人格最大特點是行為退縮、心理自卑，面對挑戰多採取迴避態度或無能應付，又叫做迴避型人格。產生逃避心理的原因一般有兩種，一是由於自己缺乏自信。一個沒自信的人，心理承受能力要比正常人脆弱得多；二是因為害怕懲罰。當一個人因為做錯事而擔心受到指責，而他本身又恰恰不願意接受這種指責，往往就會找各種藉口推卸責任，來逃避懲罰。美國《精神障礙的診斷與統計手冊》中對逃避型人格的特徵定義為：

1. 很容易因他人的批評或不贊同而受到傷害。
2. 除了至親之外，沒有好朋友或知心人（或僅有一個）。
3. 除非確信受歡迎，一般不願捲入他人事務之中。
4. 行為退縮，對需要人際溝通的社會活動或工作總是盡量逃避。
5. 心理自卑，在社交場合總是緘默無語，怕惹人笑話，怕回答不出問題。
6. 敏感羞澀，害怕在別人面前露出窘態。
7. 在做那些普通的但不在自己常規之中的事時，總是誇大潛在的困難、危

險或可能的冒險。

只要滿足其中的四項，即可診斷為逃避型人格。

很多研究心理健康的專家一致認為，適應能力良好的人或心理健康的人，能以「解決問題」的心態和行為去面對挑戰，而不是逃避問題，怨天尤人。

然而，在現實生活中，能夠以正確的態度和行為面對挫折與挑戰，並非易事。

今年夏天剛剛大學畢業的小蘇，在一家廣告公司上班兩月有餘。經歷了剛開始的緊張與新鮮，她很快就對瑣碎而繁忙的工作感到疲憊厭倦。

由於是新人，公司不會讓她單獨負責一個案子。最初，小蘇還會在開會時很積極的發表意見，但每次都被前輩毫無理由的駁回，這對她的自信打擊很大。複雜的人際關係和無形的工作壓力，讓小蘇苦惱不已。她開始懷念輕鬆悠閒的校園生活，漸漸萌生了辭職考研究所的念頭。

像小蘇這樣遇到挫折就產生「返校」心理的職場新人並不少見。離開校園踏入社會，新人很容易因工作或人際交往上的挫敗而倍受打擊。其實，一味逃避的學生心態不利於在職場的長久生存，面對挫敗，應當積極的適應和盡快建立就業心態，只有這樣才能最快的成長為一個有成熟工作心態的職場人。每個人總有離開校園的那一天，逃避，能逃得了多久呢？

不要推卸應該自己承擔的責任

生活中，你是否經常聽到有人在問「這到底是誰的錯」？你一定不會陌生這樣的情景：錯誤面前，許多人在抵賴狡辯，或者為了推卸責任而指責別人。或許，你會發現自己也有這樣的習慣。

世界上沒有任何一件事情是盡善盡美的。每一天，你都會遇到麻煩。在

一大堆麻煩面前，你是不是習慣不停的埋怨「為什麼總是我這麼倒楣？」有很多人在犯了錯誤時，總會千方百計替自己找個理由，找個台階下。誠然，有許多在所難免的錯誤可以澄清、解釋並改正，但是，人們似乎已經習慣了編造藉口或尋找漏洞以逃脫懲罰。

「免罪」理論可以幫助我們理解常見的逃避責任行為的深層原因。免罪理論包括這樣一些內容：避免或逃脫責罰是人類的一種強烈本能；多數人在「有利」與「不利」兩種形勢的抉擇中都會選擇趨利避害；透過各種「免罪」行為，人們可以暫時逃脫責罰，維持良好的自身形象。

「這不是我的錯」、「我又不是故意的」、「沒有人不讓我這樣做」、「這不關我的事」……你對這樣的藉口不陌生吧？為什麼我們總要找各式各樣的藉口為自己開脫呢？因為找藉口逃避責任的人，往往都能僥倖逃脫。這類「免罪」的藉口經常能夠獲得相當程度的成功，因此得到無數人的「青睞」。

不要找藉口

據說，「沒有任何藉口」是美國西點軍校 200 年來奉行的最重要的行為準則，是西點軍校傳授給每一位新生的第一個理念。它強化的是每一位學員想盡辦法去完成任何一項任務，而不是為沒有完成任務去尋找藉口，哪怕是看似合理的藉口。

犯了錯誤以後，為了免受譴責，多數人都會選擇欺騙手段，尤其當他們是明知故犯的時候。這就是所謂「罪與罰兩面性理論」的中心內容，這個論斷還揭示了逃避心理的另一方面：當你明知故犯一個錯誤時，除了編造一個敷衍他人的藉口之外，有時你會替自己找出另外一個理由。

小麗再一次沒有按時完成小組工作計畫中屬於自己的那一部分任務，這一次她給自己的理由是她需要時間進入狀態。而當同事們問起她延誤的原因時，她卻對他們說自己生病了。

編造藉口可以博取他人的同情，一旦贏得了同情，那些工作拖拉的人們就能免受懲罰並因此自鳴得意。但是，隨著編造藉口逐漸習慣成自然，撒謊的技巧漸趨熟練，也就積習難改了。一旦一個失敗者找出一種「合理」的藉口，他就會抓住不放，然後總是拿這個藉口對他自己和他人解釋：為什麼他無法再做下去，為什麼他無法成功。

有一個故事，可以用來嘲笑那些擅長為自己編造藉口的人：有一個人，天天到湖邊去釣魚。但不知什麼緣故，他總也釣不到大魚。釣友們譏笑他道：你闖進幼兒園裡去了吧？他滿臉通紅，卻梗著脖子講出一個讓人暈倒的理由 —— 你們知道什麼？我家只有一口小鍋，如何能煮得下大魚！

藉口把絕大多數的人擋在了成功的大門之外，99％的失敗都是因為人們慣於找尋藉口。所以，在追求事業成功的過程中，最重要的一個步驟即為：不要替自己找藉口。

勇於擔責才能贏得信任

人們在逃避指責時，經常會含糊其辭、或者故意隱瞞關鍵問題、或者乾脆靠撒謊來逃脫批評與懲罰。比如說，工作拖沓的人多半不會輕易承認：「我的報告交得遲是因為我不喜歡做這個煩人的工作」或者「我才不在乎我的延誤會不會對別人造成影響呢」等等，相反，他們常常會找這樣的藉口：「我家裡出了一些事情」或「我身體不舒服」或是其他一些誇大其詞的謊言。

有些時候，人們在工作時確實會受到種種客觀情況的干擾：比如資訊不通、缺乏常識、時間緊迫或者精神不夠集中等等。但是，人們已經習慣於想各種辦法來逃避自己應當承擔的那一部分責任。當然，如果你真的無辜，你應當透過事實、證據來駁斥他人對你的指責。如果你真的有責任，就應該誠懇接受別人的批評。人非聖賢，孰能無過？

有些人為了免受應得的責備，會想盡一切辦法來掩蓋事情的真相。這些

欺騙伎倆並非總能奏效，但目的卻很明顯：不過是想方設法逃避譴責與懲罰罷了。因為人人都難免犯錯，所以大多數人都是寬容的，都能原諒別人的過失。勇於承認自己的錯誤，可以提高一個人的信譽，並且有助於完善自我。

　　要成為一個負責任的勇敢承擔者，你可以嘗試以下做法：

1. 選擇並嘗試一些新鮮事物：多接觸一些新的環境，結識一些新朋友，嘗試一些新的工作，多參加一些新奇的戶外活動。在互動過程中，他人的新鮮觀點會讓你對這個世界產生一些新的看法，開闊視野，提高認知程度。

2. 努力去做：你可以嘗試在家裡盡情的唱歌、跳舞，雖然你的歌喉並不是太優美，你的舞姿也不是很專業，盡力了就好。

3. 主動接觸那些讓你害怕的人：主動和他們談話，將你自己的態度以及對一些事情的看法表露出來，看他們有何反應。不用擔心自己被懷疑，要正視他們的懷疑態度，在相互來往中擺脫逃避心理的控制。

4. 不要隨便找理由：當別人問你為什麼要這麼做時，你不一定非要給出一個合理的理由，讓別人滿意。其實你做任何事情的理由都很簡單，只是因為你想這樣做而已。

　　生活很精彩，實現夢想的道路也不是很漫長，給自己一個勇敢走下去的信念，好過在追求夢想的途中躲躲閃閃，躑躅不前。

糾正偏執的心理障礙

不要死鑽牛角尖

　　某個村子裡住著一位非常虔誠的神父。有一天突降暴雨，洪水開始淹沒全村，所有的村民都逃命去了，只有神父依然在教堂裡祈禱，並不離開。

洪水很急，很快就要淹到他跪著的膝蓋了。這時一個救生員駕著舢板來到教堂，對他說：「神父，趕快上來吧！不然洪水會把你淹死的！」神父很堅決的說：「不！我深信上帝會來救我的，你先去救別人好了。」

又過了一陣子，洪水已經淹過了神父的胸口，神父只好勉強站在祭壇上。這時，又有一個警察開著快艇過來，跟神父說：「神父，快上來，不然你真的會被淹死的！」神父依然堅決的說：「不，我要守住我的教堂，我相信上帝一定會來救我的。你去救別人吧。」

又過了一段時間，洪水已經把整個教堂都淹沒了，神父只好緊緊抓住教堂頂端的十字架。這時，一架直升機飛過來，飛行員丟下了繩梯後大叫：「神父，快上來，這是最後的機會了，我們可不願意見到你被洪水淹死！」神父還是意志堅定的說：「不，我要守住我的教堂！上帝一定會來救我的。你還是先去救別人好了。上帝與我共在！」

滔天洪水滾滾而來，固執的神父終於被淹死了……

神父上了天堂，見到上帝後很生氣的質問：「主啊，我終生奉獻自己侍奉您，為什麼你不肯救我！」上帝說：「我怎麼不肯救你？第一次，我派了舢板來救你，你不要，我以為你擔心舢板危險，第二次，我又派一艘快艇去救你，你還是拒絕了；第三次，我都派了一架直升機來救你，結果你還是不願意接受。所以，我以為你急著想要回到我的身邊來呢，就成全了你。」

神父因為固執而失去了生命，如果他不肯堅持錯誤的觀點，故事完全會有另外一個結局。

心理學上，類似於神父這樣的固執性格被稱為偏執型人格，其行為特點常常表現為：思想行為固執死板，敏感多疑、心胸狹隘；愛嫉妒，對別人獲得成就或榮譽感到緊張不安，妒火中燒；自以為是，自命不凡，對自己的能力評估過高，同時又很自卑，總是過多、過高的要求別人，卻從來不信任別

人的動機和願望，認為別人心存不良；不能正確、客觀的分析形勢，有問題易從個人感情出發，主觀片面性大；如果建立家庭，常懷疑自己的配偶不忠等等。

偏執心理是一種不健康的心理狀態，性格中含有偏執成分的人往往凡事喜歡走極端，死不回頭，是一條路走到底的個性。他們自以為是，不肯承認自己的錯誤，還總覺得是別人不對。雖然「堅持」是一種不錯的人格特質，但錯誤的堅持卻只能讓你離成功越來越遠。

偏執產生狂妄

偏執型人格的人少有自知之明，他們對自己的偏執行為持否定態度。一般來說，偏執型人格障礙患者中男性較為多見，且外向型性格的人居多。一個人若有主見，不隨聲附和、人云亦云，是值得稱讚、值得學習的，但若是固執己見、自以為是，就不可取了。長期的偏執，會使人養成剛愎自用的性格。

漢三年（西元前 204 年）初，楚、漢兩軍在滎陽、成皋一帶相持。項羽兵圍滎陽，截斷漢軍糧道，劉邦的形勢非常危急。

漢軍缺糧，時間一久，就難以固守，於是派出使臣向項羽議和。項羽聽了使者的話，就想議和。范增進言道：「劉邦即將兵敗，今日不殺，將來就必定要被劉邦所滅。」項羽認為范增說得很有道理，於是拒和，並且發兵猛攻滎陽。

劉邦見議和不成，整日憂心忡忡。陳平對項羽說：「大王所慮無非是那項王，我料項王良將並不多。項羽生性多疑，剛愎自用，不能明察人事，大王若肯捐棄臣金，賄通楚人，流言反間，使項羽君臣相疑，然後乘機進入，破楚就容易了。」劉邦沉思良久，採納了陳平的建議。

陳平隨即喚來幾名心腹，叫他們扮成楚軍模樣混入楚營，賄賂楚王左

右，散布謠言。數日後，楚營中果然流言四起，說鍾離昧自恃功多，得不到分封，將要聯漢攻楚。這事正是項羽所擔心的，如今出了這樣的傳言，項羽不得不相信，所以處處提防鍾離昧。

為了弄清真相，項羽決定以議和為名，遣使入漢，順便探察城內虛實，這正合劉邦陳平之意。楚使前往漢王府拜見劉邦，劉邦假裝酒醉，命陳平將楚使帶出。陳平裝作自己只是替劉邦招待客人，並不認識來使，故意問道：「范亞父可好！是否帶有亞父手書？」楚使一愣，突然明白了是怎麼回事，正色道：「我是受楚王之命，前來議和的，並非由亞父所派遣。」陳平聽後故作驚慌，立即掩飾道：「剛才說的是戲言，原來是項王使臣！」說完就起身離開了。楚使十分生氣，回營後立即將自己的所見所聞添油加醋的告訴了項羽，並特別提醒項羽，范增私通劉邦，要時刻注意提防。

范增對項羽一向忠心耿耿，他見項羽為議和又放鬆攻城，便找到項羽，勸他加緊攻城。項羽怒道：「你叫我迅速攻破滎陽，恐怕滎陽未下，我的頭顱就要掉了！」范增見項羽無端發怒，一時摸不著頭腦。他想起近年自己對項羽忠心不二，但項羽不聽忠言，反而懷疑自己，十分傷心，於是向項羽辭別，項羽自此失掉了最重要的謀臣。

現代醫學研究顯示，固執己見的人不但妨礙健全的精神面貌，還會導致神經系統與內分泌系統的功能紊亂，進而影響到正常的生理代謝過程，導致人體免疫力下降，易患多種疾病。精神官能症、高血壓、冠心病、消化道潰瘍等疾病的發病原因與偏執的心理狀態有很大關係。因此，有偏執型人格障礙的人非常有必要進行一定的心理補償，以減輕身心的傷害。

偏執對人際關係的影響

偏執型人格障礙患者容易對他人和周圍環境充滿敵意與不信任感，因此他們很少有和諧輕鬆的人際關係。人們交朋友喜歡「同聲相應，意氣相投」，

都喜歡結交博學而謙和的人，因為自身的狂妄與不信任，偏激的人往往缺少朋友。試想一下，那些自以為比對方高明，開口就梗著脖子和人家抬槓，無理也要攪三分的人，有誰願和他打交道呢？

現實生活中，無法正確的對待別人的人，通常也無法正確對待自己。偏執的人見到別人做出成績，功成名就，往往在表面上表現出不屑一顧的態度，但心裡又充滿了嫉妒與不安，甚至想盡千方百計詆毀貶損別人。如果見到別人不如自己，則會伺機冷嘲熱諷，藉壓低別人來抬高自己。在我們周圍，偏執的人並不少見，有這樣性格障礙的人經常經歷諸如朋友分手、戀人告吹、夫妻失和、父子反目等人生的痛苦經歷，性格的缺陷導致他們不能很好的為人處世，也難以擁有良好的人際關係。

其實，具有偏執性格的人，假如能夠克服自己的敵意對抗心理，還是可以改善人際關係的。比如，經常提醒自己不要陷於「敵對心理」的漩渦；要懂得只有尊重別人，才能得到別人的尊重；學會向認識的人微笑；在生活中學會忍讓和有耐心。

偏執型人格障礙患者可以透過交友訓練法來改善自己原本惡劣的人際關係。交友原則的要領和原則如下：

1. 「心理相容原則」：這是交友必須要懂得的一條原則。「物以類聚，人以群分」，一般來說，性格、脾氣的相似和一致，有助於心理相容，容易打好朋友關係。此外，年齡、職業、文化修養、興趣愛好、經濟水準、社會地位等，都涉及到「心理相容」的問題。其中，最重要的心理相容的條件是人生觀、價值觀的相一致，所謂「志同道合」。

2. 對待朋友要真誠：交朋友要有誠心誠意、肝膽相照的正確態度，要相信大多數人是友好和比較友好的，不應該對朋友尤其是知心朋友存在不信任態度，甚至無端產生偏見。你要明確一點，交朋友的目的在於克服偏執心理，透過朋友的幫助來消除心理障礙。

避免掉進貪婪的無底洞

心靈不能承受太多的沉重

「貪得無厭」、「人心不足蛇吞象」等等我們司空見慣的成語、俗語，說的都是貪婪心理。貪婪是一種不健康的心理，指對超出自己實際情況之外的東西提出過分的要求，而這種要求往往沒有底線。洪應明在《菜根譚》中說：「古人以不貪為寶，所以安度一世。」不貪主要指的是不貪圖名位財利。貪婪可以說是產生罪惡的一大根源，古今中外，有多少人因為一個「貪」字而滑進犯罪的深淵。世界上美好的東西數不勝數，欲望太多，反而會成為累贅。

據說，上帝在創造蜈蚣時並沒有為牠造腳，因此最開始的蜈蚣可以爬得和蛇一樣飛快。有一天，蜈蚣看到羚羊、梅花鹿和其他有腳的動物竟然跑得比牠還快，心裡很不高興，便嫉妒的說：「哼！腳越多，當然跑得越快。」

於是，牠向上帝禱告說：「上帝啊！我希望擁有比其他動物更多的腳。」

上帝答應了蜈蚣的請求。祂把好多好多的腳放在蜈蚣面前，任憑牠自由取用。

蜈蚣迫不及待的拿起這些腳，一隻一隻往身體貼，從頭一直貼到尾，直到再也沒有地方可貼了，牠才依依不捨的停下來。

牠心滿意足的看著滿身是腳的自己，心中暗暗竊喜：「現在我可以像箭一樣飛出去啦！」

但是等牠一開始要跑步時，才發覺自己完全無法控制這些腳。這些腳劈哩啪啦的各走各的，牠非得全神貫注，才能使一大堆腳不致互相絆跌而順利往前走。

蜈蚣本來想走得更快，可到頭來，牠走得比以前慢多了。

過度的貪欲讓蜈蚣再也無法體會曾經健步如飛的感覺，而人的心裡一旦

產生過分的欲望，終有一天，也會產生超載現象，其結果也是不堪設想的。

　　托爾斯泰曾說，欲望越小，人生就越幸福。同樣的道理，我們可以說欲望越多，就越容易招來禍害。生活中，有太多的人因為欲壑難填而被「貪婪」置於死地。正如一句話說，欲望像海水，喝得越多，越是口渴。貪婪不是與生俱來的，是個人在後天環境中受病態文化的影響而逐漸形成的。所以在生活中，我們要遠離貪婪的誘惑，將心態放平，只有這樣才能輕鬆面對得與失的考驗，平靜的對待生命的每一次跌宕起伏。

水能載舟也能覆舟

　　「貪」的本義指愛財，「婪」的本義指愛食，「貪」「婪」加起來，指的就是貪得無厭。愛財之心，人皆有之。金錢可以滿足我們物質生活的需求，保證我們衣食無憂。但愛錢愛得過頭，就可能會帶來禍害。

　　依柔畢業於某大學企業管理科系，碩士研究生。前不久，她在一家大型電子科技公司任職期間因犯職務侵占罪被「請」進了看守所。

　　幾年前，碩士畢業的依柔來到 A 城市尋夢。她憑藉自己的專業知識、學歷和口才，很快就被某大型電子科技公司聘為高級祕書。到職後，她很快就進入了角色，幾個月下來，她憑藉自己的才華為公司創造了不菲的業績和財富，漸漸引起公司主管的注意。不久，她升任總裁祕書。手中掌管的權力漸漸增大，月薪近五萬元。可是，依柔心裡不這麼想，她總感覺自己的付出與得到的回報反差太大，一種不平衡的心態漸漸滋生……

　　憑著聰明能幹，在就任總裁祕書不到半年的時間裡，依柔就對公司的內部運作瞭若指掌。由於公司的財務制度存在很大的漏洞，又沒有監督機制，公司總裁所有的接待費用中，她有審簽或審批權。漸漸的，她起了貪念，瘋狂利用手中的權力撈取錢財，最終東窗事發。此後幾年，她不得不用青春來彌補自己因貪婪而犯下的罪行。

　　貪婪猶如一條在水面上扭曲游動的蛇，攪得人心緒無法平靜。如果一個人不能控制自己的欲望，就等於一座城牆已經坍塌的城池，失去了對任何邪惡防禦和抵抗的屏障，隨時都可能在利益的誘惑下崩潰。

　　所以，我們應該明白這樣一個最簡單的道理：良田千頃不過一日三餐，廣廈萬間只睡臥榻三尺。誰真正領悟了它的含義，誰就能過得輕鬆自在，生活中知足常樂，睡夢裡安謐寧靜，走路踏踏實實，驀然回首，身後沒有遺憾。

知足常樂，不做欲望的奴隸

　　有這樣一個故事：

　　有一個農夫，每天早出晚歸的耕種一小片貧瘠的土地，累死累活，收效甚微。一位天使可憐農夫的境遇，就對農夫說：「只要你能不停的跑一圈，你所跑過的地方就全部歸你自己所有。」

　　於是，農夫興奮的朝前跑去。跑累了，想停下來休息一下，可一想到家裡的妻子兒女們都需要更多的土地來生活，又拚命的再往前跑……有人告訴他，你到了該往回跑的時候了，不然，你會累死的。可農夫根本聽不進去，他只想得到更多的土地，更多的金錢，更多的享受。他跑啊跑，最終因為心衰力竭而倒地身亡。

　　生命沒有了，土地沒有了，一切都沒有了，毫無止境的欲望使貪婪的農夫失去了一切。

　　「往回跑」不是放棄，而是一種智慧和境界，是一種知足常樂的心態。一個人能懷一顆平常善良之心，淡泊名利，富不行無義，貧不起貪心，又怎麼會成為欲望的奴隸？

　　深海裡有一條小鯊魚長大了，開始和媽媽一起學習覓食，之後便離開媽媽獨自生活。媽媽相信，兒子憑藉著優秀的捕食本領，一定能生活得很好。

幾個月後，鯊魚媽媽在一個小海溝裡見到了小鯊魚，牠被兒子嚇了一跳，兒子看上去一副營養不良的樣子。這個小海溝的食物來源很豐富，牠應該變得強壯起來才對呀！

鯊魚媽媽正要過去問個究竟，突然看見一群大馬哈魚游了過來，小鯊魚也來了精神，準備捕食。鯊魚媽媽只好先在一旁躲了起來。好多馬哈魚從小鯊魚旁邊游過，牠可以輕而易舉的將牠們吃掉，但小鯊魚卻一動都沒動。最後，牠盯著遠處剩下不多的馬哈魚，急躁起來，凶狠的撲過去，可是距離太遠了，馬哈魚們輕鬆的擺脫了小鯊魚的追擊。

小鯊魚萬分沮喪，鯊魚媽媽游過來問牠：「為什麼不在馬哈魚在你嘴邊的時候吃掉牠們？」小鯊魚說：「媽媽，你難道沒有看到，我也許能得到更多。」鯊魚媽媽搖搖頭說：「不是這樣的，欲望是無法滿足的，但機會卻不是總有。貪婪不會讓你得到更多，甚至連原來能得到的也會失去。」

我們人類又何嘗不是這樣，有些時候，得不到的原因不是你缺乏能力，而是你的心放得太大，來不及收網。

每個人都是赤條條的來到這個世界，沒有什麼是可以永遠擁有的，百年之後，你什麼都帶不走，包括那些處心積慮得到的財富。假如人人都有一顆滿足的心，能夠在最平凡的生活中自得其樂，自然也就擁有了幸福。人生短暫，即使身處陋室，也應當懂得享受來自每一縷陽光的溫暖。

以布施驅走貪婪的心魔

慈善是一種崇高的精神和境界，是對他人的同情和關懷，是自我價值的需求和實現。自古以來樂善好施的優良傳統，古人對「善」字的價值判斷有三個方面：一是把「善」看作「大」，孟子說：「君子莫大乎與人為善。」二是把「善」看作「寶」，孔子曰：「維善為寶。」三是把「善」看作「樂」，宋人羅大經說：「為善最樂。」由此，我們足以體會到從善的高尚。

　　善良的人性，正直的品格，常常決定一個人的道德高低與價值取向。時代華納公司老闆泰德‧透納 1997 年就做出決定，以每年捐一億美元的速度，分 10 年捐資 10 億美元給聯合國用於慈善事業。

　　在某一年的美國慈善事業榜上，排名第一的是全球首富比爾蓋茲。當時，他和前夫人已經累計為全球醫療衛生捐款 34 億美元，其中大部分都按照他們的要求用在了愛滋病研究上。到目前為止，他們為各種慈善事業的捐款高達 310 億美元，是他們個人財產總數的三分之二。

　　鋼鐵大亨安德魯‧卡內基一生資助的公益項目不計其數，包括著名的卡內基音樂中心和卡內基梅隆大學。這位童工出身的超級富豪最關注文化教育，在世界各地捐助建立的圖書館就達 2500 座。

　　石油大亨約翰‧洛克斐勒在生意場上斤斤計較是出了名的，生活也很簡樸，午餐永遠是 35 美分一個的烤牛肉三明治。不過他做起善事來卻「揮金如土」，一生的捐款總數超過 10 億美元。

　　在市場經濟條件下的今天，宣導發善心，行善舉，獻愛心，增強人們的慈善意識，對於淨化人們的心靈，消除心中的貪欲大有好處。人們在進行慈善活動的過程中，不僅對有困難的同胞提供一種幫助，而且向世人展現出一種對待財富、善用資源的更美好的價值觀。對所有人來說，樂善好施都是一次心靈的洗禮和精神的昇華。

第六章 突破意志的心理障礙

懷舊也是一種病

懷舊是一種心病

俗話說，「衣不如新，人不如舊。」生活中的每個人，或多或少都有一些懷舊心理，對故土的思念，對親人的思念，對美好往昔的思念等等，都是懷舊心理的表現。懷舊是一種常見的心理現象，適度的懷舊無可厚非，但是，太過懷舊就不可取了，他們認定今不如昔，如魯迅先生筆下的九斤老太一樣經常念叨一代不如一代。他們雖然生活在現今，而志趣卻滯留在昨日，一言一行和現實生活格格不入，這種過度懷舊稱為病態懷舊心理現象。

懷舊起源於個人的失落感。失落導致回首，讓人在記憶中尋找昔日的安寧與美好。病態懷舊心理主要表現在以下幾個方面：

1. 依戀過去的事：有些人喜歡保存大量的舊照片、舊服裝，甚至舊書、舊報紙；喜歡幫孩子取舊時代的名字，有些飯館酒樓的名字也表現出濃重的懷舊風格，無不表現出對過去已久的那個時代的懷念。

2. 依戀過去的人：有一部分懷舊的人，十分熱衷於舉辦同鄉會或同學聯誼會等各種名目繁多的聚會，包括小學校友、國高中校友、大學校友等等，甚至幼兒園園友！有些男女，過去曾有過一段戀情，因為各種原因終未結成連理，如今再度聚首，往日溫情即刻被喚醒，平靜的生活從此被擾亂。

3. 依戀過去的輝煌：俗話說得好，「好漢不提當年勇」，可有的人偏偏過分看重過去獲得的成績，把曾經獲得的獎狀、勳章、獎品保存得完好無缺，這倒也無可厚非，但時常追憶當年那點輝煌的經歷，動不動就向家人朋友講那些過去的故事，人家都能倒背如流了他本人還樂此不疲，就有點讓人難以忍受了。

　　病態的懷舊行為會阻礙個體適應新的環境，過度懷舊的人在人際交往中可以輕鬆做到「不忘老朋友」，卻難以做到「結識新朋友」，他們的個人交際圈往往比較狹窄。有病態懷舊行為的人很難與飛速發展的時代同步，這十分不利於他們自身的發展，應進行適當調節。

莫讓舊輝煌取代新發展

　　一個人適當懷舊是正常的，但因為懷舊而否認現在和將來，終日沉浸在對過去的追憶當中，無疑會陷入病態。過多的懷舊和人生的進取是背道而馳的，逃避就更不利於人生之路上的開拓進取。而且對於一般人來說，懷舊的部分往往就是自身目前的弱點和缺陷，是容易被人利用的「死穴」。

　　1967 年，瑞土研究人員提出了一項新的發明 —— 石英錶，遭到了瑞士廠商的嘲笑與拒絕，他們對自己「昨日」的手錶十分看好，認為像石英錶這樣沒有滾珠、沒有齒輪、沒有發條的東西完全不能稱之為手錶。

　　研究人員遭到拒絕之後，沒有灰心，而是把手錶拿到博覽會上參加展覽。同去參加博覽會的一位日本商人一下子就看中了這款手錶，回國後馬上

生產出批量的石英手錶，由於它物美價廉，很快就得到世人的青睞，銷路非常好。

以前，單單瑞士一個國家就占據了全世界手錶市場 65% 的占比，可在今天，在世界手錶業中占據統治地位的則是日本。瑞士商人由於過度留戀昨天輝煌，盲目自大、不思進取，最終失去了一次很好的發展契機，同時也失去了對整個手錶業的統治權。

人不應當過分的留戀昨天的輝煌，喜歡留戀的人往往沾沾自喜、自以為是，籠罩在昔日榮耀的光環中不思進取、裹足不前，終將一無所獲。人必須向前看，不要讓昨日的成功擋住明天成功的步伐。

轉移自己的注意力

懷舊是人的普遍心態，尤其年老的人，更容易懷舊。透過懷舊，他們可以彌補對現實生活的不滿。在對往日好時光的回憶中，得到心靈的安慰與發洩，有利於身心健康。

但是，人不能僅僅活在回憶當中，而要積極投入現實生活。如認真讀書、看報，了解並接受新事物，積極參與各種活動，順應時代潮流，不斷充實完善自己。被不良情緒困擾時，要懂得及時轉移注意力，不要總是沉湎在過去的輝煌中。當然，如果能在懷舊中找回昔日的自信與勇氣，拿出以前直接面對問題的心態來解決當前的難題，更是最好不過了。

治療病態懷舊心理的關鍵在於增強自信和心理承受力，消除不適應。其中，轉移注意力是一種不錯的治療方法。

你可以試著培養一些業餘愛好，多參加戶外活動，不要一天到晚老想著過去的事情。有的時候，越是回憶，越是對現實感到不滿，這樣無疑會形成一種惡性循環。應該強迫自己參加一些休閒活動，有事情可做，自然就沒有時間胡思亂想了。

另外，你要增強自信心，不要認為自己風光不再。其實，活著的每一天都有無限希望，你憑什麼就能肯定今天一定不如昨天呢？俗話說，知足者常樂。有很多事情，只要盡力了就好，不一定只有成功才能讓你露出笑臉，學會體驗過程的美麗，不必去在意每一個結果。當你能夠以一顆平常心來看待成功與失敗，自然就不會從過去的輝煌中去尋找心理的平衡了。

人可以記憶，而不必回憶

一位女孩在結婚的前夕出了車禍，她失憶了，可不知道這對她來說究竟是福還是禍。因為在她出事的當天，一場意外的空難奪去了她未婚夫的生命。妹妹認為姐姐的失憶是上天對她的一種恩惠，如果沒有失憶，姐姐該如何接受這樣殘酷的事實？

在醫院治療了一段時間，除了失憶，女孩其他的傷都已經痊癒。為了女孩，全家人搬了新家，換了新的環境。女孩以前的工作也辭掉了，重新換了家公司，做得得心應手。

新公司裡一位同事很喜歡女孩，對女孩百般照顧。妹妹問姐姐：「感覺怎麼樣？是不是考慮一下？」

姐姐滿臉笑容地回答：「小丫頭，妳知道什麼？」

「我當然不知道了。不過我知道，妳再不嫁，當心成為老女人，哈哈。」

姐姐翻了個白眼：「什麼跟什麼呀，我會成為老女人，我看妳倒是有可能。我這叫寧缺勿濫，挑伴侶是一輩子的事，妳以為可以隨便了事？」

妹妹和媽媽相視一笑，女孩真的完全失憶了，她已經完全不記得那葬身海底的準丈夫。失憶是可憐的，但是對於女孩來說，也許這是老天對她的最好補償。

一天，妹妹無意間看到姐姐的日記本沒有上鎖，好奇中打開看了起來，

那是她前天寫的：「失憶是我唯一不再讓我的家人為我擔心的方法。老公，你走了，我的心也走了，我的一切都已經和你一起埋葬在海底。但是為了愛我的媽媽和小妹，我會快樂的活下去。原諒我，我不能遵守你我同生共死的諾言。」

妹妹驚呆了，原來姐姐什麼都知道，「失憶」只是姐姐表達她愛情和親情的獨特方式。

一位先哲說過：「一切的回憶都有毒，不論這回憶是痛苦還是甜蜜。」人可以「記憶」，而不必「回憶」。過去的已經成為歷史，明天也難以預測，你所能把握的只有今天。如果我們能減少對過去的不停回憶，好好的活在「當下」，用心享受每一天，又何嘗不是一種幸福。

放棄並不代表丟棄

法國少年皮爾從小就喜歡舞蹈，他的理想是當一名出色的舞蹈演員。可是因為家境貧寒，父母根本拿不出多餘的錢來送皮爾上舞蹈學校。父母將他送到一家縫紉店當學徒，希望他學一門手藝後能幫助家裡減輕點負擔。皮爾討厭極了這份工作，不但工作繁重，更重要的是，他為自己的理想無法實現而苦悶。曾經一度，皮爾都想到了自殺。就在準備跳河結束生命的當晚，他突然想起了自己從小就崇拜的有著「芭蕾音樂之父」美譽的布德里，皮爾覺得只有布德里才能明白他這種為藝術獻身的精神。他決定寫一封信給布德里，希望布德里能收下他這個學生。

很快，皮爾收到了布德里的回信。信裡並沒提及收他做學生的事，也沒有被他要為藝術獻身的精神所感動，而是講了他自己的人生經歷。布德里說他小時候很想當科學家，同樣因為家境貧窮，無法上學，他只得跟一個街頭藝人跑江湖賣藝……信的最後，布德里說，人生在世，現實與理想總是有一定的距離。在理想與現實生活中，首先要選擇生存。只有好好的活下

來，才能讓理想之星閃閃發光。一個連自己的生命都不珍惜的人，是不配談藝術的。

　　布德里的回信讓皮爾猛然省悟。後來，他努力學習縫紉技術。23 歲那年，他在巴黎開始了自己的時裝事業。很快，他便建立了自己的公司和服裝品牌。他就是鼎鼎有名的服裝設計大師 —— 皮爾・卡登。

扔掉拐杖，獨立自主

依賴心理：心裡斷乳期的最大障礙

　　依賴心理是生活中較為常見的一種心理表現，主要特徵是在自立、自信、自主方面發展不成熟，過分依賴他人，遇事猶豫不決，缺乏自信，很難單獨進行自己的計畫或做自己的事，總是依賴他人為自己做出決策或指出方向。依賴別人，意味著放棄對自我的主宰，這不利於形成自己獨立的人格。依賴性太強的人容易失去自我，往往人云亦云，易產生從眾心理。

　　據心理學專家研究，產生依賴心理的原因主要有兩個方面：

1. 教育不當引起的心理依賴：有的人從小受到父母的過度溺愛和嬌縱慣養，自己的衣食住行均由父母包攬，生活中從沒有為自己的事情考慮過，全部聽從父母的擺布。這樣的人容易養成做事靠父母的依賴心理，自己不懂生活的艱難，缺乏獨立生活和處理問題的能力。

2. 自卑衍生出來的心理依賴：有的人自卑心理很嚴重，認為自己不如他人，如知識貧乏、能力不強、笨嘴拙舌等，因此在日常交往中不自覺的把自己放在配角的位置，心甘情願受他人支配。

　　做個小測試吧，測測你的依賴心理有多嚴重。

　　全世界在五月的第二個星期日慶祝母親節，如果不以康乃馨作為代表母

親的花，你會以下列何種花代替？

　　A. 百合花

　　B. 桔梗花

　　C. 向日葵

　　D. 紫羅蘭

　　選擇 A：百合的花語是純潔高尚，你的獨立性很強，但卻一直無法脫離家庭，因為你老是認為時機未到。家對你而言，如同百合花語的感覺，無論在外邊做了什麼，只要回到家，你永遠覺得自己是單純的。

　　選擇 B：桔梗的花語是羞怯，意味著你想展翅高飛，不再依賴父母。你的心裡已經有離家的打算，對你而言，若是成年還未獨立，是一件羞愧的事。你的責任心和自尊心都很強，能夠獨當一面。

　　選擇 C：即使從小顛沛流離，你仍眷戀曾有過的短暫安定的日子，所以縱然事業有成，你最渴望的還是童年的老家。向日葵的花語是愛慕崇拜，你就像棵大樹，即使枝繁葉茂，也不忘根源。

　　選擇 D：你對家的依賴性很高，若不到必要，你是不會離家獨居的。即使迫於無奈，你仍會和家人保持密切聯絡。你是個很顧家的人，紫羅蘭的花語是永恆，正是你心目中家的功能。

獨立自主的人最可愛

　　有國外學者曾對 325 名諾貝爾科學獎獲得者進行過分析，他們具有如下共同特質：選準目標，堅定不移；特殊勇敢，不顧一切；思路開闊，高度敏感；注意實踐，認真探索；富於思想，大膽思考；堅韌頑強，勤奮努力；注意力集中，抓住機會；強烈的興趣，無休止的好奇心等等。

　　一位美國心理學家曾用 5 年的時間研究過 5000 多名科學家，認為這些

科學家的共同特點是：具有極強的創造力，喜歡獨立思考，不喜歡思想束縛，永不滿足的好奇心，任何事情都要追根究柢，強烈的自我意識，能嚴格要求自己，有很多文明習慣，有對社會做貢獻的責任感，喜歡挑毛病，好批評等等。

這些研究使我們看到了一名成功者所具有的基本特質，也就是他們在立身處世、做人行事方面的一些共同特徵，我們可以看到，在這些科學家獲得成功不可或缺的因素中，其中之一就是獨立自主。

小莎是一位生性嬌弱的女孩，有很強的依賴性，從出生一直到高中畢業，一直生活在父母的呵護之中。考上大學之後，環境迫使她開始獨立思考和處理自己的一些事情。但是，小莎很不習慣，她還是希望能有一個人可以為她分擔一些責任。後來，她交了男朋友，覺得自己在異鄉總算有了一個可以依靠的人，心裡很高興。

轉眼就到了畢業，龐大的就業壓力讓她膽怯了，她希望男朋友能幫她找一份工作，可屢次都沒有結果。後來，小莎在急切之中不再懇求男友，自己四處奔走搜集資訊，最後竟然順利的找到一份令她十分滿意的工作。

在生活中，我們要信奉「自己做自己的靠山」，不要凡事都習慣於依賴他人，要做一個自信、獨立、堅強、能幹的年輕人。只有這樣，才能處變不驚，對生活中突如其來的變故應付自如，不再是他人避之不及的拖油瓶。

勇於挖掘自身潛力

要想從根本上克服依賴性，必須勇於挖掘自身潛力，把自己最優秀的一面展現出來。下面幾項建議有助於你發現一個完全嶄新的自己！

1. 「大格局」思考：目標再大，也總有切實可行的辦法。這不是要你去做根本不可能完成的事情，而是要你勇於想像。大格局思考的關鍵就是運用你最強的欲望、可靠的精力，大幅改變人生的方向。

2. 做好創業的心理準備：如果你的職業一直都不理想，那麼，你就要問自己是否願意自己創業。這有一個好處，可以幫你搞清楚自己到底想做什麼？如果已經有了周密的計畫，還猶豫什麼，立即行動吧！

3. 開發「意象」的潛力：從報紙雜誌裡剪輯各種圖片，把它們拼成一大幅描繪你理想工作或人生的圖畫。當然你也可以選擇自己畫，這不是把你培養成大畫家，而是要你創作出自己的夢境，朝著夢想的方向前進！

4. 列出你「最珍視的價值標準」：最簡單的方法是回憶你曾有過的最快樂的時光 —— 當你做了你想做的事，內心會充滿快樂，彷彿整個宇宙都與你融為一體，你會有深深的滿足感和成就感。

5. 每天對照「人生最珍貴的價值表」：時常體會一下「我最喜歡做又最值得做」的每一個內容，與你平常的所作所為比較，努力避免那些本來可以不犯的錯誤。

6. 保持平靜的心態：照常上班，沉著應對同事，並且盡量服務於他們，即使一時無法跳槽，你也可以將壓力減到最低程度，並保留可貴的精力。

7. 給自己一個堅定的承諾：《自關蹊徑》一書的作者說，「僅僅想要，甚至極想要，什麼結果都不會有。除非你矢志要完成某事，並且做到實現它的必要步驟，你的志向才可能不致落空。」

　　不去試試，你永遠都不知道自己到底有多大能耐。不要害怕失敗，或許，下一個成功的就是你！

拖延是毀掉前程的惡魔

拖延造就平庸

　　每個人對未來都有美好的憧憬，都有過遠大的理想或宏偉的計畫。如果

這些憧憬、理想、計畫都能夠迅速的付諸實施，我們不知道會有一個多麼輝煌的人生。但現實情況是，人們有了好的計畫後，卻不去迅速執行，而是一味的拖延，以致讓一開始充滿熱情的事情隨著時間的推移而冷淡下去，幻想逐漸消失，計畫最後破滅。

美國的成功學家格林演講時，曾對觀眾開玩笑的說，美國最大的快遞公司——聯邦快遞，其實是他發明的。他沒有說謊，他的確有過這個想法。同樣我們相信，這世界上至少還有一萬個和他一樣的創業家，也想到過同樣的主意，但可惜的是都沒有付諸實施。

1960 年代，格林剛剛起步，在全美為公司之間做撮合工作，他每天都生活在趕截止日期，並且必須在限時內將文件從美國的一端送到另外一端的時間縫隙中。當時格林就想到，如果有人能夠開辦一個能夠將重要文件在 24 小時之內送到任何目的地的服務，那就太好了！這想法在他腦海中駐留了好幾年……一直到有一個名叫弗瑞德‧史密斯的人真的把這個主意轉換為實際行動。

我們經常會聽到這樣的說辭：「等我有空再做。」其實這句話真正的意思是：「等手上沒什麼重要的事情時再做。」事實上，你可能有休閒時間，卻永遠沒有「空」的時間。在休閒的時候，你也許會躺在沙灘上盡情玩樂，但這絕不是「空」的時間。

想到了，就去做，你會離成功更近一步。成功的將一個好主意付諸實踐，比在家空想出一千個好主意要有從價值得多。日復一日的拖延，只會讓你逐步走向平庸。一個有能力並且意志堅強的人，往往能在熱情最高的時候積極展開行動，把理想付諸實踐，用智慧澆灌理想之花。

拖延抹殺熱情

拖延是一種惡習，它往往讓人失去生命中所追求的東西，並使人的時

間、精力、熱情在無謂的浪費中變得一文不名。

比爾蓋茲說：「想做的事情，立刻去做！當『立刻去做』從潛意識中浮現時，立即付諸行動。」

二戰時，肯尼斯在日軍登陸馬尼拉時被俘，隨後被送往一處集中營。肯尼斯看到室友的枕頭下放著一本書，書名是《人生的優點》。他愛不釋手，便向室友借來看。這本書為肯尼斯帶來極大的鼓舞和啟示，他渴望擁有它，但是書的主人卻不願割愛。

「借給我抄！」他說，室友爽快的答應了。

肯尼斯開始逐字逐頁謄錄，由於書隨時會被要回去，所以他夜以繼日的抄錄。抄完最後一頁僅僅一個小時之後，他的室友就被帶到了另外一處集中營。

在被俘的 3 年裡，肯尼斯一直帶著那份手稿，一讀再讀。那本書給了他太多的勇氣，他決心按照書上所講的那樣去做，用行動來實現自己的夢想。他說：「我必須立即去行動，否則行動就會長翅膀飛走。」

立即行動吧，燃燒的熱情可以實現你人生最大的夢想！不要為自己找一些冠冕堂皇的理由去拖延，你拖延得了一時，拖延不了一世。更何況，在你拖延的時間裡，會有多少機會從你身邊溜走，你將永遠都無法估計！今天你利用拖延避免了危險和失敗，但同時，你也失去了獲得成功的機會。

史威茲的業餘愛好是打獵和釣魚。他一生中最大的快樂就是帶著釣魚竿和來福槍進入森林宿營，幾天之後再帶著滿身的疲憊和泥濘心滿意足的回來。他唯一的困擾是，這項嗜好會花去太多的時間。

有一天，他再一次依依不捨的離開宿營的湖邊，準備回到現實的保險業務工作中。這時他突然產生了一個想法，荒野之中，也許有人會買保險呢。如果真是這樣，豈不是在外出狩獵時，也一樣可以工作了嗎？

他立刻做好計畫,搭船前往阿拉斯加。他沿著鐵路來回數次,「步行的曼利」成為那些與世隔絕的人們對他的暱稱。他受到當地人熱烈的歡迎,他不但是唯一和他們接觸的保險業務員,更被看作是外面世界的象徵。工作之餘,他還免費教他們理髮和烹飪,經常受邀成為座上賓,享受各種美味佳餚。

短短一年之內,史威茲的業績突破了百萬美元,同時還享受了登山、打獵和釣魚的無限樂趣,把工作和生活做到了最完美的結合!

靈感往往轉瞬即逝,它不會光顧懶惰的人。試想,如果史威茲在夢想產生時沒有立即行動,而僅僅是想了一想,他還能獲得如此的成功嗎?

馬上行動可以應用在人生的每一階段,督促自己去做應該做而沒有做的事情。對不愉快的工作不再拖延,像史威茲一樣,抓住稍縱即逝的奇思妙想,並把它付諸實踐,成功不會離你太遠。

克服拖延有法可循

對於渴望成功的人,比爾蓋茲先生提示:停止拖延,立即去揥高自己的成功特質。缺什麼,補什麼。

以下是比爾蓋茲對克服拖延、立即行動的對策探討,想成為下一個比爾蓋茲嗎?那就虛心學習一下吧!

1. 做個主動的人,要勇於實踐,做個真正在做事的人;不要讓自己成為不做事的人。
2. 不要等到萬事俱備以後才去做,永遠沒有絕對完美的事。預期將來一定有困難,一旦發生,就立刻解決。
3. 創意本身不能帶來成功,只有付諸實施時,創意才有價值。
4. 用行動來克服恐懼,同時增強你的自信。怕什麼就去做什麼,你的恐懼自然會立刻消失。

5. 自己推動你的精神，不要坐等精神來推動你去做事。主動一點，自然會精神百倍。

6. 不要時刻想到「現在」、「明天」、「下禮拜」、「將來」之類的句子，它跟「永遠不可能做到」的意義相同。想成功，就要變成「我現在就去做」的那種人。

7. 立刻開始工作，不要把時間浪費在無謂的準備工作上，要立刻開始行動才好。

8. 態度要主動積極，做一個改革者。要自告奮勇去改善現狀，要自動擔任義務工作，向大家證明你有成功的能力與雄心。

其實，由於拖延的不良習慣，我們的夢想之舟無數次遭遇擱淺，生活也因此少了成功之花的點綴。人生在世，要活得精彩，就意味著你需要克服拖延。記住：今日事，今日畢。

懶惰是人心的腐化劑

產生懶惰的主客觀原因

有一個年輕人，正當風華正茂，卻因為沒有飯吃而餓死了。

他到了閻王的面前，閻王從《生死簿》上查出這個年輕人應該有六十歲的壽命，而且一生會有一千兩黃金的福報，怎麼年紀輕輕就餓死了呢？閻王心想：「該不會是財神把這筆錢給貪汙掉了吧？」於是就把財神叫過來質問。

財神說：「我看這個人命格裡的文采不錯，如果寫文章一定會高中狀元，前途無量，所以把一千兩黃金交給文曲星了。」

閻王又把文曲星叫過來問。

文曲星說：「這個人雖然有文采，但是生性好動，恐怕不能靠寫文章發

達。我看他武略也不錯，可能走武行會比較有前途，所以就把一千兩黃金交給武曲星了。」

閻王只好再把武曲星叫過來問。

武曲星說：「這個人文采武略都不錯，但是非常懶惰，我怕他從文從武都不容易，只好把一千兩黃金交給土地公了。」

閻王於是又把土地公叫來。

土地公說：「這個人實在太懶了，我怕他拿不到黃金，所以把黃金埋在他父親從前耕種的田地，從家門口出來，只要他肯挖一鋤頭就可以挖到黃金了。可惜的是，在他父親死後，他連一鋤頭都沒有動過，所以就活活給餓死了。」

聽到這裡，閻王大筆一揮，寫下「活該」二字，然後把一千兩黃金繳庫。

一個人能夠懶到如此地步，簡直匪夷所思，或許最適合他的就剩下死亡了。

俗話說，種瓜得瓜，種豆得豆。人世間的一切，只有在付出了努力之後，才能品嘗到收穫的喜悅，絕對沒有不勞而獲的事情。如果說好逸惡勞是人的本能，那麼不難理解，每個人的身上都隱藏著懶惰的基因。心理學認為，懶惰性格障礙是日常生活中較為常見的人格心理障礙，這種類型的人缺乏獨立性和創造性，他們經常無所事事，整天都是一副懶洋洋的神態，幻想天上掉餡餅的美事，最好是能有別人撿起來放自己嘴裡。

有懶惰性格障礙的人往往對親近與歸屬有過分的渴求。而事實上，這種渴求與真實的情感無關，是強迫的、盲目的、非理性的。當這種渴求得不到滿足時，他們的內心就會產生越來越多的壓抑感，這使得他們漸漸放棄自己的夢想和追求，甚至喪失對生活的興趣。

產生懶惰的原因主要有客觀和主觀兩方面。

客觀原因如下：

1. 因看不起自己而導致的「自我擊敗感」：「自我擊敗感」的意識常常導致憂鬱、消沉、煩惱、妄自菲薄等種種不良情緒，它使人渙散鬥志、精神沮喪，感到沉重的精神壓力。

2. 遇事經不起挫折而導致的「受挫折耐力低弱」：「受挫折耐力低弱」也是產生懶惰的重要原因。這種心理助長「自我擊敗」心理的形成，從而使人走向另一個極端。它能夠使人的內心產生一股無名之火，認為自己「必須」這樣，或者「應該」那樣。他們沒有明確的目標，也無法承受失敗帶來的打擊。

3. 對自己要求太高而產生對別人的敵對情緒：對別人產生敵對情緒，同樣產生於一種「應該必須式」的意識。比如，我必須把這件事做好，做得完美無缺，然後贏得他人的讚譽；別人應當尊敬我，為我著想，為我做我想要做的事情。當這種「必須」沒有成為現實，他就會產生氣憤怨怒，從而進一步產生拖延的懶散心理。

除了客觀原因之外，懶惰最深層的原因來自於對眼前享樂主義的沉溺。

人總期望自己的一生都能過快樂的日子，避免痛苦，但是有時卻必須忍受眼前的不如意，以得到將來更長久的利益和舒適。而有些人鼠目寸光，他們只顧眼前，沒有長久打算。比如，他們想學習一技之長，以改變目前不太如意的生活狀態，可一想到這需要接受好長一段時間的培訓，就心甘情願的放棄了。懶散的心理導致他們無法改變現狀，甚至過得越來越差。

不要被懶惰悄悄的侵害

在古老的原始森林裡，陽光明媚，鳥兒歡快的歌唱，辛勤的勞動。其中有一隻寒號鳥，長著一身漂亮的羽毛，擁有一副嘹亮的歌喉，牠為此感到自豪，到處賣弄自己的羽毛和嗓子。看到別人辛勤勞動，牠嘲笑不已，好心的

鳥兒提醒牠：「快做個窩吧！不然冬天來了你怎麼過？」

寒號鳥輕蔑的說：「冬天還早呢，著什麼急！趁著現在的大好時光，盡情玩吧！」

日復一日，冬天到了。鳥兒們晚上在自己暖和的窩裡安樂的休息，而寒號鳥卻獨自在寒風中凍得瑟瑟發抖，不停的哀叫：「哆嗦嗦，哆嗦嗦，寒風凍死我，明天就做窩。」

第二天，太陽出來了，一切都那麼美好。沐浴著和煦的陽光，寒號鳥好不得意，牠已經完全忘記昨天的痛苦，又快樂的歌唱起來。

鳥兒勸牠：「快做個窩吧，不然晚上又要發抖了。」

寒號鳥不屑一顧的嘲笑道：「哼，不會享受的傢伙。」

晚上，寒號鳥又重複昨天的悲劇，在寒風中不停哀嚎。有一天夜裡，大雪突然降臨，鳥兒們一夜沒有聽到寒號鳥的叫聲。

太陽一出來，大家才發現，寒號鳥已經被凍死了。

這是一個我們從小就聽過的寓言故事，得過且過的寒號鳥，終於為自己的懶惰付出了高昂的代價。懶惰的人總是有太多的藉口，在貪圖安逸的過程中，沒想到危險已經來臨。人的懶惰心理不是一日形成的，日復一日的縱容自己的偷懶行為，最終會像寒號鳥一樣，失去一切，並且再也沒有改正的機會。

懶惰，會無聲無息甚至沒有任何痕跡的吞噬掉一個人原本所有的熱情和夢想。由於懶惰，不想做事，生活自然沒什麼起色，也就不會有什麼改觀，看不到生活的希望，從而導致悲觀失望，更加消沉，以至於變本加厲的懶惰。懶惰讓人失去希望，失去生活的原動力，一步步滑向平庸，甚至墮落。

懶惰會傷害心靈

懶惰會吞噬人的心靈，毀滅人的肌體。就像一位博士所說：「沒有什麼比無所事事、空虛無聊更為有害的了。」比爾蓋茲也曾經說過：「懶惰、好逸惡勞乃是萬惡之源，懶惰會吞噬一個人的心靈，就像灰塵可以使鐵生鏽一樣，懶惰可以輕而易舉的毀掉一個人，乃至一個民族。」

大海裡有一條小金魚，長得又漂亮又精緻，特別是那雙大眼睛，十分明亮。可牠有一個壞毛病 —— 太懶了！大家都很喜歡小金魚，就想幫牠改掉這個壞毛病。

一天，一隻小龍蝦游過來對小金魚說：「美麗的小金魚，跟我學跳高怎麼樣？這對身體可有好處呢。」

「學跳高？」小金魚慢慢吞吞的說道，「聽說，跳高很累的，我不去，我還是在鬆軟的水萍上躺著比較舒服。」

小龍蝦聽後，失望的游走了。

又有一條小鱒魚游過來，對小金魚說：「可愛的小金魚，和我到大海的遠方去漫遊吧！那裡能看到很多很多新鮮事物，還能學到很多本領呢。」

「那多累啊，要游那麼遠，我才不去呢！」小金魚一邊說一邊打著哈欠。

鱒魚也失望的走了。

後來，又有一隻小螃蟹游到小金魚身邊說：「漂亮的小金魚，跟我到河口去走走吧，來個長途旅行，開闊一下視野，順便也鍛鍊鍛鍊身體！」

「到河口去？」小金魚搖搖頭，「那麼遠，太累了！我可受不了，不去不去。」

螃蟹也失望的游走了。

別的夥伴每天都有很多事情要做，只有小金魚天天躺在水草上，懶洋洋的休息，什麼都不想做。

一轉眼就是幾個月的時間，螃蟹從河口回來了，牠長大了好多，變得很健壯。小龍蝦也回來了，動作比以前更加敏捷。當小鱒魚從大海的遠方旅遊回來時，牠學到了很多本領，已經變成了大學者。牠想起了童年的好朋友，那條漂亮的小金魚，於是去看望牠。

此時的小金魚呢，由於缺乏鍛鍊，身體單薄得像一片秋後的樹葉，正在水草上目光呆滯的躺著。

「小金魚，你怎麼變成了這樣？」鱒魚太驚詫了，很同情的問道。

小金魚長嘆一聲，說道：「由於我每天不動，失去了活力，就變成現在這樣的醜八怪了。」說著「嗚嗚嗚」的哭了起來。

鱒魚感嘆道：「我聽遠方的朋友說，懶惰會改變容貌，毀掉肌體，戕害心靈！原來真是這樣啊！」

懶惰的人不肯付出，註定了他們不可能成為一個成功者，因為成功從來只會眷顧那些勤勞的人。美因茲的一位大主教認為：「一個人的身心就像磨盤一樣，如果把麥子放進去，它會把麥子磨成麵粉，如果你不把麥子放進去，磨盤雖然也在照常運轉，卻不可能磨出麵粉來。」

人生是短暫的，不要讓懶惰為你的心靈裝上枷鎖。

業精於勤荒於嬉

哈德良皇帝看見一個老人正在辛勤勞動，種植無花果樹。他問老人：「你是否期望自己能夠享受果實？」

老人回答說：「如果我不能活到吃無花果的時候，我的孩子們將會吃到。或許上帝會特赦我。」

「如果你能夠得到上帝的特赦而吃到這樹的果實，」皇帝對他說，「那就請你告訴我。」

歲月流逝，果樹在老人的有生之年果然結出了果實，老人裝了滿滿一籃子無花果來見皇帝。

皇帝命他坐在金椅子上，把他的籃子裝滿了黃金。皇帝的僕人反對道：「您想給一個老猶太人那麼多榮譽嗎？」皇帝回答說：「造物主給勤勞的人以榮譽，難道我就不能做同樣的事嗎？」

的確如此，對於勤勞的人，造物主總是給他最高的榮譽和獎賞，而那些懶惰的人，造物主是從來不會給他們任何禮物的。有生之年，他們除了空虛的生活和無盡的悔恨之外，將一無所獲。

勤奮，懶惰的天敵

一位哲人曾經說過：「世界上能登上金字塔頂的生物只有兩種：一種是鷹，一種是蝸牛。不管是天資極佳的鷹，還是資質平庸的蝸牛，能登上塔尖，極目四望，俯視萬里，都離不開兩個字 —— 勤奮。」

「勤奮是通往榮譽聖殿的必經之路！」這是古羅馬皇帝臨終前留下的遺言。古羅馬人有兩座聖殿，一座是美德，一座是榮譽。他們在安排座位時有一個順序，必須經過前者的座位，才能達到後者。因此，勤奮作為一種美德，成為通往榮譽聖殿的必經之路。

有個農夫帶著自己十歲的兒子去趕集。路上，父親看見一個舊馬蹄鐵跌落在路中央，便對兒子說：「孩子，快把那塊舊馬蹄鐵揀起來，今後會有用場的！」兒子非常懶惰，生怕彎一下腰會累著自己，不高興的說：「一塊廢鐵蹄有什麼用處，揀它幹什麼呀，快走吧！」父親耐心開導：「孩子，俗話說得好，『有用的石頭不嫌重』。你不要嫌麻煩，快揀起來吧！」兒子還是不願意，父親無可奈何，只好自己揀起來，裝進口袋裡。

在市集上辦完了事，父親用那塊舊馬蹄鐵從鐵匠鋪裡換了一個大錢，買了一百顆沙棗，裝在口袋裡。回家的路上，兒子餓了，他想：父親會給我沙

棗吃的。可是，父親只管走路，根本不說沙棗的事。走了一陣，父親故意把一顆沙棗扔在地上，兒子見了非常高興，急忙彎腰揀起來，放進嘴裡香甜的吃了起來。就這樣，父親走一陣，丟一個沙棗在地上，兒子就趕緊彎腰揀起來。吃了一百顆沙棗，兒子彎了一百次腰。

回到家裡後，父親問兒子：「兒子啊，剛才在路上讓你揀一塊馬蹄鐵，你怕累不願意揀，可是後來那馬蹄鐵卻讓你彎了一百次腰，你說哪個省力氣呢？要記住，怕做事的人，肚子是不會饒恕他的。」

兒子聽了父親的話，恍然大悟，從此變成一個很勤奮的人。

人生好比一座可以採掘開拓的金礦，但因為人們的勤奮程度不同，給予人們的回報也不相同。文學家說，勤奮是走進文學殿堂不可跳躍的台階；科學家說，勤奮能使人變得聰明而富有創意；而政治家說，勤奮是實現理想的基石。勤奮是世界上最寶貴的東西之一，真正的勤奮，不光是身體上的勤奮，還有精神上的勤奮。擁有勤奮，你將不再貧窮。

衝動是厄運的導火線

衝動只會帶來苦果

衝動型人格障礙是一種以行為和情緒具有明顯衝動性為主要特點的人格障礙，也叫爆發型人格障礙。患者往往對事物做出爆發性反應，因為一點小事或輕微的刺激就火冒三丈，行為有不能預測和考慮後果的傾向。而大多數成功者，都是能夠把情緒控制得恰到好處的人。這時，情緒已經不只是一種感情的表達，更是一種重要的生存智慧。情緒控制得好，可以幫你化險為夷，控制不住自己的情緒，隨心所欲，就可能帶來毀滅性的災難。

一頭驢子和一頭野牛是十分要好的朋友。牠們經常在一起玩耍，吃草。

一天，牠們發現一個農夫的果園裡有綠油油的青草，還有成熟的果子，很是開心。牠們偷偷的溜進果園，在裡面悠閒的吃著青草和樹上的果子。牠們的運氣好極了，因為園丁一直都沒有察覺。驢子吃飽之後，情緒相當不錯，就想引吭高歌一曲，野牛對驢子說：「親愛的朋友，看在上帝的分上，你還是忍耐一下吧，等我們出了果園你再唱！」

驢子說：「可是我現在真的很想唱歌，作為好朋友，你應當支持我才對！」

「可是，可是，如果你一唱歌，就會被園丁發現，到時候我們就跑不掉了！」

驢子覺得野牛太不理解自己此刻的心情了，牠說：「天下再也沒有什麼東西能比音樂和歌曲更優雅，更能感動人的了。只可惜你對音樂一竅不通，無法領略其中的美妙，唉！我怎麼找了你做朋友呀？」

驢子發完牢騷之後，不顧野牛的勸說，便開始高歌起來，牠一張嘴，馬上就被園丁發現了，由於來不及躲避，牠們被園丁逮了個正著。

驢子的衝動，簡直害人害己。雖然牠想唱首歌表達自己的心情可以理解，但為了一時的宣洩而不顧情境安危，隨意放縱自己，結果害得朋友陪他一起遭受衝動的懲罰。

每一個人都要學會控制自己的衝動，儘管它是一種很難控制的情緒。否則，一點細小的疏忽，可能會帶給你無窮後患。

培根說：「衝動，就像地雷，碰到任何東西都一同毀滅。」在生活中，我們一定要注意培養自己冷靜理智、心平氣和的性情，否則，一旦觸到「導火線」就暴跳如雷，會付出始料未及的慘重代價。

容易衝動的人群

在生活中，很多人都有一時衝動的心理現象。衝動是在理性不完整的狀況下的心理狀態和隨之而來的一系列行為，一般來說，衝動型人格障礙形成的心理原因主要有以下三方面：

1. 角色的認同與攻擊性：進入青春期的男孩，自以為已經長大成人，且熱衷於對男子漢角色的認同和片面理解，十分強調男子漢的剛毅、果敢、義氣、力量、善攻擊等特徵。因此，他們往往會在同齡人面前，特別是有異性在場時表現出較強的攻擊性，以證明自己是一個男子漢。

2. 自卑與補償：每個人都可因自己的一些客觀狀況而產生自卑心理，比如經濟實力、家庭背景、相貌身材等。有自卑心的人往往會尋求自卑的補償方式。當以衝動、好鬥來作為補償方式時，其行為就表現出較強的攻擊性。

3. 自尊心受挫：年輕男子的自尊心一般都特別強，因此在遭遇挫折時，反應會異常敏感、強烈。挫折是導致攻擊行為的一個重要原因。生活中的每個人或多或少都會有挫折，因此每個人都有攻擊性；挫折越大，越可能表現出攻擊行為，甚至使用暴力。

據心理學研究發現，衝動指數比較高的人群主要有：

1. 價值觀不正確，擺不正自己位置的人。
2. 無所事事，沒有明確的事情分散體力精力的人。
3. 人體內環境失衡，如甲亢等內分泌失調的人。

俗話說，天有不測風雲。生活中，每個人都可能遇到一些不盡如人意的事情。假如不能克制自己衝動的情緒，終將有一天，當你將這個世界看成「仇人」時，它也會把你拋棄。

抑制衝動的盲目

　　生活中，如果能冷靜的面對社會百態，那麼我們的生活會顯示出它本來的多姿多彩。冷靜處事，既是為人的素養表現，也是情感的睿智反映。一般來說，當理智者遇上不順心的事情，通常都能三思而後行。

　　韓信肯受胯下之辱，不是因為他怯懦，而恰恰展現了他的冷靜。劉邦與項羽決戰在即，正要韓信出兵相助之時，韓信提出要劉邦封他為「假齊王」，劉邦勃然大怒，大罵韓信不應該在這個時候提出封個假齊王。然而一經張良提醒，劉邦馬上恢復冷靜，說道：「大丈夫要當王須當個真王，怎麼可以要求封個假王？」當即封韓信為齊王。韓信出兵，打敗了項羽，最終使劉邦奪得了天下。如果當時劉邦不能冷靜分析局勢，或許歷史就該重寫了。

　　判斷失誤必然導致行為欠妥，如果人們能在最短的時刻內讓頭腦變得冷靜，無疑等於掐斷一根危險的導火線。控制衝動，不僅需要有冷靜的頭腦，還需要提高個人的文化素養。一個人能否理智行事，與其教育程度的高低成正比。這和心理學家們的調查報告完全吻合：衝動殺人的犯罪者大多教育程度不高。

　　我們所遇到的挫折，只是生命中的偶然，在理智面前，這種偶然會變成令人快慰的必然。用冷靜的態度生活，可以活得更加真實，更加愜意。

意志力強弱決定成敗

熬過忍耐就是天才

　　有一個人熱衷於學功夫，一天，他纏著要拜一位老師為師。老師說：「行啊，不過我收學生有一個規矩，凡是意志力薄弱的堅決不要，你站一下大馬步吧，能站 5 分鐘就留下，站不了回家去。」

　　這個人拉開架子一站，只過了半分鐘就不行了，兩腿直發抖，呼吸也變得急促，滿臉漲得通紅。1分鐘不到，他就吃不消了。

　　老師說：「你還是回去吧。」他不肯走，說拜師以後一定會刻苦練功的，請求老師收下他。老師說連5分鐘的意志都沒有的人，以後憑什麼去刻苦練功？但他想要留下的態度十分誠懇，請求老師再給他一次機會。老師感動於他的執著，同意讓他再站一次。

　　他歇了一下，深深的吸了幾口氣，說：我一定能成功！結果又是不到1分鐘就失敗了。這回他不好意思再說什麼，向老師道個歉，轉身就離開了。

　　半年之後，這個人又去找老師。老師還是讓他站樁，這一次，他站了30分鐘。老師很滿意，點點頭把他收下了。其他人都很詫異，為什麼只半年時間，他的進步如此之大？

　　原來，在這半年時間裡，他每天都刻苦練習，並且找到了適合自己的最佳方法 —— 循序漸進。一分鐘，兩分鐘，五分鐘……剛開始站的時候，他的腿依然會發抖，忍不住老想去看腕上的手錶。一段時間後，他的心開始變得平和，不再去關心時間，腿也漸漸不再抖個不停了。直到有一天，他腦子裡冒出了一個念頭：今天不看錶，看看能站多長時間。結果一站就站了30分鐘。

　　如果沒有堅強的意志力，這個人恐怕至今也突破不了1分鐘的界限。他的成功，在於對夢想的堅持，在於對挫折的忍耐。

　　放棄是一種念頭，而堅持是一種信念；放棄意味著徹底的失敗，而堅持意味著不久以後的成功。

　　每個人成功的背後，都有鮮為人知的酸楚。也許你要比別人多付出幾倍的努力，也許你要比別人多走許多彎路，但世界上有一種東西，即使再多的磨難也壓不垮它，那就是忍耐。有了忍耐的特質，有了堅定的心，就能成為

命運的主宰者，就能成為天才。

　　「天才，無非是長久的忍耐！努力吧！」法國著名小說家莫泊桑正是實踐了福樓拜的這句贈言，最終成為世界文壇上一顆璀璨的明珠。如果你也想有一番作為，那麼在奮鬥的同時請做好忍耐的準備。

從猴子掰棒子衡量意志力

　　一天，一隻小猴子到山下玩，一不小心闖到一片玉米田裡。牠覺得玉米長得十分飽滿，於是就開始掰玉米，剛掰了一個拿在手裡，一抬頭忽然看到旁邊樹上的桃子非常誘人，於是把玉米一丟，很俐落的爬上樹去摘桃子；桃子剛到手，一轉頭又看見西瓜田裡的西瓜又大又圓，於是又趕緊從樹上跳下來去抱西瓜，桃子當然是不要了；這時候又有一隻野兔從牠旁邊跑過，小猴子覺得兔子活潑可愛，太好玩了，於是連忙丟下西瓜去追野兔，結果追了半天也沒追到，野兔早就逃得無影無蹤了。直到這個時候，小猴子才發現天色已晚，該回家了。牠看著自己空空的雙手，懊悔不已。

　　這則童話蘊含的道理雖然簡單，但不幸的是，現實生活中像小猴子這樣的人還真不少。他們成天忙忙碌碌，到頭來卻一事無成，和兩手空空的小猴子實在沒什麼兩樣。可見，假如沒有頑強的意志力，成功很難青睞於你。

　　那麼，如何來衡量一個人的意志力究竟是強還是弱呢？首先，我們要弄清楚意志的內涵。意志是一種自覺的確定活動目的並有意識的支配和調節行動，克服阻礙，實現預定目的的心理過程。它的強弱表現在個體是否能夠自覺的發動行為、堅持預定目的並且完成預定計畫。總的來說，意志力的強弱主要表現在以下四方面：

堅定性

　　堅定性是意志力中最重要的一種特質。指能夠堅持貫徹行動計畫，排除

一切障礙，抵制一切誘惑，不達目的誓不甘休。

美國西點軍校的教材裡有這樣一個故事：

一支遠征軍正在穿過一片白茫茫的雪域，突然，一個士兵痛苦的捂住雙眼：「上帝啊！我什麼也看不見了！」沒多久，幾乎所有的士兵都患上了這種怪病。

這件事在軍事界掀起了軒然大波，直到後來才真相大白。原來導致那麼多軍人失明的罪魁禍首居然是他們的眼睛。他們的眼睛不知疲倦的搜尋世界，從一個落點到另一個落點。如果連續搜尋世界而找不到任何一個落點，眼睛就會因過度緊張而導致失明。

在白茫茫的雪域中，士兵由於無法找到一個確定的目標而導致眼睛失明。人生也是這樣，目標太多等於沒有目標，沒有目標，人生也將一片黑暗。

為了你的人生是一片光明，請你確定一個堅定的目標。有了堅定不移的目標，再加上頑強的意志，一定會有一個絢爛多彩的人生。

自覺性

自覺性是說一個人能夠充分認知行動的目的與意義，積極、主動執行行動計畫。

古代有一個「學弈」的故事：

兩個孩子一起聽老師講下棋的知識，他們都很聰明，但是聽講情況大不相同。一個專心致志，只聽老師講解，任何事情也無法干擾他；而另一個心裡總想著有大雁從天空飛過，想著用箭把牠射下來燉肉吃。結果呢？前一個孩子學得非常出色，後一個則學得稀裡糊塗，一知半解。

同樣都是聰明的孩子，為什麼會出現兩種截然不同的結果？答案只有一個：意志力的不同。前一個孩子自覺性強，凡事能夠堅持到底，後一個孩子

三心二意，無法定下心來做一件事情。

　　一般來說，缺乏自覺性的人主要有兩種表現；一種是沒有自己獨立的信念，容易受他人的影響或干擾，或者主要依靠他人的啟發、引導和督促，才能完成任務。另一種表現是過分主觀、剛愎自用，我行我素，不接受別人的合理建議，也不考慮行動的合理性與可行性。

自制力

　　自制力是指一個人的自我克制、自我約束能力。具體表現為能夠及時的、適度的支配、控制自己的行為與情緒，做該做的事，不該做的事不做。

　　有自制力，才能使個人的行為符合目標的需求，在壓力面前不逃避，在打擊面前不屈服，在誘惑面前不動搖，當消極情緒出現時，能夠及時有效的調整、控制情緒。

　　美國著名的一位心理學家曾在一群小孩身上做過一個有趣的實驗。他向參加實驗的每個孩子發了一塊棉花糖。然後告訴他們說有事要離開一下，他希望孩子們都不要把棉花糖吃掉。他向孩子們允諾：「假如你們能將這塊棉花糖留到我再次回來，我會再多給你們兩塊棉花糖。」說完他就出去了。孩子們守著那塊誘人的棉花糖等啊等。終於有個孩子熬不住，吃掉了那塊棉花糖，接著，又有一個孩子做了同樣的事……20 分鐘後，心理學家回來了。他履行諾言，獎勵那些沒有吃掉棉花糖的孩子每人兩塊糖。實驗並沒有結束，他繼續追蹤研究那一群接受實驗的孩子。多年以後，他發現，那些不能等待的孩子大多一事無成，而日後創出一番輝煌業績的全都是當年那些願意等待的孩子。

　　有時候，成功很簡單。吞下一份苦，需要你的勇敢與堅強；忍住一份甜，需要你有堅定的信念和毅力。能做到這些，你就離成功不遠了。

果斷性

果斷性，指有能力及時的做出理智的選擇和正確的決定，並執行這些決定。

在聖皮爾島發生火山爆發大災難的前一天，義大利商船「奧薩利納號」正在裝貨準備運往法國。船長馬里奧・雷伯夫敏銳的察覺到了島上的培雷火山有爆發的危險。他立即決定停止裝貨，駛離這裡。

發貨人不同意立即啟航，他們威脅說，現在貨物只裝了一半，如果馬里奧膽敢離開港口，就去控告馬里奧。但是，馬里奧船長的決心卻毫不動搖，堅定的回答道：「我對於培雷火山一無所知，但是如果維蘇威火山像這個火山今天早上的樣子，我必定要離開拿坡里。現在我必須離開這裡。我寧可承擔貨物只裝載了一半的責任，也不繼續冒著風險在這裡裝貨。」 24 小時後，在發貨人和兩個海關官員試圖逮捕馬里奧船長的時候，聖皮爾島上的火山爆發了。他們全都丟了性命。而此刻「奧薩利納號」卻正安全的航行在公海上，向法國前進。

果斷的人在緊急關頭或複雜情境下，通常能夠冷靜的思考、分析問題，具有準確判斷事物的是非、真假，迅速採取有效行動的能力。缺乏果斷性的人，在需要做出抉擇的時候，卻往往表現出猶豫不決，瞻前顧後，遲遲不能開始行動的特徵。

事實上，果斷性需要理智來作為它的基礎。能夠在瞬間做出正確的抉擇，背後一定凝聚著長期的深思熟慮，以及經驗累積所帶來的智慧與自信。

告別猶豫不決的情懷

猶豫不決只能錯失良機

你是否遇到過這樣的情況：在做決定時，哪怕只是微不足道的決定時，也會感到非常困難？如果你的答案是「是」，那你的性格中一定有不少「猶豫不決」的成分。許多人因為害怕做出決定而痛苦不堪，殊不知，過分的猶豫不決帶給我們的並非是萬無一失的周全，而是心理上龐大的壓力和對未知結果的迷惘。

從前，有一頭驢子正忍受飢餓的折磨。幸運的是，牠發現自己前面不同方向有兩堆差不多的草料，不幸的是，由於牠距兩堆草料的距離差不多，牠不知應該去吃哪堆草料最合適。於是，牠在兩堆草料間來往徘徊，最終因為無法決定吃哪一堆草料而餓死了。

生活中又有多少這樣的「驢子」呢？猶豫不決的性格，使得許多發展機會從眼前白白流失，最終只落得與成功失之交臂。

歌德說過：「長久的遲疑不決的人，常常找不到最好的答案。」

山間叢林中，有一隻老虎在四處覓食。茂密的松林遮蔽了老虎的視線，牠不知道此時獵人布置的陷阱就在附近。突然，老虎看到前方似有獵物出現，於是奮力追趕，結果一不小心腳掌就被一個鐵圈鉤住了。老虎想掙脫束縛，但是鐵圈把牠牢牢的固定在了原地。這時，手拿獵槍的獵人出現了，他一步步向老虎逼近，老虎感覺到了死亡正在向牠逼近。眼看著獵人端起了獵槍，老虎不再猶豫，牠用盡全身的力氣，猛的掙脫了鐵鍊，向遠處逃去。雖然老虎的腳掌永遠留在了鐵圈上，但牠總算撿回了一條命。

斷了一隻腳，卻因此而保存了性命，老虎的選擇可以說是聰明的，正所謂「斷尾求生」。如果牠沒有果斷做出取捨，那麼一定會因為自己猶豫不決而

失去保全性命的機會。人在面臨艱難的抉擇時，也應該像求生的老虎一樣，堅定而果斷，不要猶豫不決。

　　現實生活中，只要你認真觀察周圍的人，就會發現有很多人都是在關鍵時刻左顧右盼，進退兩難，然後錯過了獲得成功的最佳時機。一個人在成長過程中面對選擇與取捨時，要學會在思考後當機立斷，只有這樣才會不拖延時間與機會。先哲曾說過這樣一句名言：「猶豫不決是以無知為基礎的。」此話不無道理。因為猶豫不決的人對事物、對工作的處理方式，總是缺乏快速、敏捷的分析與判斷。在工作中，他們缺乏對全局做出正確判斷的能力，不能審時度勢，因而工作效率也很低。

優柔寡斷導致一事無成

　　一位智商一流、學歷也不低的人決心「下海」做生意。有朋友建議他炒股票，他豪情萬丈，一副要做大事業的樣子，但去辦股東卡時，他卻猶豫道：「炒股風險很大，還是再等等看吧。」又有一位朋友建議他到夜校兼職講課，他也表現出很大興趣，但要簽協議時，他又猶豫了：「講一堂課才幾百塊錢，沒什麼意思。」

　　這個人其實很有天分，但遇事拿不定主意，一直在猶豫中度過。兩三年過去了，他一直站在「海」邊觀望，卻從來沒有「下」過海，最終碌碌無為。

　　一天，這位「猶豫先生」到鄉間訪友，路過一片蘋果園，長勢十分喜人。他禁不住感嘆道：「上帝賜予了這個主人一塊多麼肥沃的土地啊！」果園的主人聽到了，淡淡的對他說：「你還是來看看上帝怎樣在這裡耕耘吧。」

　　世界上有很多人都有這樣的毛病，典型的語言上的巨人，行動上的矮子。他們習慣於光說不做，猶豫不決，卻又埋怨上天不給他成功的機會。而有的人只做不說，默默耕耘，不斷收穫。成功與收穫，總是光顧有了目標並且付諸行動的人。

有一個 6 歲的小男孩，一天在外面玩耍時，發現一個鳥巢被風從樹上吹在地上，裡面滾出一隻嗷嗷待哺的小麻雀。小男孩看牠可憐，決定把牠帶回家餵養。

當他托著鳥巢走到家門口時，突然想起媽媽不允許他在家裡養小動物。於是，他輕輕的把小麻雀放在門口，走進屋去請求媽媽。在他的苦苦哀求下，媽媽破例答應了。

小男孩興奮的跑到門口，不料小麻雀已經不見了，旁邊有一隻黑貓正在意猶未盡的舔著嘴巴。小男孩為此傷心了很久。但從此他也記住了一個教訓：只要是自己認定的事情，絕不可優柔寡斷。

生活中，思前想後固然可以免去一些做錯事的可能，但優柔寡斷則會讓你失去更多成功的機遇。

在偏遠地區有兩個和尚，其中一個貧窮，一個富裕。有一天，窮和尚對富和尚說：「我想到南海去，您看怎麼樣？」富和尚說：「你憑藉什麼去呢？」窮和尚說：「一個飯缽就足夠了。」富和尚說：「我多年前就想租條船沿著江河而下，現在還沒做到呢，你憑什麼去？」第二年，窮和尚從南海歸來，把去南海的事告訴富和尚，富和尚深感慚愧。

這個故事告訴我們一個簡單的道理：說一尺不如行一寸。沒有果敢的行動，一切夢想都只能化作泡影。

培根說：「毫無理想而又優柔寡斷是一種可悲的心理。」當夢想在你心中逐漸清晰，當你已經制定出了一個完美的計畫，那麼，請立即行動吧，不要讓優柔寡斷斬斷你通往成功殿堂的坦途！

優柔寡斷的人不敢決定每件事，因為他們拿不準決定的結果是好是壞，是凶是吉。有些人能力和品格都很不錯，但就是因為太猶豫不決，結果錯過了許多機會，一生也未能成功。一個站在河邊呆立不動的人，永遠也不可能

渡過河去。

機會貴在果斷把握

有這樣一句話:「每個人的機會都一樣多,但是每個人對機會的識別和把握能力是不同的。」愛因斯坦也曾說過:「機會只偏愛有準備的頭腦。」

固然,時機是一種不以人們意志為轉移的客觀因素,有一定的神祕性,但也不是無法捉摸和不可預料的。聰明的人總是一方面從事手頭的工作,一方面注意捕捉著獲得突破或成功的時機。當時機沒有成熟時,他們就在積蓄力量或者另尋出路,一旦時機成熟,他們就能夠順應形勢或潮流,促成自己的事業達到新的高度。

很多沒有成功的人總是不停的抱怨命運女神忽略了他,總以為自己碰不上好機會,總以為能夠利用的機會太少,他們把工作和生活上一切不順心的事,都歸結為機會很少光顧自己。其實,機會對每一個人都是公平的,關鍵是一個人面對機會究竟能不能真正把握住。在能夠把握機會並且充分的利用機會的人那裡,機會時刻都存在著,而在對機會毫無知覺也不會好好利用的人那裡,即使機會來到眼前,他也不能及時抓住,常常讓機會白白溜走。

一百多年前,有位叫李維‧史特勞斯的德國猶太人到美國舊金山經商。除了別的商品之外,他還帶了些帆布,以供淘金者做帳篷之用。但他還沒有來得及下船,除了帆布,其他的貨物都一售而空。下船後,李維帶著帆布開始了他的「淘金」歷程。

他遇到了一位挖金的礦工,此人抱怨道,他們需要的並不是帳篷,而是挖金時經磨耐穿的褲子。頭腦靈活的李維隨即和那位礦工一起到裁縫店,用隨身帶著的帆布替他做了一條褲子,世界上第一條工裝褲由此誕生,它就是今天風靡全球的牛仔褲的鼻祖。那位礦工回去之後,消息不脛而走,大量訂貨迅即而來。

　　因為及時把握住了商機，李維成為一名相當成功的「淘金者」。

　　善於把握機會的人，到處都是機會；不善於把握機會的人，即使再好的機會來了也會錯過。對於善於把握機會的人來說，機會是引火的火種，可以借助它點燃人生道路上的成功之火；而對另外一些不善把握機會的人來說，它不過是一堆灰燼，只能隨著風四處飄散。「弱者等待時機，強者創造時機。」徘徊觀望是成功最大的敵人。不等待不觀望，把握機會，你就會擁抱成功。

第七章　走出不良行為的心理桎梏

不做嗜酒如命的「酒君子」

「癮君子」為何嗜酒如命

　　這幾年來，志剛因為事業不順，經常借酒澆愁，漸漸染上了酗酒的惡習，淪為一個不折不扣的「酒君子」。如今的他嗜酒如命，幾乎頓頓離不開酒，有時候甚至出現酒後精神異常的現象。經檢查，志剛被確診為「酒精中毒精神狂想症」，屬於精神類疾病的一種。

　　因日夜酗酒，導致夫妻關係惡化，吵架打架成為家常便飯，要不就是經常分居，很多時候，志剛都是住在父母家，由年邁的爸媽來照顧。後經多方求醫，他嗜酒的情況有所好轉。

　　春節期間，志剛回到自己家中，又向妻子提出喝酒的要求，妻子沒有勸阻，並陪他一起共進晚餐。沒想到這一喝又喝多了，志剛昏昏沉沉睡了過去，誰也未曾想到，他這一覺睡過去就再也沒有醒來。

　　經法醫鑑定，結論為：志剛因酒精中毒而死亡。

　　酒是一種麻醉劑，長期飲用可使人產生酒依賴。酒依賴者中有部分在中斷飲酒後會出現震顫、幻覺、意識障礙、肌肉抽搐、植物神經功能紊亂等表現，稱為戒斷症候群或酒精依賴症候群。

　　世界各地都有為數眾多的像志剛這樣的「酒鬼」。要想解決「酒鬼」問題，我們首先要弄清楚「酒鬼」為什麼嗜酒如命？

　　因為人和動物的飢餓感、渴感都是由大腦皮層下的下丘腦控制的，科學家們據此猜想「酒鬼」的貪杯，可能也和下丘腦有關。為了證實這一猜想，科學家用老鼠做了一個實驗：先讓一群老鼠連續一個月喝一種含酒精20%的酒，把這群老鼠培養成鼠中「醉仙」。然後，破壞其中一部分鼠下丘腦的「渴中樞」。這樣，參加實驗的老鼠就被分為了三組：甲組是沒被破壞「渴中樞」的「醉鼠」；乙組是破壞了「渴中樞」的「醉鼠」；丙組是既沒喝酒又沒被破壞掉「渴中樞」的老鼠。接下來，他們讓這3組老鼠連續幾天滴水不沾。之後，將清水和酒精放在牠們面前，聽憑牠們各取所需。結果發現，甲組老鼠毫無例外的選擇了酒精；乙組和丙組老鼠都對酒精不屑一顧。

　　由此，科學家們認為，「酒鬼」的「嗜酒中樞」很可能是「渴中樞」長期受到酒精刺激後轉化而來的，「嗜酒中樞」形成後便不斷發出「索取」酒精的指令，驅使「酒鬼」狂飲不止，這也許可以作為解釋「酒鬼」嗜酒如命的原因。當然，這種解釋還需要更為深入的科學論證。

　　此外，嗜酒的成因還受民族習慣和風俗習慣的影響。有些國家和民族把飲酒當作社交和禮儀的需要，逢年過節或親朋聚會時，多需要飲酒來增添喜慶的氣氛。嗜酒行為受心理因素的影響也較大，有些人因為生活枯燥、精神空虛、前途渺茫等，通常「借酒澆愁」，以此來麻痺神經，減輕精神上的苦惱。

　　嗜酒往往具有家族性，如果家族成員中曾有酒精中毒的先例，其他成員

也容易發生酒精中毒，且發生的時間較早，症狀相對嚴重。

飲酒過多肯定是有危害的

　　大量的臨床試驗證實：酒精中的乙醇對肝臟的傷害是最直接，也是最大的，它能使肝細胞發生變性和壞死。一次大量飲酒會殺傷大量的肝細胞，引起轉氨酶急劇升高；如果長期飲酒，則容易導致酒精性脂肪肝、酒精性肝炎，甚至酒精性肝硬化。

　　大量飲酒會對身體造成極大的危害：

1. 酒精中毒：據測定，飲下酒約 5 分鐘後，酒精就會進入血液，並且隨血液在全身流動，人的組織器官和各個系統都要受到酒精的毒害。短時間大量飲酒可導致酒精中毒，中毒後，首先影響大腦皮質，神經出現一個短暫的興奮期，表現為胡言亂語；隨後大腦皮質處於麻醉狀態，導致人言行失常，昏昏沉沉不省人事。若進一步發展，出現生命中樞麻痺，則會導致心跳呼吸停止以致死亡。

2. 損害食管和胃黏膜：酒精對食管和胃黏膜損害很大，大量飲酒會引起黏膜充血、腫脹和糜爛，導致食管炎、胃炎、潰瘍病。眾所周知，酒精主要在肝內代謝，因此它對肝臟的損害特別大，肝癌的發病與長期酗酒有直接關係。據研究顯示，平均每天飲酒 160 克，有 75% 的人在 15 年內會出現嚴重的肝臟損害。長期飲酒還會使心臟發生脂肪變性，嚴重影響心臟的正常功能。

3. 酒精中毒性精神病：當血液中的酒精濃度達到 0.1% 時，會使人感情衝動；達到 0.2% 至 0.3% 時，會使人行為失常；長期酗酒，會形成酒精濫用或酒精依賴，導致酒精中毒性精神病。

4. 營養失調：酗酒會造成身體中營養失調，引起多種維他命缺乏症。因為酒精中不含營養素，因此經常飲酒會導致食慾下降，進食減少，勢必造

成多種營養素的缺乏。特別是維他命 B1、B2、B12 的缺乏，過度飲酒還影響葉酸的吸收。

5. 危害胎兒：研究發現，對酒精產生依賴後，女性的大腦萎縮進程比男性要快。酒精對精子和卵子也有毒副作用，不管父親還是母親酗酒，都會造成下一代發育畸形、智力低下等不良後果。女性酗酒對胎兒的危害性更大！酒精會損害生殖細胞，從而使受精卵發育不健全、胎兒發育緩慢，容易引起流產、早產或死胎。即使足月產，受酒精毒害的嬰兒在身長、體重和頭圍等方面也會小於正常嬰兒，他們大多智力低下、頭面部畸形，比如前額突起、短眼裂、眼角向下、眼瞼下垂、鼻梁短、鼻孔朝天、上唇內收等。嚴重者甚至同時合併有先天性白內障和視網膜色素異常。

6. 影響家庭穩定：長期酗酒的男性，可引起性功能障礙，表現為性慾低下甚至陽萎。由此，他們會產生嫉妒妄想，懷疑妻子對其不忠，進而無故謾罵毆打，嚴重影響家庭的和諧。由酗酒而導致家庭破裂，在日常生活中不足為奇。

另外，酗酒也是造成社會不穩定的主要因素之一。如果全社會對酗酒現象熟視無睹，不採取有效措施加以規勸，嗜酒者就可能對社會造成極大的危害。據統計，某國每年因酗酒肇事立案就高達 400 萬起；每年有 10 萬人死於車禍，而三分之一以上交通事故的發生與酗酒及酒後駕車有關。

端正飲酒的態度

不同國家對飲酒有不同的態度。

在愛爾蘭，人們把飲酒的多少作為男性的象徵，即使酩酊大醉也會不成為責難的對象。愛爾蘭人工作時間以外在酒吧度過成為一種習慣，因此愛爾蘭的酒精依賴者相對來說比較多。

在浪漫的法國，節酒受到尊敬，醉酒成為禁忌，他們從不認為多飲酒是男性的象徵，因此法國人的酒精依賴者相對較少。在一些飲用葡萄酒的國家中，比如荷蘭、西班牙、義大利等，酒精依賴者極為少見。

英國上流社會有頻繁的少量飲酒的傾向；而在勞動者階層，則有每逢週末便飲酒的習慣。因此，這兩大人群中酒精依賴症的發生率較高；與此相比，中流社會沒有這樣的飲酒習慣，酒精依賴症發病就少。

在日本，都有晚餐飲酒和無酒不成筵席的風俗。即使每晚持續飲酒的量很少，但時間長了必然會陷於依賴狀態，一到每日飲酒的時間就嗓子發乾，產生想飲酒的條件反射。隨著近年來生活的富裕和晚餐飲酒的普遍化，人們的飲酒量逐漸增加，因而酒精依賴者的比例也在不斷上升。

為了身體的健康，我們要有一個正確的飲酒態度。假如你也有飲酒的習慣，請參考以下十條合理的飲酒原則：

1. 在愉快的氛圍中飲酒：和親人朋友邊談笑邊愉快的飲酒，適量的開心酒能轉換心情，為第二天帶來活力。

2. 按自己的速度飲酒，不要勸酒：不要去迎合別人的速度，按自己的速度來飲酒。要考慮肝臟的處理能力，不要為了所謂的禮節去強行勸人喝酒。

3. 不要空腹喝酒：喝酒切忌空腹喝，一定要搭配營養價值高的下酒菜，例如豆腐、魚類等優質蛋白質食品，另外蔬菜和海藻類也是不錯的選擇。

4. 不要直接喝烈酒：不要直接喝酒精度數很高的酒，稀釋後再喝，對身體的傷害會少一些。

5. 喝酒時不要吸菸：菸與酒碰到一起，危害更大。因酒精而擴張的血管又因為吸菸而收縮，會給心臟帶來負擔。應遵守「喝酒不吸菸，吸菸不喝酒」的原則。

6. 藥、酒不同喝：部分鎮痛藥等強力藥劑和酒一起喝下之後，會破壞胃黏

膜，引起胃潰瘍。酒和糖尿病藥一起喝時會引發低血糖。

7. 不要喝到深夜：酒精在肝臟中完全分解約需 6 小時，因此即使少量飲酒，深夜 12 點之後也應當停下，否則會妨礙第二天的工作和生活。

8. 不要每天喝酒：長期每天都喝，可能會發展成酒精性脂肪肝。為了保護肝臟功能，應養成一週內至少兩天不喝酒的習慣。

9. 一日之內不要喝兩次以上：白天晚上連著喝，肝臟就沒有休息時間了。

10. 定期接受肝功能檢查：為了安心享用美酒，經常喝酒的人一定要定期接受肝功能檢查，以免耽誤治療的最佳時機。

只有當嗜酒者認知到該病的危險性才能進行治療

1935 年，美國兩位曾是嚴重酒依賴者的股票經紀人和外科醫生發起了一個叫做「戒酒互助會」或稱「戒酒匿名會」（簡稱 AA）的組織，參加組織的人互相討論戒酒方法，介紹戒酒經驗，互相勉勵，以達到戒酒目的。透過這樣的組織對嗜酒者進行治療，在國際上非常流行。目前，世界上已經有很多國家建立了這樣的組織，成千上萬的酒成癮者透過這種互助式的戒酒方式得到康復。

在接受這種治療時，嗜酒者首先要承認自己存在不能節制飲酒的問題，並希望戒酒。在互助會裡，嗜酒者們相互討論酒給自身帶來的問題和如何戒酒，並由戒酒成功者為希望戒酒者提供幫助，他們彼此提醒和輔導，多方面了解酒對自身和他人的影響，分析自己在心理和行為方式上存在的問題，最終達到完全戒酒的目的。

嗜酒者的常規治療

只有當嗜酒者認知到該病的危險性並同意戒酒時治療才能開始。常規治療一般分為兩個階段：一是戒酒階段，二是康復治療階段。對酒精中毒早期

階段的患者來說，戒酒會引起焦慮和失眠；而對長期依賴酒精的患者來說，戒酒則會引起不能控制的顫抖、驚慌和震顫譫妄（delirum tremens, DT）。患 DT 的病人如果沒有專業人員治療，死亡率會超過 10%。因此，晚期階段酒精中毒的患者，必須住院接受治療。

　　嗜酒者有可能再次對酒精產生依賴性，因此康復階段的關鍵是徹底戒酒。康復階段可採取多種治療措施，包括教育計畫、分類治療、家庭治療和參加自助小組等。

嗜酒者的輔助治療

　　一旦嗜酒者認知到自己的疾病並要求戒酒，除了常規治療外，許多其他治療方法同樣有助於他們康復。

· **針灸治療**：針灸能減輕嗜酒者的戒酒症狀，據報導，針灸治療可以預防癲癇發作，並可有效預防復發，增加病人完成恢復治療計畫的可能性。

· **水療**：溫和的鹽水浴對從體內排出藥物和毒素很有作用。將半杯海鹽或烘過的蘇打溶解在浴盆的溫水中，每天浸泡 10 至 20 分鐘，可以有效幫助嗜酒者緩解焦躁的心情。

· **體療**：按摩是體療治療計畫的一部分。按摩能夠放鬆身體，易於解除行為病態下的心理障礙。

· **營養及飲食**：嚴重酗酒常伴有營養不良，這是因為酒精當中僅有熱量，卻沒有營養價值的緣故。吸收大量的酒精，意味著人體不再需要更多的食物。嗜酒患者一般缺乏維他命 A、複合維他命 B 和維他命 C、肉鹼、鎂、硒、鋅，以及必要的脂肪酸和抗氧化劑。補充營養成分，特別是維他命 B1 有助於戒酒和康復治療。有些治療學家認為穩定血糖在一定程度上有助於治療。比如避免食用糖，減少單糖含量高的飲食，增加植物蛋白和多糖的食用等。

- **家庭治療**：家庭治療對康復戒酒最關鍵，但也可能最為困難。嗜酒者必須做到以下幾點：

  1. 避免與飲酒的人接觸，避免到飲酒的地方去，要結交不飲酒的朋友。

  2. 參加自助小組，獲得家庭和朋友的幫助。

  3. 培養積極向上的興趣愛好，透過參加自願勞動等來代替對酒精的依賴。

  4. 參加鍛鍊，鍛鍊可以使腦釋放化學物質達到「自然高度」，即使是飯後散步，也可以使人得到平靜。

不做吞雲吐霧的嗜菸者

吸菸習慣的心理成因

　　吸菸的習俗從哥倫布發現新大陸之後開始，其歷史不過幾百年，可在世界各國，吸菸的人數和吸菸的數量卻在以難以置信的速度飛速增長，其數量遠遠超過喝酒的人。據世界衛生組織最近報告，目前全世界每年死於與吸菸有關的疾病約有 300 萬人，大多數是在已開發國家。預計到 2025 年，與菸草有關的疾病造成的死亡人數將達到 1000 萬，其中有 700 萬在開發中國家。據統計，某國有 3.5 億吸菸者，每年死於菸草相關疾病的人數約為 100 萬，超過因愛滋病、結核、交通事故以及自殺死亡人數的總和，占全部死亡人數的 12%，預計未來將上升至 33%。

　　吸菸有害健康的道理人人都懂，但為什麼吸菸者的隊伍還是越來越龐大呢？吸菸習慣的心理成因很複雜，歸結起來大致有以下幾種心態：

1. 好奇模仿心理：剛剛步入青春期的孩子往往在心理上產生成人感，對各

種事物充滿好奇，凡事都想試一試。不少吸菸的家長忽視自身行為給孩子帶來的影響，或者無意中流露出「成年才可以吸菸」的思想，於是不少青少年在好奇心理的驅使下，開始模仿成人吸菸。有的青少年在同伴的影響下開始了吸菸生涯，大家聚在一起，相互模仿，從此走進一個吞雲吐霧的世界。

2. 虛榮心理：影視劇中經常出現一些明星吸菸的瀟灑鏡頭，其帥氣的形象迷倒了無數少男少女。不少青少年受此影響，認為吸菸時髦、瀟灑，於是就開始了盲目的追求和模仿。有的女孩說：「男生抽菸給人一種成熟灑脫的感覺。」不少男孩在這種心理的暗示、鼓勵下，為贏得女孩子的好感，顧不得「抽壞身體抽臭嘴」，成為小小吸菸者。

3. 交往心理：吸菸已成為一種最為平常的交際手段。為了辦事順利，聯絡感情，人們在交往中通常以菸引路，菸酒不分家。此風對青少年的影響尤為明顯。某大學的一項調查顯示，男生間相互敬菸已成為一種交往習慣，無論路遇，還是串門互訪，總少不了香菸的溝通。許多學生認為：「菸可以使人產生親近感，消除距離感，能夠提高辦事效率。」可見，菸已成為當今青少年人際交往的黏合劑。

4. 消愁心理：青少年涉世未深，社會經驗不足，面對紛繁複雜的世界，難免遭受各種心理挫折，出現心理失衡。抽菸能夠暫時麻醉他們的神經，使他們忘卻不平衡的心理，獲得短暫的快樂，正所謂「一抽解千愁」。因為抽菸可以滿足他們這種消愁解悶的心理需求，故香菸備受容易「受傷」的青少年的青睞。

5. 誇耀攀比心理：當今社會，擺闊氣、講排場的風氣越演越烈，一些有良好經濟背景的青少年在人際互動中，往往透過菸的等級來抬高自己的身價，而另一些經濟條件一般的人為了不被人看輕，也硬著頭皮盲目攀比。

6. 對菸的錯誤認識：有些人錯誤的認為抽菸能提神、消除疲勞，有功於腦力勞動，因而在學習緊張或思考難題時，習慣於借助吸菸來提高學習效率；還有的人錯誤的認為，所謂「吸菸有害身體」僅僅是宣傳而已，並不可信。

尼古丁產生的力量真的那麼大嗎？

西元 1828 年，人們首次從菸草中提取出一種生物鹼 —— 尼古丁，它是香菸成分中令人上癮的元素，極易由口腔、胃腸及呼吸道黏膜吸收。吸入的尼古丁 90% 在肺部吸收，其中四分之一在幾秒鐘內即可進入大腦。

尼古丁對人體最顯著的作用在於對交感神經的影響，可引起呼吸興奮、血壓升高，使吸菸者自覺喜悅、腦力增強、減輕焦慮和抑制食慾。尼古丁對人類最大的危害是成癮性，吸菸者一旦成癮，每 30 分鐘至 40 分鐘就需要吸一支菸，無法達到這一程度時，吸菸者就會感到煩躁不安、焦慮、頭痛、噁心，內心十分渴望補充尼古丁，其感覺與吸食鴉片無異。除了令人上癮外，尼古丁還會導致消化不良、血壓升高、心跳增加、暈眩、心跳以及影響食慾，服用過量時會引起中毒，有生命危險。

相關實驗顯示：一支香菸所含的尼古丁可毒死一隻小白鼠，20 支香菸中的尼古丁可毒死一頭牛。人的致死量是 50～70 毫克，相當於 20～25 支香菸的尼古丁含量。如果將一支雪茄或三支香菸的尼古丁注入人的靜脈內，3～5 分鐘即可死亡。

菸草不但對人有害，對自然界的低等動物也有害，因此它也是農業殺蟲劑的主要成分。民間流傳這樣一句俗語：毒蛇不咬菸鬼。因為毒蛇一聞到吸菸時所揮發出來的苦臭味，就避之不及。

幾百年前的古代就發生過吸菸引起急性中毒死亡的事件，為此明崇禎皇帝還曾下令禁菸。國外也有類似事件發生：俄國一名年輕人第一次吸菸，吸

一支大雪茄後死去；英國一個長期吸菸的 40 歲健康男子，為完成一項十分重要的工作，一夜之間吸了 14 支雪茄和 40 支香菸，早晨感到身體不適，經醫生搶救無效死去；法國一個俱樂部舉行一次吸菸比賽，優勝者在吸了 60 支紙菸後，還未來得及領獎就死去，其他參賽者因生命垂危，全部到醫院進行搶救。

美國科學家的一項新研究顯示，青少年即使只是偶爾抽菸也會很快成癮。另據美國科學促進會的一個網站報導說，科學家對麻塞諸塞州 1246 名六年級（12 歲左右）的學生進行了為期 4 年的觀察研究，結果發現，在有菸癮的青少年中，10%的人在首次吸菸後兩天內就上癮，25%的人在一個月內上癮，一半的人在吸菸數量達到每個月 7 支時上癮。

研究顯示，尼古丁的成癮性作用極為迅速，吸入後只需 7.5 秒就可達到大腦，並形成記憶。在首次吸菸後一天內，尼古丁就可能改變人腦的功能與結構，這種改變是永久的，這也可以解釋為什麼菸癮一旦形成就很難戒掉。專家提議，為了自己和他人的健康，最好不要沾染香菸。

在你準備吸菸時，肺癌、肺氣腫等疾病正在向你招手

1945 年，英國生物統計學家希爾設計了一個精妙的實驗，證明了鏈黴素能夠殺死結核桿菌。從此，肺癌的死亡率首次超過肺結核，成為人類最致命的肺病。兩年後，英國醫學研究委員會給了希爾一個新的任務：找出肺癌和吸菸之間的關係。當時，英國的肺癌死亡率比 25 年前提高了 15 倍，這引起了社會群體廣泛的關注。大家試圖找出原因，其中只有少數醫生懷疑這種局面是由吸菸造成的。

眾所周知，兩次世界大戰造就了大批吸菸者。據統計，英國當時有超過 90%的成年男子都是香菸的癮君子。透過艱難的調查和統計，希爾將他所得出的結果做成一個統計表。結果顯示，在參加調查的各類疾病患者中，有

4.9%的肺癌病人每天吸50支菸以上，而只有2.0%的其他病人每天吸這麼多菸。這說明，吸菸越多的人，患肺癌的機率就越大。隨後，希爾把這個實驗結果發表在《英國醫學雜誌》上，首次科學的證明了吸菸和肺癌的對應關係。

為了進一步說明問題，希爾又設計了一個全新的實驗。他向6萬名英國醫生發了調查表，請求他們把自己的生活習慣和吸菸史詳細記錄下來寄還給他。有4萬名醫生寄回了調查表。希爾把他們按照吸菸數量進行分類，並要求他們（或者他們的家屬）及時匯報自己的健康狀況。到1993年為止，大約有2萬名當初接受調查的醫生去世，其中有883人死於肺癌。如果把他們的吸菸數量和肺癌發生率連結起來，就可以得出一個驚人的結論：每天吸25支菸以上的人得肺癌的機率比不吸菸的人高25倍！

現在，吸菸和肺癌的關係已經無人不知了，已開發國家的吸菸者數量正在逐年下降，其肺癌的發生率也漸漸呈現出下降趨勢。

肺氣腫和吸菸也不無關係。簡單來說，肺氣腫就是肺臟過度充氣。引起肺氣腫的原因很多，其中吸菸是最重要的因素之一。香菸中的有害氣體可以破壞肺臟的正常結構，導致肺臟過度膨脹，使肺的功能越來越差，以致發生病變。

有人根據1443名男性和338名女性屍檢的整個肺的切片，研究了年齡、吸菸習慣和肺氣腫病變之間的關係。男性按年齡、吸菸量、吸菸類型（煙斗、雪茄和捲菸）分類。在6類吸菸者中，肺氣腫的平均嚴重程度均隨年齡而增加。按年齡統計的資料顯示，不吸菸男性的肺氣腫平均程度最低；吸煙斗或雪茄者較高；經常吸捲菸者最高。而且調查結果還顯示，每天吸菸量和肺氣腫嚴重程度有劑量反應關係，吸菸量越大，肺氣腫的嚴重程度也就越高。

吸菸除了引發肺癌、肺氣腫等肺病外，還會導致氣喘、動脈狹窄、肝硬

化及引發各種癌症。此外，女性吸菸易患生殖器感染，破壞身體荷爾蒙的平衡，容易過早衰老。孕婦吸菸易導致早產、流產和死胎。

戒菸無疑已成為當前迫在眉睫需要解決的問題。

借用積極的心理暗示來幫助自己戒菸

積極的心理暗示有助於人在精神領域裡的一切活動，戒菸也不例外。但在戒菸者中，大多數都懷有一種消極的心理暗示。這些人過於悲觀，缺乏勇氣，把戒菸看得太困難，甚至有意誇大和提升戒菸的難度，不斷進行自我打擊。

小王在女朋友的「威逼利誘」下開始戒菸，但心裡充滿了自我懷疑的態度。尤其不可理解的是，他一直認為一下子戒菸會給自己的身體帶來損害。其實到底能造成什麼樣的損害，他並不清楚，但這卻成了他擺脫不掉的心理負擔。他決定要戒菸已經有段日子了，但效果並不明顯。為了戒菸，他還給自己制定了詳細的戒菸計畫。半個月過去了，由於消極的心理暗示，他的戒菸計畫根本沒有實現，反而比以前更想抽菸。

在戒菸的人群中，像小王這樣的情況並不少見，有些人甚至還沒有開始戒菸，就已經產生了猶豫、懷疑、被動的心理狀態，好像戒菸是一件多麼要命的事。如果還能抽菸，他們一下子就會從情緒上變得快樂起來。這是戒菸者最為消極的心理表現。懷有這種心理的人，在戒菸的過程中一旦遇到困難就會心灰意冷，無法堅持。因此，想要成功戒菸，首先要調整好心態。

戒菸開始時，為自己寫下一些鼓勵性的文字，比如：

· 我完全可以戒菸。

· 我的身體並不需要對菸草的依賴。

· 別人能做到的事，我也完全可以做到。

· 從今天起，我可以做到每天少抽三支菸。

　　•　一星期後，我將停止抽菸，並且永不再抽菸。

　　……

　　這裡提醒大家，在利用積極的心理暗示時，要避免過於複雜。一般來說，簡單、堅定的短語就可以了。

　　戒菸的過程及難度因人而異，你需要找到適合自己的方法，才能獲得戒菸的重大勝利。下面的建議，也許會助你一臂之力。

1.　消除緊張情緒：緊張的工作狀態是導致你吸菸的主要起因嗎？如果是，那麼拿走你周圍所有的吸菸用具，在工作場所放一些無糖口香糖等，菸癮來時可以用它抵抗一下。在工作中做到勞逸結合，多做幾次短時間的休息，到室外運動運動，不需要太長時間，幾分鐘就好。

2.　加強戒菸意識：改變工作環境及與吸菸有關的老習慣，戒菸者會主動想到不再吸菸的決心。只要有這種意識，戒菸幾天後，味覺和嗅覺就會好起來。

3.　尋找替代辦法：戒菸後的主要任務之一是在受到引誘的情況下找到不吸菸的替代辦法。比如做一些技巧遊戲，使兩隻手不閒著，或者透過刷牙使口腔裡產生一種不想吸菸的味道，或者透過令人興奮的談話轉移注意力。

4.　少參加聚會：剛開始戒菸時，要避免受到吸菸的引誘。如果有朋友邀請你參加聚會，而參加聚會的人大都吸菸的話，那麼至少在戒菸初期，你應婉言拒絕參加這樣的聚會，直到自己覺得沒有菸癮為止。

5.　體重問題：戒菸後，體重往往會明顯增加。你可以透過加強身體的運動量來對付體重增加。假如要吃零食，最好是吃些脂肪低甚至無脂肪的食物。另外，記得要多喝水，使胃裡不空著。

6.　游泳、踢球：經常運動會沖淡菸癮，體育運動會使緊張不安的神經鎮靜下來，同樣有助於消耗熱量，避免體重過度增加。

7.　經受得住重新吸菸的考驗：戒菸後又吸菸不等於戒菸失敗，吸了一口或一支菸後並不是「一切又回到了從前」，但你要仔細分析重新吸菸的原因，避免以後重犯。

不做嗜賭如命的賭將軍

吞噬人性的賭博惡習

　　20 歲的羅傑本來有著美好的前程，卻因為沾染了賭博惡習而無法自拔，最終發展到幫人運毒抵債。不久前，他在一次攜毒闖「關」時被現場抓獲。

　　某一天，警察在對一輛臥鋪客車依法實施檢查時，發現一名乘客形跡可疑，於是依法對其實施 X 光腹透檢查。檢查顯示，該男子腹腔下部有明顯的顆粒狀可疑物。經留置，犯罪嫌疑人羅傑從體內排出毒品海洛因 195 克。

　　審查得知，羅傑是大二學生，一年前迷上了賭博。他聽人說緬甸果敢老街的賭場「很好玩」，於是就趁著放暑假的機會，以旅遊的名義出境到緬甸老街「遊玩」。在緬甸老街的賭場裡，他除了將家裡給的幾千元生活費輸了個精光，還欠下別人 15000 元的賭債。正當他一籌莫展之際，一名陌生女子以 35000 元為「誘餌」，要他幫助運送毒品。為還賭債，羅傑決定鋌而走險，再「搏」一把，結果被警察抓獲，葬送了自己的青春和前途。

　　在人類源遠流長的文明史中，賭博的歷史也很漫長，在拉斯威加斯、在澳門、在日本、在香港、在歐洲⋯⋯可以說賭博無處不在。賭博的形式也五花八門：賽車、賽馬、賽艇、樂透等，還有各種非法的「地下賭博」，花樣翻新，層出不窮。為什麼賭博對人有如此強大的吸引力呢？

　　賭博是一種令人成癮的行為，它的吸引力主要在於迎合人的貪財欲望。人，特別是容易過分認真和強迫的人，一旦踏進賭場，就很難自拔。染上毒

癮的人定時要去賭場，不去就會感到周身不適，坐臥不寧，心煩易怒，甚至生不如死，猶如毒癮發作一般。 人一旦染上賭癮，就變得不可理喻。在輸的時候，他們沒有勇氣面對現實，總幻想著翻本，結果越輸越慘，陷得也越來越深；在贏的時候，又因為貪婪而渴望贏得更多，結果在許多個回合之後，不但把贏來的又吐了回去，最後還賠上血本。當他們把手中的錢輸光之後，就會借錢再賭，如果借不到，就不擇手段去弄，甚至喪心病狂，殺人越貨也在所不惜。賭癮會讓人喪失理智，失去所有做人的良知。

有人說，賭博其實就是在刀刃上舞蹈，很少有人不是鮮血淋漓、遍體鱗傷的敗下陣來。的確如此！有賭癮的人，因為沒有理智控制，行為超出常規，對自己、對家人、對社會都十分危險。他們的行為腐蝕著整個社會，為社會治安增加了太多的不穩定因素。

嗜賭的危害性可謂「獨占鰲頭」

賭博之害，古往今來，一直為人們所深惡痛絕。多少人為求一夜暴富而孤注一擲，多少人因為沉迷賭博而家破人亡，多少人因嗜賭成性而前途盡毀，甚至鋌而走險墜入犯罪的深淵。一旦被賭博麻痺了神經，人們的理智開始喪失，道德開始淪喪，人性開始泯滅，不可避免走向墮落和毀滅。賭博不僅腐蝕人心，而且敗壞社會風氣，危害社會治安，一向被視為人類生活中的毒瘤和公害。

賭博，一則浪費時間，讓人不務正業，喪失進取心，無心工作；二則破壞感情，導致好友反目，親人失和，甚至家破人亡；三則損失財物，俗話說「十賭九輸」，到頭來一無所有；四是禍及社會，影響團結、安定、向上的社會風氣。

賭博的人，因喪失理智而走上犯罪道路的，全都因為一個「貪」字。有了貪欲，才想到不勞而獲、一朝暴富，於是選擇了賭博這種最直接也最冒險

的行為。可賭場上沒有永遠的贏家，當一個人輸得一敗塗地、回天乏術時，只得淪為「賊」人。

有人也許會說，小賭怡情，只要不賭大的，娛樂一下應該沒什麼問題。其實古人早就說過，「勿以惡小而為之」。大賭是賭，小賭也是賭。何況，「大」和「小」也沒有界定的標準。有的人眼中的「小」，在別人眼中早已如天大了！

普通的老百姓一旦沾染了賭博，更是後患無窮。有這樣一則報導，一位農民因為迷上賭博，把治病的錢輸個精光，他的妻子忍無可忍，用一雙塑膠拖鞋把他活活打死，自己也被捕入獄。一個好端端的家庭，最終因為賭博而支離破碎。因賭博造成家破人亡、妻離子散的悲劇，在生活中簡直數不勝數。

在澳門，有「賭王」之稱的何鴻燊先生經營著多家賭場，但他自己從不參賭，也不許家人參賭。他認為，自己的家業已經夠大，犯不著透過賭博來「暴富」，另一個重要的原因是他很清楚賭場上「十賭九輸」的道理，即使再大的家業也能敗光。號稱香港一代「賭聖」的葉漢，臨終前告誡世人的一句話就是：「不賭就是贏！」

不賭就是贏，每一個人都應當遠離賭博！

賭性也需要心藥醫

不得不承認，戒賭是一件艱難的事情，如果一個人嗜賭成性又想戒除賭癮，那他無異於向自己發動了一場曠日持久的戰爭。賭博是一種習慣性的行為，如果想克服賭博的嗜好，必須擁有堅定的意志。

人們對那些賭博成性的人無不嗤之以鼻，殊不知，嗜賭者的行為其實是一種心理疾病。俗話說，上賊船易，下賊船難。有了賭癮的人，儘管一輸再輸，如果不去賭場，就會食不知味，臥不安寢，但只要坐在賭桌旁，心情馬

上就舒暢了。這是為什麼呢？研究顯示，一個人的腦中一旦建立了「緊張—下注—贏錢—快樂」的模式後，腦內會產生一種叫做「腦內啡」的物質，它會讓嗜賭者產生心理上的愉悅，時間一長，就會形成惡性循環，從而對賭博產生依賴，欲罷不能，醫學上稱之為「病理性賭博症」。

對於病理性賭博症，關鍵要及早給予心理干預。

首先，嗜賭者要充分認知到賭癮是一種行為失控的心理疾病，必須痛下決心將之戒除。難以自拔者需要在家人的陪同下去看心理醫生，進行心理諮商和心理治療。對那些確實不能約束自己行為的患者，應給予藥物來控制衝動行為。

其次，改變嗜賭者所處的環境。家庭、公司、社會應給患者創造一個良好的環境，設法不讓其本人與其他賭博者相接觸，並引導他們參加一些有益身心健康的活動，比如參加社會義工，不取報酬的為一些弱勢人群提供方便，還可以定期去孤兒院看望小朋友們，給那些失去親人的孩子獻出一份愛心。參加這種的活動，會使其賭博心理逐漸淡化，從而緩解和根治病理性賭博症。

再次，對嗜賭者要有耐心，讓其感受更多來自家人的關懷。尤其是在言語方面，如果總是對其埋怨或惡語相向，可能導致他們產生壞就壞到底的念頭。當他們決心戒賭，並且開始了正常的生活和工作時，不要吝惜給予他們言語上的支持和鼓勵。

最後，讓嗜賭者感受來自朋友的溫暖。幫助沉迷於賭博中的朋友遠離賭博泥潭，既可以在言語上予以鼓勵，也可以在行動上予以支持。特別是那些因為賭博而傾家蕩產的朋友，要熱心幫助他們重新創業。這種幫助不只是金錢上的幫助，更多的是技術上或資訊上的協助。

「『賭』海無邊，回頭是岸」，願嗜賭的朋友早日戒除毒癮，回到正常的生

活狀態中來。

告別厭食的苦惱

不要被苗條的夢想欺騙

　　小美今年 16 歲，不僅人長得漂亮，而且還能歌善舞，父母視之如掌上明珠，對她嬌生慣養，百般疼愛。上高中後，小美開始追星，看到那些國際影星、時裝模特個個身材高䠷纖瘦，羨慕不已。她在自己的房間裡貼滿了明星海報，希望有朝一日自己也能成為一個令人羨慕的「明星」。在一次學校舉辦的晚會上，小美一展舞姿，博得同學們的陣陣掌聲。但不知哪位調皮的男同學小聲議論說：「舞是跳得不錯，只可惜胖了一點。」說者無意，聽者有心，這句話深深刺痛了小美的心，她痛下決心，一定要減肥，成為一個苗條的女孩。從此，她甜的不吃、鹹的不吃、油膩的更是不沾，給自己規定每餐只吃幾口飯，有時乾脆一口不吃。偶爾吃多一點，就立刻到廁所裡吐掉。久而久之，小美的食慾明顯下降，僅僅 4 個月的時間，她的體重就減輕了 10 公斤。人是苗條了，但整個人看上去精神萎靡，面色憔悴，瘦得幾乎變形，還出現了停經現象。父母帶她到醫院檢查，醫生將其診斷為神經性厭食症。

　　古人云：「窈窕淑女，君子好逑。」今天的審美觀也是以苗條、骨感為美，所以生活中有不少像小美這樣的女孩子，她們不惜以犧牲健康為代價來換取苗條的身材。殊不知，過分追求苗條，盲目減肥，會導致心理、生理疾病，神經性厭食就是其中的一種。神經性厭食症患者有逐年增多的趨勢，這都是盲目追求苗條所造成的。

　　身體的胖瘦由許多因素決定，遺傳、體質、內分泌、消化吸收功能等都對身型有一定影響。減肥的途徑也有很多，並非只有節食一條路。適當追求

身材的完美無可厚非，但如果為了減肥而有意節食，或者身體已很苗條，但仍認為自己胖，進食少或不進食，甚至還採用嘔吐、過度運動及導瀉等方法來減輕體重，就是一種病態的心理了。

有研究發現，大約50%的厭食症患者伴有貪食症，他們在暴食後又自己誘吐，或服食減肥藥甚至瀉藥，或做超大運動量的運動，唯恐體重有所增加。他們深陷在矛盾中痛苦的掙扎著，無法自拔。

厭食帶來的不良後果

神經性厭食症多是由於盲目追求苗條、過度節食而引起的。如果沒有其他生理上的原因，僅僅由於患者厭惡進食而導致正常體重驟然下降25%者，即可被視為厭食症的症狀。情況嚴重時，患者可因為拒絕進食而使正常體重下降50%以上，對生命造成威脅。

神經性厭食症患者多為女生（女生比男生多20倍），年齡多在12～25歲之間。據調查研究，在美國的大、中學生中，大約每200人就有一個厭食症患者。厭食症患者過分在意自己的身體形象，她們的審美觀存在一定程度上的扭曲，即使骨瘦如柴，也自覺美麗。

假如一個人有如下症狀，毫無疑問，他已經患上了神經性厭食症。

1. 體重明顯降低，或無法保持正常的增長，導致體重低於正常的25%。
2. 非常懼怕體重增長或變胖，即使已經骨瘦如柴仍是如此，常採用過度運動、致吐、導瀉、服減肥茶、利尿劑等方法來使體重減輕。
3. 在體重、身高和體形方面有感知障礙，體重明顯低於正常及體形消瘦，甚至猶如「火柴棒」，仍覺得體胖或擔心肥胖。
4. 女性至少持續3次月經不來（原發或繼發停經）。
5. 嚴重者伴營養不良、低血壓、低體重、脫髮、浮腫、心動過緩、水電解質紊亂。

有醫生指出，如果厭食患者發病九年後仍未能完全康復，會演變成暴食症或出現其他進食失調。據調查，有 70% 以上的厭食患者曾有憂鬱症，近 20% 的患者則被診斷患有焦慮病，其中還有 53.8% 的患者曾有自殘或自殺行為。

「不願吃飯」可不行

厭食症患者最顯著的一個特徵就是不肯吃飯，即使吃下去，也會馬上又吐出來。俗話說，「人是鐵，飯是鋼，一頓不吃餓得慌」，生命之樹又如何能夠離開養分而枝繁葉茂？因此，為了生命之樹常青，必須和厭食症說再見。

大多數厭食症患者，主要是心靈上的扭曲，明明已是骨瘦如柴，卻還覺得自己胖得無法忍受。因此，針對這種病態的思維，必須透過科學的、心理學的分析來解決。

有專家認為，在少女中進行正確的、健康的「美學」教育，對於糾正頑固的節食習慣是非常有必要的。同時，要合理安排患者的學習和生活，使其腦力勞動與適當的身體鍛鍊相結合，防止因勞累過度、壓力過大而導致下丘腦功能紊亂。

軀體治療是心理治療的基礎，主要是鼓勵患者主動進食，少量多餐，補充豐富的營養物質，逐漸恢復體重。對嚴重營養不良、貧血、進食困難、短時間內體重下降迅速、有自殺企圖和行為的患者，要勸其住院治療，必要時進行鼻飼或靜脈高營養治療。

治療神經性厭食患者的心理方法也有很多，比如個別心理治療、認知行為治療、支持性心理治療、系統式家庭治療等等。另外，治療神經性厭食症有效的療法還有行為療法，如果患者願意進食，並且體重增加，應當給予「獎勵」；如果拒食或有意節食，則給予「懲罰」。患者要在專業心理醫生的正確指導下，提高對厭食症原理、表現和防治的認識，自覺配合行為療法。

不同於常人的愛乾淨 —— 潔癖

有潔癖的人，最注意手部的衛生。他們每天要洗幾十遍手，每次洗手至少要抹三遍肥皂，如果不這樣就痛苦萬分，無法繼續做其他事情。在家裡，他們不讓家人隨便亂坐，也不歡迎朋友來訪。如果別人去廁所後忘了洗手，或從外面回來沒有洗手就碰了什麼物品，那他就對這些物品特別緊張，不敢接觸。

生活當中有「潔癖」的人並不少見，他們整天都活得特別緊張，其生活目標就是講究衛生，整天關注的就是病菌。「潔癖」表現的症狀屬於強迫性神經官能症，是一種很常見又很頑固的心理疾病。

探尋潔癖者的內心世界

阿城今年 40 歲，在一家公司擔任部門經理。一天，他來到心理診所，向心理醫生訴說了自己的苦悶。

「我感覺自己好像得了一種『怪病』，總是覺得自己染上了病菌，可能會得癌症。為此，我每天必須多次、長時間的洗手、洗澡、洗衣服。可是這給我帶來了非常大的痛苦，公司裡好多人都在背地裡叫我『洗手狂』。我在衛生上對自己的要求很嚴，朋友們都說我不像企業的高階管理人員，倒像是哪家熟菜店裡的店員。每天，我到公司後的第一件事就是把辦公室裡裡外外、上上下下打掃至少三遍以上，然後才能安心坐下來辦公。這些事我從來都不讓公司的清潔人員做，我必須親自做才行。

「我最煩的是出差，哪怕是五星級酒店我也覺得它不乾淨！每逢出差在外，在使用抽水馬桶之前，我自己必須『加工』好幾道程序：先把坐圈用我自帶的消毒紙巾擦上兩遍，然後再用自帶的酒精棉球擦兩遍，接著再用消毒紙巾沿坐圈鋪一層，馬桶內的水濺上來是一件很恐怖的事，因此我還要再往

水面上漂幾張衛生紙，才能安心使用。

「……妻子和女兒都不理解我，我們時常為此發生爭吵，弄得家庭關係烏煙瘴氣。幾年來，我服過無數中西藥，但都沒有什麼效果。」

經醫生的進一步了解，得知阿城發病前有這樣一段經歷：幾年前，他一位非常要好的同事死於癌症，這讓他悲痛萬分。巧的是，這位同事在死前半年曾有一次在他家的床上睡過午覺。他擔心自己也會傳染上癌症，當即把同事用過的被褥都扔了。可是他還不放心，總覺得自己身上沾了某種可以致癌的東西。從那以後，他每天都要反覆洗手很多次，漸漸走上一條越追求乾淨就越痛苦的道路。

醫生診斷阿城患了相當嚴重的、以潔癖為症狀的強迫性神經症。

一般情況下，潔癖患者對自己的強迫症狀尤其是強迫動作，一方面感到麻煩，希望能在醫生的幫助下解除這些不合理的觀念和行為；而另一方面又在內心裡認為這些觀念和行為有其合理性和必要性。潔癖患者好像分裂成了兩個自我：一個「自我」能根據實際情況，按照正常的成年人的邏輯來分析、判斷其病態表現，並且希望擺脫；另一個「自我」則認為自己有傳染上癌症的可能，頻繁洗手洗衣是非常必要的。前一個「自我」代表理性的成年人，後一個「自我」則不講邏輯，具有幼稚的兒童心理特點。

這兩個「自我」互相排斥，無法調和，便表現為「明知故犯、折磨自己」的典型「潔癖」症狀。

「乾淨」帶來的痛苦

科學研究證實，「潔癖」帶給人體的危害遠遠超過因乾淨而帶來的益處，其中最大的危害就在於降低了人體抵禦疾病的能力。

世界上最愛清潔的國家首推日本，日本是公認的「潔癖之邦」。在日本，大多家庭用品都是由「抗菌金屬」製成的，商品如果不亮出「抗菌」的招牌，

即使再美觀實用也無人問津。小到諸如原子筆、汽車方向盤、棒球手套、銀行存摺等，都要經過程序複雜的滅菌處理。可是「乾淨」給人們帶來了怎樣的後果呢？看看這些「怪事」吧：在旅遊勝地印尼峇里島上，有 200 多名日本遊客暴發霍亂，而他國遊客卻安然無恙；許多日本駐外機構常年從本土空運食物飲水來供應職員，以降低發生率。原因顯而易見：「潔癖」剝奪了人的天然抗病能力。由於過度講求乾淨，致使很多日本人無法在本土以外健康的生存。

「潔癖」為何造成如此消極的結果呢？原因是愛乾淨的人們忽略了這樣一個事實，即日常生活中接觸到的所有細菌中，絕大多數是有益的，如果不加選擇的滅菌，就會降低人體的自然免疫力。

專家強調：「細菌是我們生活的必要組成部分，它經常保護人體免受疾病的侵擾。因為它能夠與有害微生物抗衡，限制其繁殖。在不論青紅皂白消滅所有細菌的同時，我們卻將整個人類的健康推向了危險的深淵。」

英國布里斯托大學兒童健康研究院專家的研究進一步證實了上述觀點。以氣喘病為例，該院的一份權威調查結果顯示：那些每天都要洗澡，並且每天洗手 5 遍以上的孩子，氣喘發生率要比那些「髒」孩子高出 5 倍以上。那些越少受感染的兒童，就越不容易抵抗細菌。由此，我們不難認識「自然免疫力」對人類健康的重要性。

講清潔衛生是必須的，但要把握好一個「度」，講究過頭同樣不利於健康，正所謂「過猶不及」。

掙脫潔癖的牢籠

患有潔癖的人過度關注個人以及周圍環境是否潔淨衛生，根本沒有時間享受生活，大部分時間都花在對清潔的維護上，因此活得特別累。具有諷刺意味的是，越是喜歡把自己搞得十分乾淨的人，越容易感染各種疾病。

　　輕微的潔癖不會對人們的生活造成大的影響，但如果追求潔淨已經到了令自己都感覺到痛苦的程度上，就要積極到心理門診尋求治療了。

　　病情嚴重的潔癖，可以嘗試「以毒攻毒」的「滿灌療法」，即病人怕什麼就讓他做什麼，這種療法快速而有效。例如，對於總是嫌自己手髒而要頻繁洗手的患者，可以讓他全身放鬆，輕閉雙眼，然後讓家人或朋友充當助手，在他手上塗抹泥土、墨水、各種顏色的染料等。塗抹時，患者要保持放鬆。等塗完後，助手須提醒患者：你的手髒了！這時患者要盡量忍耐，直到不能忍耐時再睜開眼睛看手到底有多髒。

　　將這種方法反覆進行，助手有時在患者手上塗抹的是清水，但同樣告訴他很髒，當患者睜開眼時，卻發現手並不髒，這對他的思想是一個衝擊，讓他明白「髒」的感覺往往更多是來自於自己的意念，而並非實際情況。反覆多次之後，患者的焦慮情緒會有所緩解，強迫行為也會慢慢消退。

　　當然，治療的過程對於患者來說有點痛苦，特別是剛開始的時候。假如患者在一開始堅持要去洗手，助手一定要制止他的這種行為，要在一旁積極給予鼓勵，這是治療的關鍵之所在。想洗手而不能洗會患者感到十分痛苦，這時助手不妨把自己的雙手也塗滿墨水等，並大聲說出內心的感受。由於兩人的狀況相同，患者能夠在情感上和助手進行溝通，對髒東西的認知也能夠逐漸靠攏。這種療法在開始時會把患者推向焦慮的高峰，但隨著練習次數的增加，患者的焦慮情緒會有所緩減，潔癖行為也會漸漸消退。

　　醫生建議：滿灌療法不宜在家中由家人單獨和患者進行，需要有專業心理治療師協助治療。

剎住瘋狂購物的快車

　　現代人因為生活節奏快，工作壓力大，情緒極易趨向不穩定。於是有很

多人尤其是女性朋友選擇「購物」來排解心中的煩悶，緩解壓力。不可否認，大多數女性都有購物的嗜好，但有的人卻是不折不扣的「購物狂」。所謂「購物狂」，是指人對商品有一種病態的占有欲，面對琳琅滿目的商品，哪怕對自己來說毫無用處，也會不假思索的大掏腰包，甚至一天不買幾樣東西，就覺得心裡堵得慌。專家稱，「購物狂」是一種心理疾病，也是心理亞健康的早期信號。

瘋狂購物的背後「祕密」

　　27歲的凌子在一家外商工作，雖然忙碌，但收入頗豐。最近，她一直很苦惱，原因是她越來越無法控制自己要去購物的欲望。無論走到哪條街上，只要一看到商場、飾品店等，就忍不住想去逛一逛。進去之後，看到那些前衛時尚的衣服、琳琅滿目的小飾品，她就覺得整個人都不屬於自己了。整個商場裡，彷彿每一件商品都在向她招手，到處都是誘惑。看到中意的，凌子就忍不住要買下來，完全不管實不實用，甚至有時還會重複購買。在四處閒逛和刷卡的過程中，凌子完全沒有自控能力，充斥內心的只有瘋狂購物的興奮和快樂。常常從店裡出來，凌子的信用卡裡就少了幾千塊，這時她的頭腦才漸漸清醒了一點。而最讓她頭疼的是，雖然自己買衣服像吃飯睡覺一樣平常，但還是感覺沒有合適的衣服穿，那些因為一時衝動而買回家的衣服，有些只穿了幾次，有些根本就沒穿過，一拿回家就遭到了「冷藏」的待遇。凌子就是這樣的人，她的購物欲望一旦被滿足，就對那些東西失去所有的興趣。

　　像凌子這樣的年輕上班族，很大一部分都有過瘋狂購物的經歷，繁重的工作壓力使得他們只有這樣才能釋放心中的壓抑。然而這種放鬆只是暫時的，瘋狂「敗家」之後，忙碌依舊，心情依舊……

　　近年來，「購物狂」逐漸成為一種流行的心理疾病。心理學家認為，誘發

「購物狂」的原因主要有以下幾方面：

1. 購物狂患者主要是一些精神孤獨或妄自菲薄的人，企圖依靠瘋狂採購來填補內心的空虛。信用卡的結算方式更加助長了這一病情的發展，在購物的時候，刷卡一族因為不能及時發現卡裡餘額不足而買下更多不必要買的東西。

2. 瘋狂購物與她們感情脆弱、性格浪漫、富於幻想有一定關係，更何況一些商品對於展示女性的魅力具有重要意義，比如服裝、化妝品、首飾、香水、名牌包等。因此，很多女性經常為參加一些社交活動而展開瘋狂採購。

3. 設置在購物中心大廳中的廣告及播放的畫面音響會給消費者造成強烈的感官衝擊，女性往往經不起商家精心策劃的這些「誘惑」而乖乖刷卡。

4. 受一些錯誤觀念的影響，如「購物是享受」、「購物有益健康」等，甚至有些人把購物作為一種治療心理疾病、精神憂鬱症的疏導方法，這樣在潛意識裡加重了瘋狂購物的實踐性嘗試。

5. 缺乏健康的壓力宣洩管道。女性由於心理補償與發洩的管道較窄，購物往往成為她們首選的平衡情緒、舒緩壓力與宣洩情緒的方式。

大部分消費者都有這樣的購物心理，只要是名牌，只要是打折的，都要統統買回家去。但是在消費的時候請你不要忘記一點：買到的不一定就是適合自己的。購物不光是圖心裡痛快，更要合理消費。

不要把「購物」當「心藥」

有這麼一個笑話：天上掉下一個外星人，A 說做個研究，B 說開個展覽，C 說煲個湯！商人們說：賣給上班族吧！

在幾個城市進行的上班族消費專題調查顯示，上班族生活消費將發生根本性的變化，上班族逐漸成為時尚消費的主力軍。隨著購物環境越來越好，

美輪美奐的商品越來越多，購物中心裡到處遊蕩著上班族「購物狂」。

　　大多上班族因為難以承受來自各方面的壓力而用瘋狂購物的方式來宣洩內心的壓抑，如果僅僅是為了平衡情緒或緩解壓力去大肆購物，或許能在買東西的過程中感到快樂，但事實卻是，瘋狂購物並不是宣洩無奈的最佳方式，更不要拿購物當作包治百病的「靈丹妙藥」。

　　有過瘋狂購物經歷的人都有這樣的感受，每次買完東西都會感到非常後悔，他們悲哀的發現，物品一旦到手就失去了曾有的魅力。久而久之，這些瘋狂購物的貪購狂就會掉入自卑的惡性循環中。他們除了用瘋狂購物來宣洩不良情緒外，實在找不到其他方式來讓自己的情緒得以平緩。

　　患有瘋狂購物症的人往往在面對生活或工作的壓力時產生逃避心理，因為他們的心理素養較一般人更加脆弱。他們只有在購物的時候才能感覺到個人魅力的展現，面對店員的關注和他人羨慕的目光，他們的心理得到極大滿足。一旦離開購物中心這個特定的環境，他們對生活的熱情就無法被激起，而且會有更多的煩惱。

　　瘋狂購物是一種非理性的表達，偶爾一次情有可原，但如果形成惡性循環，後果將不堪設想。當心中空虛、無聊、壓抑時，最好的解決方式是去做一些較為激烈的體育運動，跳有氧操或練跆拳道，隨便你選，反正不要去逛街購物。

為它「瘋狂」耗費金錢又受累

　　患上瘋狂購物的人，並非個個都是有錢人，相反，絕大多數人的經濟條件不是十分優越。因此，瘋狂購物不但使他們浪費了大量的金錢，更有甚者，因為盲目消費導致負債累累，破壞了原本幸福的生活，可謂「勞民傷財」。心理學家透過研究和分析，將「購物狂」大體分為五類。針對這些不同類型的患者，專家給出了相應的建議。參考一下，讓自己在購物的時候不再

瘋狂，不再讓金錢都打了水漂。

躊躇不決型 ——「我對自己買的東西總是不滿意。」

這一類人買東西時很難自己拿主意，總是搖擺不定，直到導購人員忍無可忍幾乎要失去耐心時，才會猶豫不決的做出決定。但過不了多久，甚至還沒有回到家，他們就開始後悔自己的選擇。

心理學家認為，這種不滿情緒往往來源於內心的「完美情節症候群」，這類患者總想找到只為他而存在的那件衣服，而事實上這根本是不可能的，而只是一種青春期的幻想。

專家建議這類患者最好不要去大百貨公司和專賣店，因為那裡的品牌太具誘惑力。他們需要做的是重新構築自己的購物觀，學會認可自己的選擇。

購物上癮型 ——「我一刻不停的想要買東西，而且越貴越好。」

這類購物狂一般薪水頗豐，一個月的收入有一大半會被用來買衣服，每週至少花一天時間來購物。他們熟悉各類品牌，會在第一時間買到最新的款式。每年他們的衣櫥裡都會有大批的衣服被淘汰，或送去二手店。

據心理學家分析，這類患者對時尚的「食慾過盛」與癮君子對藥物的依賴相差無幾。對他們而言，對物質的擁有只是為了填補空虛感，只有消費才能讓他們感覺到自己的存在。

專家建議：首先，為所有準備送去二手店的衣服設立一個特別帳戶，每次去購物的錢都只能從這個帳戶中提領，不能超支。其次，定期「節食」。不要頻繁出入購物中心，減少盲目消費的次數。

盲目拷貝型 ——「我總是不自覺的模仿別人。」

這類患者不清楚自己的喜好，盲目模仿別人，看人家穿得得體大方就買同樣的衣服給自己，殊不知由於氣質、體形等差異，同樣的衣服會有不同的

效果。這類患者的衣櫥差不多被失敗的購物填得滿滿的。

　　心理學家分析，個人風格的建立來自於對自身的清醒認識，一旦把這看成是自我欲望和虛榮心的滿足，就會覺得別人的東西更好，所以這類人以一個與自己完全不同的人為榜樣的舉動也就不足為奇了。

　　專家建議：選一個與自己有些相像的時尚偶像，並堅信到底。同時，要學會多聽朋友的意見。

　　痴迷高跟鞋型 ——「我買了數不清的高跟鞋，卻從來不穿。」

　　這類人對鞋子有特殊的癖好，特別鍾情於收藏各式各樣的高跟鞋！每個月都會帶一兩雙新鞋子回家，雖然自己從來不穿。

　　心理學家分析說，我們的腳其實是一個特殊的情慾部位，只要巧花心思，鞋子就能成為展示女性魅力的絕佳道具。對喜歡收藏鞋子的人來說，各式各樣的鞋子可以滿足她的諸多夢想：想像自己像公主般優雅，像明星般迷人……美好的想像令她獲得心理上的強大滿足。

　　專家建議：當一個人沉浸在想像中無法自拔時，不要忘了自己還生活在現實世界。你最好每週花一天去好好感受現實生活，穿上心愛的高跟鞋，自信的走進地鐵和辦公室。

　　深陷絕望型 ——「我沒什麼可穿的了！」

　　這類人一打開衣櫥就陷入深深的恐懼中，因為他完全不能找到一件能穿的衣服！尤其是在不冷不熱的春秋兩季，感覺所有的衣服都過時了，穿什麼都不好看，越看越覺得醜。

　　據心理學家分析，這是一種常見的心理狀態，來源於對自我的深深厭倦。患者渴望能打破陳舊的過去，獲得全新的精神和生活嘗試。

　　專家建議：通常抱怨自己沒衣服可穿的人往往是因為有太多的選擇。不

要讓自己穿得一成不變，逼迫自己在衣櫥裡找出靈感，換一種搭配，就可以看到一個全新的自我。

　　瘋狂購物的人，金錢花了無數，結果還給自己帶來如此多的麻煩，真有點得不償失。真正理性的消費，是買到適合自己的物品，而不是將所有的名牌都收進自己的衣櫥。

不做網路的「蜘蛛人」

　　網路作為一種特殊媒體，以其迅速、互動、內容多樣、選擇自由等特點，吸引了越來越多的青少年。

　　網路猶如一把雙刃劍，它在給這個世界帶來發展的同時，也夾雜著汙泥濁水，有的專家甚至將它稱之為「電子海洛因」。自控能力差的青少年一旦沉溺於虛擬的網路世界中，就很難自拔，荒廢學業，虛度青春，有的甚至經不住網路的各種誘惑而走上犯罪道路。

陷入「電網」，不只是青少年的錯

　　有調查資料顯示，在大學生網路使用者中有 6% 左右的人已成為心理狀況堪憂的「網路癮君子」。參加這次調查的對象基本是大學一二年級的學生。其中，66.7% 的學生認為網路已經成為自己生活的重要組成部分，不能缺少它，22.2% 的學生不上網就會覺得空虛，5.6% 的學生不上網就會覺得煩躁。

　　網路成癮，究竟是誰之過？

　　客觀說來，青少年沉迷於網路是多種因素作用的結果。

1. 網路本身的因素：網路具有無政府主義、資源豐富、超時空、方便快捷等特點，網路世界裡沒有地理的界線，沒有人世間的距離，它為每個上網者提供一個屬於自己的時空，他們在這裡能找到適合自己的位置，可

　　以體會到現實生活當中不能享受到的樂趣；可以獲得虛擬獎勵，得到自我肯定，從而宣洩成績不好所帶來的壓抑。

2. 教育方面的因素：如果學校、家庭對那些有沉迷網路跡象的孩子以及時正確的引導，讓他們對網路有一個正確的認識，學會自我控制，完全可以避免形成「網癮」。

3. 管理層面的因素：無論是網咖的管理體制還是管理方式，都相對滯後於形勢發展需求。網咖管理漏洞百出，為違規網咖提供了生存的空隙。有些網咖不惜違反相關規定，專門設立在學校周圍，為了留住上網的孩子，他們提供吃住，通宵經營，甚至幫助孩子逃避學校管理和家長追查。

4. 青少年自身的因素：青少年時期是人生的一個特殊階段。在這一時期，他們的身體和心理都發生了極大的變化。具體表現為：第二性徵出現、自我意識增強、對新事物敏感、渴望友誼、自制力相對較弱等。由此，他們產生了多方面的需求。當這些需求在現實生活中無法實現時，他們便會想方設法的去尋求別的補償途徑，而網路無疑為青少年提供了發洩和實現自身需求的平台。

　　沉迷於上網的孩子通常有三類：一是興趣和愛好很單一，或沒有其他興趣愛好的孩子；二是學習成績較差的孩子；三是人際關係不好的孩子。他們希望在一個虛擬的世界中找到自己的人生座標，實現自己的人生價值，沒想到卻在錯誤的道路上越走越遠。

成癮的並不是網路

　　黃先生原本有一個美滿的家庭，一份穩定的工作，然而自從他 12 歲的兒子阿文迷上了上網後，寧靜的生活被打亂了。自從阿文迷上網路遊戲後，學

習成績從班級前 5 名下降到倒數第一。黃先生為挽救兒子，想了好多辦法，但根本不管用。兒子為了上網，偷家裡的錢，甚至將學校剛剛發的新書當廢紙賣掉換錢上網。

阿文的網癮越來越大，經常泡在網咖裡徹夜不歸。黃先生為找兒子幾乎跑遍他所居住城市的 100 多家網咖。「為了找兒子，我當時還畫了一張 XX 市 XX 區所有網咖的分布地圖。」黃先生說。

最後，黃先生辭掉了工作，專門幫兒子戒除網癮。發現兒子喜歡學英語後，他特地幫兒子請了外語老師，並買書給老師，再讓老師以自己的名義送給兒子。「透過各種小技巧，兒子漸漸喜歡上學英語。」黃先生高興的說。經過長達 4 年的努力，黃先生終於幫兒子成功戒掉網癮。

客觀的說，罪魁禍首不是網路，而是使用網路的人。尤其是青少年，由於他們在網路中投入了太多的熱情，把網路變成了自己的發洩對象或是滿足自己欲望的載體，才會沉迷在虛擬的世界中不肯醒悟。面對網路的誘惑，青少年究竟該何去何從？

有專家分析，網路遊戲本身具有很強的成癮性，網遊的升級制度讓人有成就感，青春期的孩子渴望得到別人的認可，如果他們在生活中受挫，就希望在網遊中得到滿足，在一個虛擬的世界找到一種強烈的歸屬感。另外，有些網遊的情節設定很吸引人，就像看一部情節精彩的連續劇一樣，很難自控。而網遊中的團體作戰、劃分幫派把孩子們組織到了一起，一些級別高的玩家在遊戲中有身分、有地位，他們充當領導者的角色，離開遊戲無法繼續，吸引著他們無法不玩遊戲。

當青少年在生活中遇到壓力時，他們自然而然就會產生一種逃避心理，網路就成為他們首選的「避難所」。沉迷網遊的人，往往在現實生活中缺乏成就感，那些網路遊戲正好能夠補償性的滿足他們的心理需求，從而使他們對

遊戲產生強烈的依賴感。他們之所以願意待在虛擬的世界中，或許只是留戀那種叱吒風雲指點江山的豪邁，那種振臂一呼萬眾回應的榮光。

「網」住人不能讓其「網」住心

良子玩網路遊戲《夢幻西遊》已經有一年的時間，他在遊戲中所練的角色已經是所在區的第一名。他練這個已經花掉了 25 萬元，最開始玩的時候是自己上網練功，曾經幾天幾夜不睡覺，餓了就吃泡麵。「皇天不負苦心人」，夜以繼日的練功，讓他在網路遊戲中的角色排名越來越靠前。

為了保住自己的「江湖地位」，他開始委託代練公司替自己練功，「玩遊戲不僅是尋求在網上玩的樂趣，更大的快感是自己在網遊世界中得到別人的承認。我委託代練公司幫我練功，每天給他們 500 元，這樣我不用自己上線玩，我的角色也可以升級。」良子在一次接受記者採訪時這樣說。為提升角色的能力，良子還在網上花錢買裝備，現在他的遊戲角色的裝備價值近 5 萬元。

據一位資深網路遊戲玩家估算，在《夢幻西遊》玩一個 155 級的頂級角色，按每天線上 10 個小時算，需要練半年左右。而遊戲中的開銷、買點數卡和在網路上購買裝備等費用，總計高達 6 萬元左右。

對於青少年來說，網路遊戲在一定程度上能緩解學習帶來的壓力，能開闊思維、鍛鍊能力。但每天沉浸在網遊中，終究是弊大於利。有資料顯示，沉迷網路遊戲不但會危害青少年身體健康，而且心理和精神健康的危害更甚。

在青少年常玩的遊戲中，有的告訴青少年的是爾虞我詐、弱肉強食和勾心鬥角，這些內容容易使他們模糊道德認知，淡化虛擬世界與現實生活的差異。而且現在的遊戲中，對人體改造等內容似乎非常熱衷，這更應該引起我們的重視。如日本遊戲《生化危機》中的生化武器，不能不讓我們想到戰爭

時期可怕的細菌部隊，不能不想到那些被用來做實驗的人們是如何受到生化武器的毒害。

　　青少年的人生觀、世界觀尚未成熟，容易受周圍環境的左右，所以應規範網路市場，加強家庭對他們的教育指導，增加對未成年人的教育投入。青少年是國家的未來，莫讓網路遊戲網住青少年的心。

下篇

做自己身心的駕馭者

第八章　搬走工作壓力的重石

學會忙中偷閒

　　近年來，隨著社會的發展和競爭的不斷加劇，都市人需要面對來自各方面的壓力。快節奏、高強度的緊張生活已經使部分青壯年出現隱性更年期的症狀，隨之而來的還有各式各樣的心理問題。有資料顯示，目前全球每天因心理問題而自殺的人數已經超過了車禍死亡人數。在經濟發達的大城市，這種情況尤為突出，心理亞健康人數比例占到 30%。

難以承受的工作之重

　　阿威以前的工作很輕鬆，絲毫沒感受過什麼工作「壓力」，每天一張報紙一杯茶，輕輕鬆鬆就是一天。這樣的日子過煩了，阿威便想換個環境，於是他到另一個城市，準備大試身手。事情沒他想的那麼簡單，到了城市之後，他費盡周折才找到工作，但每天一進辦公大樓就有一種喘不過氣的感覺。繁重的工作、同事之間的競爭與摩擦，使原本性格開朗的阿威連笑也變得陌生了。每天在辦公室裡面對著冰冷的電腦螢幕，看上司的臉色，還夾雜著一些

同事冷不防的誤解和暗傷，讓他越來越吃不消。

　　小靈曾在一家私人企業擔任過 2 年多的部門經理，對「精神壓力大」深有體會。她主管的部門主要負責公司產品的宣傳、企劃工作，都是又累又細的工作不說，工作當中的「變數」還很大，日攻夜戰趕出來的案子，常常要面臨推翻重來的命運。天長日久，導致她一接到任務，就條件反射的想到「肯定又砸了」，來自工作的壓力讓她寢食難安，徹夜難眠。

　　快速多變的現代都市生活節奏，一方面激發了人們的進取心，讓人們不斷去充實自己，挖掘自己的潛能，另一方面也必然使人們付出高昂的生理代價和心理代價。在一次調查中，有97%的上班族都覺得工作給自己帶來了壓力，只是每個人承受壓力的程度不同而已。

　　許多研究已經證明，壓力與疾病有著直接或間接的關係，許多疾病的產生或蔓延，受壓力的影響很大。顯而易見，當個人的心理機能與生理功能無法對外在或內在的壓力適時應變，就會對個人的工作效率、健康狀況帶來極大影響。商界菁英的早逝，與工作的龐大壓力不無關係。

忙中偷閒，輕鬆應對壓力

　　很多心理諮商師認為，上班族壓力過大是由於平時不善自我調節而累積出來的。因此，面對無處不在的壓力，我們要學會幫自己「降壓」，學會忙中偷閒。

認識壓力的積極方面

　　在充滿競爭的社會裡，每個人都或多或少的承受著各種壓力。不要總是抱怨壓力讓你無所適從，壓力可以是阻力，也可以變為動力，就看你如何去面對。壓力有時就像一根彈簧，在你強硬起來的時候，它便被壓下去了，在

你稍微放鬆的時候，它就會再次彈起來。所以，當遇到壓力時，明智的辦法是採取一種比較積極的態度來面對。有壓力的生活可以讓人更有鬥志，日子也就更有滋味。實在承受不了的時候，不要讓自己陷入其中，可以透過看書、聽音樂、外出旅遊等，讓心情放鬆下來，再重新去面對。這時，你會發現壓力其實遠沒有自己想像中的那麼大。

生活中，有些老年人因為離開了工作一輩子的工作，總有些不適應，原來忙碌的生活規律被打破了，工作壓力也沒有了，反而有些不習慣。出現這樣的情況，是因為適當的壓力能夠調動人的生理和心理各系統的積極性來應付各種事件，一旦壓力突然消失，人的身體各系統處於放鬆狀態，當然就不習慣了。

因此，壓力也並非一無是處。特別是當你在壓力下戰勝困難達到目標的時候，那種成就感是任何東西都無法取代的。

減壓先要解心結

有這樣一則小寓言：

有一種小蟲子很喜歡撿東西，在牠所爬過的路上，只要是能碰到的東西，牠都會撿起來放在背上，什麼都不肯丟下。最後，小蟲子積攢的東西越來越多，終於有一天，牠被身上重物壓死了。

人當然不會像小蟲子那樣笨，那樣貪婪，但好多人在社會生活中的所作所為卻又像極了小蟲子，只不過背上的東西被「名、利、權」所取代。人總是貪求太多，把重負一件一件披掛在自己身上，捨不得扔掉。如果一個人懂得取捨，學會輕裝上陣，學會善待自己，凡事不跟自己較勁，學會適時的傾訴、發洩、釋放自己內心的壓抑，他還會被生活壓趴下嗎？

適度轉移和釋放壓力

　　轉移是面對壓力最好的辦法之一。壓力太重，讓你不堪重負，那就索性放下來，不去想它，把注意力轉移到讓你輕鬆快樂的事情上來，比如和久違的朋友敘敘舊，喝喝茶，你的心情會因此而輕鬆許多。心態調整平和以後，堅強樂觀的你，還會害怕面前的壓力嗎？體育運動也是一種不錯的發洩方式，酣暢淋漓之後，你會感到很輕鬆。這樣，就把壓力如同汗水一樣釋放出去了。

學會感激壓力

　　生活不可沒有壓力。有的時候，我們甚至需要壓力來激發工作積極性。當然，這並不是說我們需要每時每刻都生活在壓力當中。壓力在一定程度上能激發一個人的工作熱情，巴爾札克在債主威逼之時驚人的文學創作就是一個很好的例子，然而這不是說他總是在壓力之下才能寫出偉大的作品。還清債務之後，巴爾札克總要停筆一段時間，進行一次奢侈的狂歡，來犒勞自己，放鬆自己。我們不提倡這樣的放鬆方式，但是我們可以學習他面對壓力時的態度。工作之餘，每一個人需要呼吸一番屬於自己的新鮮空氣。感謝壓力，讓我們不斷挖掘自己的潛能，品嘗成功的喜悅。當我們盡情享受生活樂趣的時候，應該對當初讓我們頭疼不已的壓力心存一份感激。

　　生活原本就是豐富多彩的。我們需要一帆風順的快樂，也要接受挑戰和壓力帶來的磨練。沒有壓力，我們的生活可能會少一些繽紛的色彩。

擺脫令人煩惱的「星期一」

　　西方有句名言：「就怕星期一」，道出了人們週末之後開始上班的心情。很多人害怕星期一，因為這一天他們通常心情很鬱悶，工作沒有效率，做什

麼都提不起興致。這種現象在職場裡比比皆是，有人把它叫做「星期一症候群」，也有人形象的稱之為「黑色星期一」。

「星期一症候群」的原理，被認為是巴夫洛夫學說的「動力定型」。從週一到週五，人們都在聚精會神的工作，於是形成與工作相適應的「動力定型」。到了週末，平時被擱置下來的事就重新被提上議事日程，原來建立的「動力定型」就被破壞。週末一結束，又要全身心的投入到緊張的工作中去，因此難免出現一些不適應，這就是所謂的「星期一症候群」。據了解，將近80%的人懷疑自己患有「星期一症候群」。

不可忽視的「星期一症候群」

週日晚上，為孩子補習了幾個小時的功課，小楓休息得很晚，臨睡前，她把星期一上班要用的文件小心翼翼的放進牛皮紙袋裝好。週一早上，為躲避車流尖峰期，小楓很早就出門了，坐在車上一路看完一本消遣類的雜誌，才猛然想起那個重要的牛皮紙袋落在家裡沒有帶。沒辦法，只好回去拿，結果出來時又把鑰匙忘在家裡。沒有時間再折騰了，當她氣喘吁吁的趕到辦公室時，離九點還有兩三分鐘。一整天，她感覺總有很多事要做，工作也是丟三落四的，不是忘了簽字就是忘了蓋章。一整天下來，什麼也沒做好，還感覺特別累。

小晨是一家私人企業人力資源部的主管，也深受「星期一症候群」的困擾。週末她為了放鬆自己，出去玩了兩天。沒想到在星期一的面試會中，她的精力卻怎麼也集中不起來。面試會安排在上午9點，第一個來面試的人是一位朝氣蓬勃的女孩子。面試的第一項是考電腦操作，沒用多少時間，這個女孩就把基本操作完成了，而小晨卻一直守在她旁邊發愣，都不知道女孩做了些什麼。幸好旁邊還有其他同事記錄了女孩的成績，「不然這個小妹妹的前途可就毀在我手裡了。」小晨事後不無抱歉的說道。

國外的一項研究資料顯示，在星期一因心肌梗死就醫的人群，要比一個星期中其他任何一天多 20%。某國的一項調查顯示，在 1986 年至 1995 年的 10 年間，共有 8 萬人死於心臟病。醫學工作者分析時發現，這些因心臟病致命的高峰期大多集中在星期一。50 歲以下且沒有心臟病史的男性，死於星期一比其他日子的多 19%。而 50 歲以下且沒有心臟病史的女性，死於星期一比其他日子多 20%。

對此，醫生建議人們：預防心臟病，消除「星期一現象」，要從身邊小事做起。

1. 消除心理壓力：輕鬆面對星期一，把星期一上班當作美好生活的開始，以平常之心對待一週的緊張工作。
2. 勞逸結合：即使是週休二日，也要有張有弛，放鬆有度，注意勞逸結合，一切以身心愉悅為標準。
3. 合理膳食：週末，朋友聚會肯定少不了。但要根據自身的身體情況，合理膳食，不要過量飲酒，確保身心健康。特別是有心臟病史的人群，更要注意控制飲酒。
4. 常備急救藥物：「星期一症候群」中的急性心肌梗塞是由冠脈粥樣硬化、血栓形成，官腔閉塞，血流中斷，引起局部心肌的缺血性壞死所致。有心臟病史的人們應當把一些救急藥品放在隨身的包包或口袋裡，防止心臟病因發病迅速來不及救治的遺憾。

醫生同時提醒人們，一旦出現「星期一症候群」，應及時到醫院接受檢查，有針對性的進行治療，否則得不償失，後患無窮。

還自己一個輕鬆愉悅的心情

「星期一症候群」是一種不需要病毒、細菌傳染的傳染病。一個同事「生病」，透過一個眼神、一句話或者一份寫得很差勁的企畫書就能傳染給別人。

第八章　搬走工作壓力的重石

這種新式的傳染方式有效而快速，儼然遠遠超越流行感冒的傳染威力 —— 一個五十人的公司可能有五人被傳染上流感，但卻有四十九個人罹患「星期一症候群」—— 唯一「倖免」的那個一定是老闆。

在國外，有人把星期一稱為「Blue Monday」，而且將之視為一種心理疾病，嚴重的會導致精神憂鬱，甚至死亡。

「死因各異，有人可能是因為星期一全天都臉泛憂鬱的藍色，天長日久積鬱成疾而死。如果不是這樣，那就很有可能因為一臉死相而被老闆活活罵死。有的人一到星期五就太過亢奮，精力無窮，並且這種亢奮的情緒一直持續整個週末，結果星期一還要頂著黑眼圈和虛脫的身體來上班，最後過勞而死。」

以上是一位飽受「星期一症候群」困擾的上班族發自肺腑的牢騷之作，雖然有戲謔的成分在裡邊，但也不能否認此病對職場人士身心的折磨。

星期一既是心理和身體的雙重「過渡期」，又是一週的「開始期」，它容易引起難以擺脫的困倦，所以我們一定要學會自我調節。上班的前一天，不要再給自己安排過於刺激、高度興奮的活動，適當的心理緩衝可以提高心理承受能力，防止因突然難以適應而導致緊張不安的情緒。同時，可以有意識的做一些與工作相關的內容，最好抽出半天時間好好思考第二天的工作情況，免得到時有突發情況，給自己一個措手不及。

另外，消除「星期一症候群」的關鍵是要讓自己有一個輕鬆的心態，不妨試試以下方法：

1. 舒適的坐在沙發或椅子上，把休息的意念送到全身各部位。
2. 放鬆腳尖，逐漸向上放鬆腳腕、小腿、膝蓋、大腿；鬆弛到肩部後，再轉向兩手指尖；最後，按脖子、臉、頭部的順序逐一放鬆。
3. 全身鬆弛下來後，轉入調整呼吸。把注意力集中於肚臍一帶，緩緩將肚

臍向背部貼近，隨之呼氣。然後緩慢而自然的向體內進氣，一邊將肚臍向背部靠近，一邊吐氣。呼吸要盡量緩慢，可以默想：「心情真舒暢！」或「我漂浮在天空，身旁有白雲飄過，悠閒極了！」……

擁有一個輕鬆愉悅的心情，「星期一症候群」自然而然就消失了。

科學作息，不當工作狂

以前，在一些國家的詞典中，「工作狂」均被列為褒義詞，「工作狂」的「忘我工作」會得到眾多人的讚賞，他們往往因此而成為主管眼裡的「要角」或「紅人」。如今這一觀念發生了極大轉變，人們不再以成為「工作狂」而自豪，假如你是名副其實的「工作狂」，那也就意味著你為此付出了慘重的代價，比如健康的身體，比如和諧的家庭。

誠然，即使你有一萬個不願意，當今社會龐大的競爭壓力還是迫使許多人加入了「工作狂」的行列。據專家統計，不論在西方還是在東方，「工作狂」的人數都在不斷增加。在過去的 10 年中，美國的工作狂增加了 50%，日本增加了 70%。

走進「工作狂」的內心世界

筱雅自認為是工作狂，她今年 29 歲，是一家美商 IT 公司亞洲區的一名中高層經理。筱雅對工作的投入程度在公司裡是出了名的，以至於同樣是工作狂的上司時常會叮嚀她：「請注意休息。」但她總是悲哀的發現，自己根本不會休息，也不願意休息。

「在美商公司，如果你想成為菁英，必須每天很早起床，吃最簡單的早餐的同時，在腦海中形成一天的工作計畫。去公司的路上，我已開始打電話，一天打幾十個甚至幾百個電話都很平常。通常沒有正常下班的概念，加班都

是主動的。無論去哪裡，都必須隨身攜帶一台筆記型電腦。我的工作時間多半都在出差，即使在飛機上，我都會打開電腦，處理各種文件檔案。」

和其他「工作狂」一樣，一旦遇到休息天，筱雅就會心裡發慌，甚至出現隱隱的頭疼。她坦言，她將自己弄得異常忙碌，只是害怕自己沒有事情做，因為一停下來，那些本來不願想的事情就會從腦子裡冒出來，「這讓人很煩，頭疼應該也是因為這些事吧。」到底是什麼事呢？筱雅頓了一下說，「都是感情方面的事，不願多談。」

專家分析，有些「工作狂」並不是發自內心的喜歡工作，而是他們的心理出現了問題。你肯定想像不到，一個從小就懶惰的人也可能把自己埋進工作中，繼而成為工作狂。一些人因為對未來沒有信心，或者性格比較孤僻，沒有多少朋友，就願意用工作來排解內心的憂慮和寂寞，工作成為他堂而皇之的「保護傘」。他可以藉工作之名，讓自己忙得無法停下來，從而填補內心的空虛。所以，「醉心於工作」的人可能會拉開自己和親朋好友的距離，有些甚至還會導致家庭關係的破裂。

據研究顯示，從事腦力工作的人更容易出現「工作狂」，因為體力勞動停下來就是休息，而腦力工作者會時時刻刻思考工作上的事。研究部門、教育部門、職場上班族以及剛進社會不久的大學生等，都是「工作狂」的高發人群。

專家們的另一新發現是，「工作狂」的「生成」還可能與其童年時代接受的教育息息相關。在「工作狂」中，有80%～90%的人在青少年時期接受來自望子成龍的父母過分嚴厲的教育。家長對孩子的期望值往往過高甚至高得「離譜」，孩子一旦稍有閃失便會遭到批評乃至重罰，這會導致孩子在心理上出現障礙，長大後極可能成為「工作狂」。

還有一些人之所以成為「工作狂」，是因為他們的價值取向發生了偏差。

這些人往往把工作看成是生命的全部，過分強調工作而忽略了其他，最終其他方面的問題又反過來影響到工作。一個人如果對自己的期望值太高，急於展現自己的才華、能力，會導致心理壓力過大，工作狀態不佳，這一點在剛畢業的大學生中表現尤其明顯。他們有熱情，有拚勁，但是往往不能對自己的能力做出客觀的評價。還有一部分人，因為過分害怕失去好的工作，於是拚命給自己加壓，最終成為「工作狂」。

做個快樂的「工作狂」

工作不是人生的全部，人生的價值也不僅僅在於工作，一個人能夠合理作息，才能擁有正常的生活。因此，想要緩解壓力，減輕精神負擔，必須學會合理安排工作時間。在工作之餘，請你記得經營「荒廢」已久的親情、友情和愛情。

如果你想做個快樂的「工作狂」，以下幾個竅門幫你如願以償：

1. 合理利用時間：如果你感覺緊張的工作將自己壓得喘不過氣來，那麼就把它稍微放一放，出來呼吸一下新鮮的空氣，讓大腦休息片刻。告訴自己：放鬆不等於偷懶，而是為了更好好工作。準備得越充分，爆發出來的能量也就越大，智慧的火花也就越多。只要有效的運用時間，就可以提高工作效率，在同樣的時間裡可以做更多的事情，而且還能做得更好。

2. 挑一件除了工作以外最愛做的事：任職於 XX 公司的艾嘉是一位鋼琴師，她每週會在茱莉亞音樂學院上兩次課，預計明年夏天會在巴黎與交響樂團一同演出。「在我工作的前 5 年，我的生活就只有工作，繁忙的工作讓那個從前可以談天說地的艾嘉，變成了一個開口閉口都只有交易市場的人，」艾嘉表示，她已經意識到事情的嚴重性，假如再不設法去改善，只怕將來連原本的工作也無法繼續做下去。每週兩次的鋼琴課，讓艾嘉

從繁重的工作中解脫出來，重新認識自己，重新感受本來就繽紛多彩的生活。

3. 經營與家人的關係：在 MTV 音樂電視網工作的大衛不打高爾夫、不打網球，也不打牌。忙碌的工作使他難得和家人團聚，每當他在家時，他和妻子便高度節制自己不再往外跑，充分享受寧靜和諧的家庭氣氛。「除非你真的犧牲某些事情，否則我認為要在這種工作狀態下生存是不可能的，尤其當你還想要有個家庭的時候。」大衛表示。很多人因為工作太忙而無暇顧及家庭，因而導致家庭關係惡化甚至夫妻離婚的事例也不在少數。即使再忙，也要經營好自己的家庭，它才是你疲倦時唯一可以真正停靠的港灣。

4. 花點時間和朋友相處：「要維持人際關係，你得非常努力。」專家表示，身為一個「工作狂」的朋友要非常有耐心，並且能體諒他總是不在身邊。即使再忙，也要抽出一些時間來為友誼做些努力，否則到最後你會失去所有的朋友。

5. 多給自己一些獎勵：珍妮在紐約的時候，會抽空約朋友到最喜歡的餐廳吃頓晚餐，或者到最喜歡的購物中心裡去逛一逛。時間允許的話，她還會早起去跑步，或者游泳。給自己一些時間，不再去想那些讓你焦頭爛額的工作，做一些自己喜歡的事情，比如約朋友喝茶，聽音樂會，打球，游泳，甚至只是在黃昏的街頭漫步……總之，對自己好一點，別讓自己好像一架上足發條的機器，永遠都停不下來。

接受現實，改變工作態度

人的一生不可能避免壓力。研究壓力與人類身心影響的加拿大醫學教授塞勒博士曾說：「壓力是人生的香料！」他提醒我們，不要認為壓力只有不良

影響，人們應該轉換認知和情緒，發掘壓力的有利影響。現代社會的競爭日益加大，從事任何職業的上班族都會感覺壓力在不斷增大，他們在強大的工作壓力下苦不堪言，忽略了工作壓力還能給人帶來奮進的力量。

工作不是苦役

　　工作是一個施展個人才能的舞台。除了工作，世界上沒有哪項活動能為人提供如此高度的充實感、個人使命感、自我表達的機會以及活著的理由。當我們沮喪乏力、意志消沉的時候，應當說服自己去相信，不論自己從事什麼工作，也不論你身在何處，都應當去接受工作，並且用心享受工作帶來的樂趣。

　　著名的人壽保險推銷員法蘭克‧派特在回顧他的成功歷程時，這樣說道：

　　1907 年，我剛轉入職業棒球隊不久，就遭到了有生以來最大的打擊——我被開除了。因為我的動作無力，球隊經理有意要我離開。離開之後，我參加了亞特蘭斯克球隊，月薪比以前低了很多，因此我做事依然沒有熱誠，但我決心努力試一試。大約十天之後，一位老隊員把我介紹到新英格蘭去。在那裡，我的一生有了重要轉變。那個地方沒有人知道我過去的情形，我決心變成新英格蘭最具熱誠的球員。要做到這點，必須付出努力，因此我一上場，就好像全身都帶電，充滿了活力。一次比賽中，氣溫高達攝氏三十八度，我在球場上奔來跑去，極可能因中暑而倒下。當然，我沒倒，並且贏了比賽。

　　第二天早晨，報紙上這樣寫著：「那位新加進來的派特，無異是一個霹靂球手，全隊的人受到他的影響，都充滿了活力。他們不但贏了，而且是本季最精彩的一場比賽。」之後，我的月薪比以前高出 7 倍。

　　後來，因為手臂受傷，我不得不放棄打棒球。隨後，我成為人壽保險公司的一名保險員。開始時成績很不佳，但沒過多久我就像當年打棒球那樣，

對工作充滿了熱情。我深信，熱情的態度是一個人走向成功的重要因素。

如此看來，培養對工作的熱情是一件十分重要的事情。假如你能夠做到這點，就不會再視工作為苦役，就能夠正確面對工作以及工作所帶來的壓力。不要去埋怨壓力帶給你的痛苦，既然有些事情無法改變，倒不如坦然接受它。告訴自己，即使長在懸崖峭壁，即使周圍無人欣賞，也要努力開出最燦爛的花朵。

不過令人遺憾的是，在我們周圍，對自己的工作或所從事的事業充滿熱情的人只是少數。據一項調查顯示：在美國，約有82％的人視自己的工作為苦役，他們迫不及待的想要擺脫工作的束縛。而事實上，只有當一個人對他的工作充滿了熱情，才會激發出工作的靈感和積極性，才能更好好完成任務。

既然是一份必須完成的工作，為何不用一種快樂的態度來完成呢？工作與你之間的關係猶如一面鏡子，你怎樣對工作，工作就怎樣對你。將工作當作一種享受吧，你將因此而體會到成功的甜美。

態度決定一切

許多年前，一個年輕人來到一家著名的酒店當服務生。這是他的第一份工作，因此他很激動，暗下決心：一定要將它做好，不辜負父母的期望。

可沒想到的是，在新人受訓期間，上司竟然安排他去洗馬桶！這簡直讓他萬念俱灰！從那以後，他變得心灰意冷，消極怠工。當他為此事鬱悶不已的時候，同單位的一位老前輩出現在他面前，她什麼話也沒說，親自洗馬桶示範給他看。她把馬桶擦洗得光潔如新後，不急不徐的從馬桶裡盛了一杯水，當著他的面一飲而盡！年輕人面對此情此景，目瞪口呆，深深被震撼了！老前輩用實際行動告訴他：經她洗過的馬桶，不僅外表光潔如新，裡面的水也是一乾二淨的。

　　這件事給了年輕人很大的啟示，他脫胎換骨成為一個全新的人，工作態度發生了極大轉變，他告訴自己：就算一輩子洗馬桶，也要做一個洗馬桶最出色的人！從此，他的工作品質達到了無可挑剔的高水準。終於有一天，他也可以當著別人的面，從自己洗過的馬桶裡盛一杯水，眉頭不皺一下的喝下去。

　　後來，這個年輕人成了世界旅館業大王，他的事業遍布全球。他就是康拉德·希爾頓。

　　希爾頓洗馬桶的故事在美國人人皆知，成為詮釋態度決定一切的最佳典範。我們是不是也應該學習一下這種追求完美與卓越的工作態度呢？追求卓越，也許你需要付出比別人更多的時間和精力，但同時，你也會收穫比別人更加豐碩甜美的果實。

　　工作沒有貴賤之分，但態度卻有好壞之別。假如一個人輕視自己的工作，那麼伴隨他的只能是工作的艱辛、煩悶以及更大的壓力。而那些充滿樂觀精神、積極向上的上班族，則能很好的駕馭工作，把工作做得更加完美。

　　職業人士應當認知到，工作是必須的，伴隨而來的工作壓力也是無法避免的。因此，當我們把工作當作謀生手段、實現自我價值時，還要擺正自己的工作態度，學會在忙碌中化解過重的工作壓力，將工作壓力轉換為前進的動力。端正工作態度，從心裡接受工作，享受它帶來的樂趣。

做自己喜歡的工作

　　能做自己喜歡的工作，是一件幸福的事。如果你喜歡自己的工作，即使工作時間很長，也不會有厭煩之感。一個人如果從事自己喜歡的工作，成功的機率會大很多。選擇正確的工作，甚至有利於你的身心健康。

選擇適合自己的工作

羅伯特出生在一個並不富裕的家庭。爸爸是木匠，媽媽是家庭主婦。他們節衣縮食，存錢供他上學。

在羅伯特讀高中時，有一天，學校聘請的一位心理學家把他叫到辦公室，說：「孩子，我看過了你的成績和各項體格檢查，對於你各方面的情況我都仔細研究過了。」

「我一直很用功。」羅伯特插嘴道。

「問題就在這裡，」心理學家說，「你一直很用功，但進步不大。再學下去，恐怕就是在浪費時間了。」

孩子的聲音帶著哭腔：「如果那樣的話，爸爸媽媽會難過的。他們一直希望我能上大學。」

「人們的才能各有不同，孩子，」心理學家說，「每個人都有特長 —— 你也不例外。終有一天，你會發現自己的特長。到那時，你就是父母的驕傲了。」

羅伯特從此離開了校園。

十六歲的孩子要找到一份工作，並不容易。羅伯特開始替人整建園圃，修剪花草。他很勤快，色彩感也很好。不久，顧主們開始注意到這個年輕人的手藝。他們親切的稱他為「綠拇指」 —— 因為凡經他修剪的花草，無不出奇的繁茂美麗。

機會來了。一天，他湊巧進城，又湊巧來到市政廳後面，更湊巧的是一位市政參議員就在他眼前不遠處。羅伯特注意到一塊汙泥濁水、滿是垃圾的場地，便冒失的上前向參議員問道：「先生，你是否能答應我把這個垃圾場改為花園？」

「市政廳缺這筆錢。」參議員回答。

「我不要錢，」羅伯特說，「只要允許我辦就行。」

參議員很驚詫，他把這孩子帶進了辦公室。

羅伯特步出市政廳大門時，滿面春風：他有權清理這塊被長期擱置的垃圾場地了。

當天下午，他就拿了幾樣工具，帶上種子和肥料來到這塊空地。

眾多朋友和以前的老主顧都來幫助他。消息傳到本城一家最大的家具廠，廠主立刻表示要免費承製公園裡的長椅。

不久，這塊曾經泥濘的垃圾場地變成了一個美麗的公園，嫩綠的草坪，曲幽的小徑，人們甚至可以坐在長椅上欣賞鳥兒美妙的歌聲。全城的人都在談論，說一個年輕人辦了一件了不起的事。羅伯特因此而被人們公認為天生的風景園藝家。

這已經是 25 年前的事了。如今，羅伯特已經是全國知名的風景園藝家。

不錯，羅伯特至今沒學會說法國話，也不懂拉丁文，更不知道微積分。但色彩和園藝是他的特長，他使年邁的雙親感到了驕傲，並將美麗帶到每一個他曾工作過的地方。

如果一個人能了解自己的特長，然後鎖定目標，全力以赴，就可能像羅伯特一樣，一生從事自己喜歡的職業，快樂的生活。假如當初羅伯特沒有被學校勸退，而是硬著頭皮上完高中，上完大學，學習那些對他來說十分困難的課程，世界上就少了一位傑出的園藝家，也少了一個快樂的人。

做自己喜歡的工作，可以避免許多工作上不必要的壓力。人們總是對自己所從事的工作感覺不出太大的興趣。事實上，假如你選擇一個適合自己的工作，你的工作熱情會有意想不到的高漲。把工作當作一種樂趣，一個遊戲，完全樂在其中，你會發現生活每天都充滿無窮無盡的新鮮和樂趣。

熱愛你的工作

一所大教堂正在修建中，一個心理學家來到現場，對正在忙碌的敲石工人進行訪問。

「請問你在做什麼？」心理學家問他遇到的第一位工人。

「在做什麼？難道你沒看到嗎？我正在用這個笨重的鐵錘，來敲碎這些該死的石頭。這哪是人做的工作？」工人沒好氣的回答。

「請問你在做什麼？」心理學家找到了第二位工人，問道。

「為了薪水，為了一家人的溫飽，要不然誰願意做這種敲石頭的粗活？」第二位工人無奈的答道。

「請問你在做什麼？」心理學家問第三個工人。

只見這位工人眼光中閃爍著喜悅的神采：「我正在參與興建這座雄偉華麗的大教堂。雖然敲石頭的工作很辛苦，但每當我想到將來會有很多的人來這裡，再次接受上帝的愛，心中就像喝了蜜一樣甜。」

工作需要一個人發自肺腑的愛，需要高昂的熱情和積極的行動，需要不懈的努力和勤奮的精神。只有真正喜歡上你所從事的工作，你才不會成天抱怨，才能夠做到真正的敬業，才可以把工作看成要用生命去成就的事業。

愛迪生一生都沒有進過學校，可就是這樣一個人，使美國的工業生活發生了極大變化。他幾乎每天都在自己的實驗室裡待上 18 個小時，甚至連吃飯、睡覺都在實驗室。但他絲毫沒有感覺自己的生活有多苦，他曾樂觀的宣稱，「我一生從未做過任何工作，我每天樂趣無窮。」

一個人如果對於工作只有厭惡，沒有熱誠和愛好之心，把工作看成是一種無可避免的苦役，一定不會在工作中有突出表現，有大的作為。假如一個人以一種冷漠的、可有可無的態度去對待工作，最後也只不過是個碌碌無為的人。相反，當他能以生生不息的精神、火焰般的熱忱來對待自己的工作

時，一定能夠充分發揮自己的特長，成為一個出類拔萃的人。

使工作變得積極

　　工作越來越多，壓力越來越大，上司的要求越來越高……這一切都令你喘不過氣。你是否曾有快要窒息的感覺：頭痛、胃痛、腰酸背痛，或者別的不舒服。看來，你已經陷入到工作的低潮中。解決方法很簡單 —— 重拾工作的樂趣。這一「妙招」除了能延長你的工作生涯外，還可讓你更具活力。

把工作變成遊戲

　　曼奇尼醫生是一個擅長「玩樂工作」的典型。每一個進入他的牙科診室時，都能看到諮詢台上掛著的那個大牌子：善待我的員工，因為我愛他們 —— 曼奇尼。

　　曼奇尼經常號召他的員工們一起去開賽車、划竹筏、玩水梯等，並一起參觀文藝復興時期的「歡樂市集」。除此之外，公司每年還會舉辦一次「全員假日購物」，然後就是聚餐 —— 費用由老闆獨自承擔。為此，曼奇尼一直津津樂道：「你不知道耶誕節一起出去有多好，那簡直太有意思了！我們一向樂此不疲，大家喜歡把燈火通明的聖法蘭斯西科看個夠！」

　　曼奇尼經常喜歡弄出一些讓人「瞠目結舌」的新鮮玩意。有一次，他竟然設計「綁架」了自己的員工。事情是這樣的，他先叫了一幫朋友到他的診所來，然後讓這些人用枕套蒙面，把他的員工逐一趕上一輛汽車，然後載著這些人「逃離」現場，徑直向海濱方向駛去。結果呢，當然是虛驚一場了，大家在海邊徹底玩了一天！

　　大多人不會把牙醫和找樂子連結在一起，但曼奇尼醫生卻有本事在死氣沉沉的牙科診所給他的員工帶來全新的快樂體驗，大家從來都不會覺得工作

是很無聊的事情，而是盡職盡責的做好工作中的每一個細節。

　　假如你也能夠向曼奇尼醫生一樣，把「不得不做」的索然無味的事情轉化成「我想去做」的充滿樂趣的嘗試，一定會把積壓心底已久的陰霾一掃而空。

　　積極工作，需要充分調動自己在壓力之下日漸消極的工作積極性。想要調動積極性，就不要把壓力完全看作是消極或不良的，因為在很多時候，壓力可以幫助你找到改善的機會。如果你不去尋找一個自己想去的地方，當然無法預料當你走下去時，會得到什麼。只有明確想去哪裡，才能幫助自己從現在的壓力中解脫出來，才能更好的準備面對未來的壓力。

改變自己的厭職情緒

　　當你無法喜歡上你的工作，不可避免會產生一些厭職情緒。如果你不能改變工作，那就試著消除你的厭職情緒吧。

1. 調整好工作時刻表：同樣一件工作，假如你已經做了很久，就會感到枯燥，還有可能在工作中頻繁出錯。這時，你可以嘗試在同一天排進若干性質不同的工作。與其週一全天跑客戶，週二全天待在辦公室寫報告，還不如試著上午跑客戶，下午寫報告。或許，你會因為這小小的變動而對工作產生全新的感受呢。

2. 設法挖掘前進的動力：長時間在同一環境下工作，人們很容易成為技術嫻熟的工作菁英，但日復一日的重複相同而瑣碎的事情，也容易讓人產生一種被掏空的感覺。再加上很少得到老闆的讚許，或經常得不到好的評價，便容易滋生一種無助感，從而導致工作情緒低落。其實，只要在工作中樹立起一種使命感，明確自己要實現一定的價值，就能在工作中產生前進的動力。

3. 努力使環境變得「新鮮」：陌生的工作環境可以給人帶來好奇、興奮、新

鮮的感覺，不過隨著對環境的熟悉，這種新鮮感會離自己越來越遠，取而代之的是謹慎、見怪不怪，或者程序化的完成工作任務。久而久之，工作積極性肯定下降。因此，你可以想辦法為自己創造各種「陌生」環境，讓自己好奇、新鮮的心態永遠存在。此外，你還可以嘗試開闢各種不同的外部環境，比如參加公司或社會的相關培訓，努力在各種場合結識專業人士等。

4. 學會「享受」壓力：消除壓力，關鍵還是看自己的心態。有的時候，天堂和地獄，僅僅是一念之差的距離。當你用消極的態度來對待壓力時，時間一長，就會發現心情莫名其妙的煩躁、疲憊。你可以試著在緊張的工作之餘，適當的透過玩遊戲、幽默來放鬆一下緊繃的神經。學會在壓力中迎接挑戰，當你達到目標時，會有一種難以言說的愜意和滿足感溢滿你的內心。

5. 豐富業餘生活：你可以嘗試把自己的愛好和業餘活動像本職工作一樣認真對待，並同樣引以為豪。生活中，有很多人只把來自辦公室的成績作為炫耀的資本，看作是真正的成功，結果是，他們只有當自己事業春風得意時才會有　種滿足感，　且在工作中遇到麻煩，便感到慚愧不安。

　消除不良情緒的困擾，認真而快樂的工作吧！只有擁有積極的心態，才能更好好工作；只有把工作變得積極，你的心情才會萬里無雲。

不要把工作帶回家

工作在左，生活在右

　西方有一句俗話說：「工作可以使一個人高貴，但也可能把他變成禽獸。」我們總是既想在工作上做出一番卓越的成就，又想過自在愜意的生活。

可是，正所謂「魚和熊掌不可得兼」，結果往往是得到這個的同時，也失去了那個。

我們之所以總感覺疲憊，是因為忽略了一個簡單的道理：工作就是工作，生活就是生活。假如你錯把謀生的工具當成人生的目標，而且太把它當成一回事，無疑會讓自己陷入不能自拔的壓力之中，把自己弄得一團亂。

「工作」與「生活」是兩回事，應該用兩種不同的態度來看待。工作上，不管你是醫生、律師、教授還是司機，你所扮演的角色只是「職務」，回到繁忙的生活中，你要演的才是「自己」。因此，每個人都要學會將工作與生活區分開來，倘若混淆界限，讓工作占去大部分的生活時間，絕對弊大於利。只要你願意，工作是永遠都做不完的，難道你真要把自己累死在工作上？

同樣的道理，家庭從來都不是一個人的世界。本來是非工作時間，你非得把成堆的工作帶回家，好端端的休息日，你卻在家裡埋頭工作，把家人晾在一邊，如何盡到為夫為妻為父為母為子女的義務？

一直以來，人們都在談論一個話題 —— 回歸生活，而趙先生卻不屑一顧。他認為他有自己的生活方式。他很少把自己留在辦公室，週末也不怎麼加班，但他卻不能否認：他經常把工作拿回家做。每天一回到家，他便開始為尚未完成的工作發愁，如果孩子問他一些問題或者纏著讓他講故事，他就特別不耐煩，甚至忍不住要發脾氣。晚餐之後，他總是板著面孔獨自坐在書房裡完成一些案頭的文字工作，此時的他已經疲憊不堪，工作效率自然很低，但他無法停下手中的事，就算腦子一片空白，他也不願意離開電腦，去陪陪家人。久而久之，妻子對他熟視無睹，早已懶得對他嘮叨了，孩子見了他也躲得遠遠的。他開始害怕回家，因為家裡的一切都無法使他得到放鬆和休息。漸漸的，他開始意識到，工作和工作習慣已經把自己幾乎壓垮。對著深夜裡依舊閃爍的電腦螢幕，他發出一聲長嘆：是該回歸生活了！

一份心理學雜誌的一項研究顯示，習慣將工作帶回家的人，無論是在生理上還是心理上，他們比一般人在下班後更容易感到疲憊，情緒也變得更加暴躁。這項研究顯示，作為一種選擇，將你的工作留在上班時間完成，可以為你提供必需的心理恢復的時間。人的工作量、壓力越大，時間越長，就越會在心理上想逃離工作。

有很多經常把工作帶回家的人都有這樣的感覺：連續不斷的考慮工作，但效率遠不是自己期望的那樣。所以，你應當學會從工作中解脫出來，將工作和生活分開，在下班後參與一些自己愛好的活動、運動等。有調查中報告顯示：那些自己感覺良好及白天更少感到疲乏的人，通常都樂意參加一些體育活動。

工作在左，生活在右。會生活，才能更好好工作。

你的家庭不是戰場

一名老將軍曾立下赫赫戰功，退役後，他把「戰場」轉移到了家裡。以前用的地圖、望遠鏡等物品是家裡最為引人注目的陳設，閒著的時候，老將軍就和這些事物打交道，還時不時的對妻子兒女頤指氣使。吵不過時，就以老將軍的身分壓制他們。經常能聽到他這樣說：「這是組織的命令，我是軍人，就以軍人的標準做事，你們是軍人的妻子和兒女，所以只有服從！服從！再服從！」

將軍的兒子是個脾氣倔強的人，從小就和父親一樣喜歡控制和影響別人。高中畢業後，將軍堅決不讓他參加大學入學考，而是讓他去從軍，成了一名軍人。兒子到部隊後，將軍又替他安排最低最差最累的工作，並嚴格考核他，讓他吃盡了苦頭。將軍這樣做的初衷是想磨練兒子鋼鐵般的意志，結果適得其反，兒子最終恨起了老爸，最後與父親斷絕了關係。

一個好端端的家成了將軍戰場的補充和延續，他在家裡執行戰場上的規

則，最終把親密的家人關係搞得一塌糊塗。

「家不是工作的延續，也不是工作的補充，」一位心理諮商師這樣說，「家是一個完全不同的地方，需要特別對待。如果你工作處理得很好，千萬不要想當然以為，運用工作的那一套方法，你在家中一樣會處理得很好。如果你這樣以為，如果你這樣去做，你就會把權力規則帶回家。」

那麼，我們如何避免在家裡開闢「第二戰場」呢？

要有明確的意識，將工作和家分開：告訴自己，工作和家是兩個完全不同的世界，需要用不同的方式去對待。

不要把工作作風帶回家：你當然可以在家繼續工作，但請不要將工作的氣氛也同時帶回家。

保持家庭成員的平等：就像在工作中必然會有主管一樣，現代家庭在解決問題、做出決策時，也需要有「一家之主」。但在溝通中，家庭成員應該彼此相互尊重。

懂得珍惜：在工作中，我們所處理的主要是彼此的利益，目標是解決問題，使自己的利益得到最大限度的實現；在家庭中，我們所處理的主要是內心的感受，目的是相互理解與接受。假如能多一分理解，多一分接受，就會多一分溫暖，多一分舒心。

「必須把家和工作分開。」這是工作的藝術，更是生活的藝術。

降低工作壓力的竅門

認清壓力的真面目

美國《時代》雜誌 1983 年 6 月提出，在 1980 年代，職業壓力已經成為一種流行病，成為美國民眾一個主要的健康問題。當時有多少美國人正在遭

受著壓力的折磨呢？據估計約有2300萬，進入21世紀，這個數目一路飆升。

我們都知道，壓力，不管是工作壓力還是生活壓力，都會對人的身體和心理造成很大的損害。研究發現，有 50 ～ 80％的疾病都和壓力有關。壓力是一種非特定的反映，在不同的人身上有不同的表現。除了對身體的傷害以外，過多的工作壓力對於一個組織的影響也是非常消極的。壓力過大，就會引起工作者不滿、消極的工作態度，繼而會出現缺勤或離職等問題。人員的快速流動不利於一個公司的長久發展，而頻繁的跳槽對於個人來說，也是弊大於利的。

壓力無處不在，可究竟什麼是壓力呢？在許多書籍、報刊、醫學報告的有關壓力的論文或文獻中，我們很難找到一個對「壓力」比較嚴格的定義。關於壓力，一般性的定義主要有兩種傾向：一種傾向於生物體的適應力與其所承受的壓力之間的關係，另一種傾向於壓力刺激的反映或其本身的建立與緩解。

一位加拿大著名生理學家於 1936 年提出，壓力是表現出某種特殊症狀的一種狀態，這種狀態是生理系統中因對刺激的反映所引發的非特定性變化所組成的。美國哈佛大學的一位博士則將壓力定義為「會使行為做連續性適應的一種狀態」。

日常生活中的很多因素都會引起人們憂鬱、煩惱等生理變化，因此嚴格的說，壓力並不是由任何單一的原因誘發的，任何刺激都有可能引發壓力。對於很多人來說，壓力主要來三個方面：工作、生活、個人性格。

給自己減壓，快樂生活

壓力並非不可戰勝，只要適時的打出自己的對策牌，你會發現，攻克突如其來的壓力簡直易如反掌！

良好的睡眠

據科學家分析，人的最佳睡眠如果在 6 小時左右，就足夠腦細胞活躍了。當然，這 6 個小時是在晚上 10 點到早晨 6 點之間，深睡眠的黃金段是夜裡 11 點到凌晨 3 點。算算看，你每天睡幾個小時？忙碌著的人似乎永遠都停不下來，勸你不要讓自己成為一台「永動機」，該放鬆的時候，一定要好好休息。

建議：睡覺是養生的頭等大事，晚上 11 點到深夜 3 點之間睡眠品質最好。良好的睡眠還有利於美容，所以一定不能忽視哦！同時，為自己選擇優質的枕芯和貼身被罩，以保證身體的徹底放鬆。

警惕：睡前切忌喝太多水，更不要在睡覺前 3 小時內進食。喝水容易讓你的眼睛發腫，而吃了「宵夜」，你就該為高居不下的體重發愁了。

理性購物

眼花繚亂的商品會不斷把你的注意力集中在上面，如果恰好買到了很中意的東西，你一定會產生一種欣喜感，彌補內心莫名的缺憾。

建議：買音樂商品、買衣服、買小飾品，逛到腿軟時還可以用美食來犒勞自己。

警惕：在消費時千萬別忽略了自己的實際支付能力，避免瘋狂採購。

聽音樂

有沒有音樂細胞都不重要，又不是讓你去開演唱會。只要是一個有感情的人，都會被音樂感染。音樂是有記憶的，曾經開心或者悲傷時聽的歌曲，在以後任何的時候聽，都會不由自主的把你帶到原來的記憶中。

建議：選擇那些平時喜歡的、百聽不厭、越聽越有味道的專輯，會讓你很放鬆。

警惕：不要在傷心的時候聽曾經讓你悲痛欲絕的歌，我們的目的是解決壓力，而並非「火上澆油」。

戶外活動

徒步、騎行、羽毛球、健身操、高爾夫、籃球、足球、游泳、潛水、瑜伽……總有一項是你喜歡的吧？在戶外的範圍內，你只要選出一兩種並且長期堅持下來，就會在適當需要發洩的時候知道自己最想做什麼。玩戶外活動不僅能使心情更開朗，視野更開闊，而且能調動身體裡的懶散細胞，加速新陳代謝，讓你不斷煥發青春的光彩。

建議：要想選擇適合自己的種類，不妨考慮一些經營類的戶外運動，日漸成熟的經營方式，會讓你切身體會到「生命在於運動」的真理。

警惕：在戶外運動風靡的同時，運動傷害也屢見不鮮。無論選擇哪種方式，重要的是要符合自己的體質，對身體有幫助。

啟動情感

調節自己的情緒，花點心思啟動情感細胞，對工作非常有幫助。可能是一個微笑，或者一個吻。甜蜜的愛情生活可以使你每天臉色紅潤，微笑綻放，思維靈敏，心態平和，不信你就試試。

建議：愛情是緩解壓力最好的方式，有情人陪伴的幸福是任何其他方式都取代不了的。將愛情「冰凍」已久的朋友，你是不是該行動了？

警惕：處理好愛情與事業的關係，切勿因兒女情長而荒廢事業。當然，最好的局面是愛情與事業齊頭並進！

第九章　掀掉家庭壓力的牢籠

處理好子女的問題

孩子需要父母雙方的愛

　　夫妻不能共同撫養子女是家庭中最常見的問題之一。特別是做丈夫的，常常為了工作而忽視家庭，把養育子女的責任全部交給妻子去承擔。一些人因為工作需求而常常出差，或者夫妻分居兩地，這樣養育子女的事情就完全變成了母親一個人的任務。還有一些男人，因為不喜歡照顧孩子，於是就以工作繁忙為藉口，將撫養孩子的責任推給妻子。

　　從心理學的立場上來說，子女的健康成長需要父母兩方的關愛，這並不是分配勞力與精力的問題，而是需要父母共同協商，互相彌補功能的問題。

　　在日本，不把一切都扔給妻子、積極參與孩子教育的「教育爸爸」正在悄然增加。有些男人甚至宣稱，參與孩子教育比跟同事來往更有樂趣。

　　「要培養他們不服輸的精神。」木村先生注視著 15 歲的大兒子和 8 歲的小兒子，微笑著說道。只要平日裡有空閒的時間，他基本上都來空手道場看

兒子練習。當他感到兒子練習不夠投入時，回家後還會給他補補課，充當一下陪練。木村說：「與工作相比，家庭更重要，看自己的孩子一點點成長，比任何事情都有樂趣。」

「在下次考試前一定要掌握好這一部分內容。」一位 40 多歲的父親正在為小學 6 年級的女兒補習功課，準備升國中的考試。在考試前的一個星期內，他沒有安排與客戶的任何約會，一下班就回到家中，幫助女兒複習。在兩個多小時的時間裡，爸爸朗讀複習資料，女兒則根據爸爸讀的內容來「填空」，父女倆互相配合，複習效率很高。

孩子的健康成長離不開父母任何一方，特別是孩子到了三四歲以後，進入所謂的「性蕾期」，就更加需要同性和不同性的父母，來幫助他們對性角色產生正確的認識。更何況到了青春期，女孩更需要媽媽，而男孩更需要有爸爸來作為模仿對象，因此缺少了哪一方，都不利於孩子的成長。

工作忙的父母，要想辦法爭取出多的時間和孩子進行接觸和交流，注重夫妻雙雙養育子女的基本職責。

賞識教育助子女成才

第一次參加兒子的家長會，幼稚園的老師對她說：「妳的兒子有過動症，在板凳上連三分鐘都坐不了，妳最好帶他去醫院看一看。」回家的路上，兒子問媽媽：「老師都說了些什麼？」她鼻子一酸，淚水就要落下來。全班 30 多個小朋友，兒子表現最差，老師不屑一顧的表情深深傷害了她。但她還是平靜的告訴兒子：「老師表揚你了，說寶寶原來在板凳上坐不了一分鐘，現在能坐三分鐘了。其他的媽媽都好羨慕媽媽，因為全班只有寶寶一人進步了。」那天晚上，兒子破天荒吃了兩碗飯，並且沒讓她餵。

兒子上小學了。家長會上，老師說：「這次數學考試，妳兒子排倒數幾名，我們懷疑他智力上有些障礙，妳最好帶他去查一查。」走出教室，她忍

了好久的眼淚終於無聲落下。然而她回到家裡，卻對兒子說：「老師對你充滿了信心。他說你只要能細心些，就會超越你的同學，這次你的同桌同學排第 21 名。」兒子聽到媽媽的話，黯淡的眼神充滿了光亮，沮喪的臉也漸漸舒展開來。

兒子國中的家長會上，媽媽等著老師點兒子的名字，因為兒子的名字總是在劣等生的行列中被唸到。然而直到家長會結束，都沒聽到兒子的名字。她有些不習慣，去問老師，老師告訴她：「按妳兒子現在的成績，考目標高中有點危險。」這次家長會，她沒有再落淚，內心充滿了欣喜。出了校門，她發現兒子在等她。她輕輕告訴兒子：「老師對你非常滿意，他說了，只要你努力，很有希望考上目標高中。」

高中畢業了。第一批大學錄取通知書下達，兒子從學校回來，把一封印有知名大學招生辦公室的快捷交到她的手裡，轉身跑到自己的房間裡大哭起來。她聽到兒子邊哭邊說：「媽媽，我知道我不是個聰明的孩子，可是，這個世界上只有妳能欣賞我……」

如果沒有媽媽的賞識和鼓勵，男孩能否讀完小學都令人懷疑。他是幸運的，因為有一個從內心裡賞識他的好媽媽。美國一位心理學家有句名言：「人性最深刻的原則就是希望別人對自己的加以賞識」，他還發現，一個沒有受過激勵的人僅能發揮其能力的 20%～30%，而當他受過激勵後，其能力是激勵前的 3～4 倍。因而，賞識從本質上說就是一種激勵，它具有無窮的魅力，能使青草長成青草，進而覆蓋大地；能讓玫瑰長成玫瑰，進而帶來芬芳。在成長的路上，父母的賞識是孩子走向成功不可或缺的動力泉源。

正確看待家庭消費支出

家庭消費三大迷思

隨著商品經濟的發展，家庭消費觀也隨之發生了較大轉變。目前，由於盲目追逐所謂的時尚消費，不少家庭陷入一個個消費迷思。

「一次性」購物迷思

近年來，批發市場、超級市場等消費場所如雨後春筍般越冒越多，於是，每逢雙休或節假日，特別是遇到商品打折期間，總有大量消費者湧進商場或超市，一次性的將所需物品採購回家，其中還包括一些暫時用不著但正好在活動期內的商品，很多人認為這樣既省時省力又省錢。其實，「一次性購物」如果掌握不好，會適得其反。

如今，很多商家都採用打折或送購物券的方式對商品進行促銷，一些消費者為了得到更多的優惠，即使並不需要，也會一買一大堆，看似占了便宜，實則吃了虧。因為對消費者來說，一時用不著的東西即使再便宜也是貴的，尤其那些市場上「青春期」短的商品，更是如此。按人們正常的心態，通常是家裡的東西越多，用起來就越不知節約。有些人一看到便宜打折的商品就頭腦發昏，既不檢查商品的品質，也不辨認商品的等級，急急忙忙全都放進購物車，等回到家才發現自己買來的東西不是瑕疵品就是即將過期的東西，甚至還有假冒偽劣產品。

負債消費迷思

當前，「明天的錢今天花」成了好多家庭的消費時尚。有些家庭不惜大借外債或用分期付款方式來買房、買車，享受著超前消費帶來的愜意，卻忘了考慮自身的經濟償還能力。如家住某城市的曹先生，夫妻倆都是普通薪水階

級，小倆口月收入加起來不足 50000 元，前不久卻心血來潮，突然決定以分期付款的方式舉債 300 多萬元，重新購置了一間套房。合約一簽，夫妻倆靜下來一想，要將近 30 年才能還清這筆債，頓時愁腸百結，幾乎茶飯不思。真是拿明天的錢買今天的煩惱。

人情消費迷思

現在許多人都熱衷於在婚喪嫁娶時大操大辦，講排場，比闊氣，於是一張張請柬便猶如一份份紅色的「罰款單」，直讓人喘不過氣。相信很多人都曾被接踵而來的請柬所困擾，最後把自己逼到進退兩難的地步：去吧，心裡極其不情願，不去吧，又有點不合適。最後，人們礙於情面，只得「打腫臉充胖子」，少則一百，多則數百甚至上千，在人情之中越陷越深。難怪總聽到有人搖頭感嘆「人情似債」，越積越重。

保持良好的婚姻狀況

一般來說，「婚姻」指的是一對成年男女決定結為夫妻，以伴侶的關係終生一起生活，保持密切的情感與關係，養育子女，經歷人生的不同階段。婚姻不僅僅是男女的結合，還要維持長久的伴侶關係。為了兩人能夠長久相處，夫妻要能相互認識彼此的脾氣與性格，溝通彼此的心理需求，並且相互協調，建立共同的生活規約與遵守的習慣。夫婦要能夠同甘共苦，否則，婚姻就會出現問題。

有人說，婚姻是愛情的墳墓，不全對，也不全錯。對於懂得經營愛情的人來說，婚姻不是他們愛情的終點，而是一個新的起點。而對於另一部分不懂得珍惜的人來說，即使因為愛情而走向婚姻，也會隨著歲月的流逝失去曾經所有的激情。

幸福的婚姻，不能透支愛情

一天，一個男孩對一個女孩說：「如果我只有一碗粥，我會把一半給我的母親，另一半給妳。」小女孩喜歡上了小男孩。

那一年，他 12 歲，她 10 歲。

10 年之後，他們的村子遭遇洪水，他不停的救人，唯獨沒有親自去救她。當她被別人救出後，有人問他：「你既然喜歡她，為什麼不救她？」他輕輕的回答：「正是因為我愛她，我才先去救別人。她死了，我也不會獨活。」於是，他們在那一年走進婚姻的殿堂。

那一年，他 22 歲，她 20 歲。

後來，發生飢荒，他們窮得無米可炊，她用最後的一點點麵做了一碗湯麵。他捨不得吃，讓她吃；她捨不得吃，讓他吃！三天後，那碗湯麵發霉了。

那一年，他 42 歲，她 40 歲。

許多年過去了，他和她為了鍛鍊身體一起學習氣功。這時他們住到了城裡，每天早上乘公共汽車去市中心的公園。當一個年輕人讓座給他們時，他們都不願坐下而讓對方站著。於是兩人靠在一起，手裡抓著扶手，臉上帶著滿足的微笑，車上的人竟不由自主的全都站了起來。

那一年，他 72 歲，她 70 歲。

她說：「10 年後如果我們都死了，我一定變成他，他一定變成我，然後他再來喝我送他的半碗粥！」

70 年的風塵歲月，這就是愛情。

真正的愛情，不是花前月下的浪漫，也不是海誓山盟的忠誠，而是艱難歲月的不離不棄，是人生之旅的相偎相依。沒有婚姻的愛情，是一種遺憾，讓人扼腕嘆息；沒有愛情的婚姻，是一種殘酷，讓人生不如死。幸福的婚姻不能沒有愛情，透支了愛情，婚姻只能走向末路。

他和她都是從事教育工作的知識分子。兩人是大學同學，畢業後分派在同一個學校裡，經歷了 5 年的戀愛，終於喜結連理。認識的人都說他們是天造地設的一對。

年輕的時候，他們的事業很平淡，學校工作很輕鬆。他們用大部分精力來經營自己的小家庭，婚姻充滿了浪漫與幸福。

步入中年，隨著知識在社會上的地位日益提高，他們也成了學校的教學菁英。事業上付出的血汗，漸漸沖淡了他們感情的投入，婚姻成了無人經營的真空地帶，兩個人感覺陌生了，最終導致了悲劇的發生。

他們離婚了，沒有長年冷戰的艱辛，也沒有爆發激戰的殘酷。平和中，一個家庭的圍城悄然倒塌，猶如千年古墓出土的文物，在陽光和空氣中，轉瞬間面目全非。浪漫的開始帶給他們的，恰恰是並不浪漫的結局。

「我不怨恨他，在我們的婚姻存續期間，他盡到了做一個丈夫和父親的職責，不論對我，還是對孩子，都十分稱職。」她平和的對別人說。

「她是一個賢妻良母，素養高，品味也很好……」他也給予她很高的評價。

認識他們的人無不驚詫，他們為什麼不能白頭偕老？

婚姻就是這麼怪，愛情在的時候，吃糠嚥菜都不覺得苦。一旦愛情不在了，即使再堅固的城牆，也經不起日久天長的風吹雨打。

幸福婚姻需要用心經營

影響婚姻的因素有很多，比如夫妻間的相互反應關係、個人因素、家庭背景、環境因素等。當然，最重要的就是夫妻間的相互反應關係，其中包括夫妻對彼此的感情，夫妻間的相互溝通，夫妻間的相配情況，夫妻間的角色扮演等。一個成功的婚姻，必然要求夫妻有健全的背景與條件，不僅能相互

適應，能愉快的相處，栽培彼此的感情與關係，還能相互協助彼此的心理發展，雙雙成熟。

「婚姻的經營和創意」課上，教授掀開一副掛圖，上面寫著幾行字：婚姻的成功取決於兩點：

1. 找個好人

2. 自己做個好人

　　一個學生問道：「如果這兩項都沒有做到呢？」

　　教授翻開掛圖的第二張，說：「那就變成四項了。」

1. 容忍、幫助，幫助不好仍容忍

2. 使容忍變成一種習慣

3. 在習慣中養成傻瓜的品性

4. 做傻瓜，並永遠做下去

　　學生看完之後議論紛紛，都說這根本做不到。教授說：「如果這四項做不到，而你又想有一個穩固的婚姻，那你就得做到以下十六項。」接著，教授翻開第三張掛圖。

1. 不同時發脾氣

2. 除有緊急事，否則不要大聲吼叫

3. 爭執時讓對方贏

4. 當天的爭執當天化解

5. 爭吵後回娘家或外出的時間不要超過八小時

6. 批評的話要出於愛

7. 隨時準備認錯道歉

8. 不要帶著氣上床

9. 他或她回家時，你一定要在家

10. 對方不讓你打擾時，堅決不去打擾

11. 電話鈴響的時候，讓對方去接

12. 口袋裡有多少錢要隨時報帳

13. 消滅沒有錢的日子

14. 給你父母的錢一定要比給對方父母的錢少

教室裡好像炸了鍋，「嗡嗡嗡」的議論聲此起彼伏。教授說：「如果大家對這十四項感到失望的話，那你只有做好下面的二百五十六項了。」

其實，想維持良好的婚姻關係很簡單，滿足教授第一次掛圖上寫的那兩項就好了。但是，如何找個好人，如何做個好人，裡邊的學問就大了。它可以無限制的展開，直到讓你成為一個寬容的人，一個充滿愛心的人，一個懂得付出與珍惜的人……

每個人都奢望擁有良好的婚姻關係，因為它會給你帶來意想不到的好處。英國國家統計局公布的權威證據顯示，與離異者、寡婦或鰥夫、單身者、同居者相比，已婚夫婦更長壽，更健康，年老後得到家人的照顧也更多。

另外，死亡率也深受婚姻狀況的影響。據調查，34 歲以下單身男性的死亡率比年輕的已婚男性高 2.5 倍左右。80 歲以上喪偶或離異男性的死亡率比已婚男性高三分之一。單身、喪夫和離異老年女性的死亡率都要比已婚女性高。

英國前保守黨領袖伊恩‧鄧肯‧史密斯也曾說：「婚姻能給成人、孩子帶來很大的好處，有低齡孩子的同居伴侶的分手率高於有低齡孩子的已婚夫婦。在破裂的家庭中，犯罪、吸毒和欠債率更高。」

美好的婚姻需要愛的呵護，需要用心去經營。能夠保持良好的婚姻狀況，的確是人生一大幸事。

夫妻和諧的心理條件

夫妻和諧的「法寶」

　　日常生活中，每一對和睦恩愛的夫妻，都有一套屬於自己的調節夫妻關係的「祕訣」。一般認為，溫柔、撒嬌、幽默是最有效的夫妻和諧的「法寶」。

1. 溫柔：據德國一家生活雜誌的調查顯示：英俊瀟灑、陽剛氣盛，但缺少溫柔的男人最令人頭痛，他們常常會使女性感到孤獨和苦悶。不少女性認為，無論如何，其他東西是無法代替溫柔的。縱觀古今，真正的男子漢大丈夫，往往不是劍拔弩張的武夫，而是虛懷若谷、大智若愚式的智者。所以，在家庭生活中，丈夫也應當分擔一些家務，最好精通烹調。當妻子怒氣沖沖時，做丈夫的假如一展廚藝，對妻子體貼有加，就能夠避免正面衝突，使矛盾消除。

2. 撒嬌：撒嬌是一種生理現象，也是女子的天性。美國學者發現，血清素是一種能夠抑制情緒的物質，而女性血液中的血清素明顯要高於男性。所以，女性一般都具有溫柔、和氣、愛撒嬌的特性。試想，假如夫妻之間產生了一些矛盾，做妻子的主動以和氣、撒嬌的方式處之，那麼矛盾一定很快就能解決，夫妻間的氣氛也會立刻「多雲轉晴」。

3. 幽默：幽默是生活中必不可少的「調味品」。如果夫妻間的衝突迫在眉睫，適時的幽默會讓一觸即發的矛盾「冰消雪融」。如果夫妻之間經常保持幽默感，就會使夫妻恩恩愛愛，這樣的夫妻，普遍壽命比較長。

夫妻和諧的心理需求

　　夫妻之間如果想要達到心心相印、親密無間的境界，就必須了解雙方的心理需求，從而達到和諧美滿。美國一位著名心理學家對人類的心理需求進行了歸納，從而得出夫妻和諧必須滿足雙方的五種心理需求。

1. 尊重的需求：毫無疑問，每個人都有自尊心，而且可以說是與生俱來的。自尊心如果受到尊重，會感到欣慰和滿足，而一旦受到損害，便會感覺痛苦不已。夫妻間的相互尊重、信賴，是深化愛情和事業成功的前提和基本保證。任何訓斥或輕視、貶低對方的做法，都會損害對方的自尊心，會導致夫妻關係的緊張。互相尊重在夫妻關係中非常重要，不可忽視。

2. 自主和表現的需求：自主的需求指的是人人都希望按照自己的思想和意志辦事。一切以自我為中心，就會扼殺對方的自主性。每個人都希望在別人面前將自己最完美的一面表現出來，盡可能發揮自己的聰明才智，獲得令人刮目相看的成績，從而使自己的表現心理得到滿足。夫妻之間應常常透過語言或行為來使對方歡悅、驚奇、著迷，進而獲得對方對自己的讚賞。

3. 愛好和感情的需求：每個人不同的個性造就了他有不同的愛好，夫妻雙方應當盡可能滿足對方的心理需求，並為對方提供方便。感情需求以愛為中心，誠摯、熱烈、持久的愛，能夠使對方得到最大的心理滿足。否則，失落感便會油然而生，不滿、煩惱、怨恨等不良情緒也會接踵而至，最終影響婚姻生活的和諧。

4. 人際的需求：據統計資料顯示，良好的人際關係可使一個人的工作成功率與個人幸福達成率高達85%以上。一個人因為自己內心狹隘的嫉妒而不准另一半與他人來往的做法是極端愚蠢的，這樣做不但不能保證愛情的專一，還會破壞對方的心理平衡，使對方對家庭生活感到厭倦，對另一半產生反感，其結果只能使婚姻走向破裂。

5. 宣洩的需求：一個人在心裡不痛快時，總想找人傾訴，將心裡的鬱悶一吐為快。宣洩的對象，大部分情況下是自己的另一半，關係融洽的夫妻雙方，均以對方為自己宣洩的最佳對象。因此，任何一方責備對方心胸

狹窄或嫌對方嘮叨都是不正確的，面對另一半的傾訴，應當認真傾聽，並進行勸慰、疏導，以排解另一半內心的痛苦，使對方從內心的矛盾中解脫出來，建立新的心理平衡。這樣，隨著對方內心的痛苦煙消雲散，夫妻感情也會得到進一步的加強。

任何一個家庭都需要和睦的氛圍。和諧的夫妻關心能使雙方心情愉快、情緒穩定、身體健康，同時也會使全家人心情舒暢，團結友愛。夫妻關係不和，對身體是非常有害的，比如會導致神經衰弱、頭痛、失眠、噁心、腹瀉等不適病症，時間久了還可能引發多種疾病，如憂鬱症、高血壓、消化性潰瘍等。

現代研究證明，家庭不和所帶來的緊張狀態，是引起孩子情緒不穩定、心靈失衡的主要原因。夫妻不和嚴重時，會導致整個家庭四分五裂。因此，每個人都應當非常重視夫妻關係並把它處理好，為雙方、為子女創造一個溫馨和睦的家庭環境。

最重要的是溫馨和睦的家庭氣氛

溫馨和睦的家庭氣氛有利於孩子的成長

調查顯示，那些處於寬鬆、和諧家庭氣氛中的孩子，往往具有較強的思維能力和創造力。在這樣的家庭中，孩子的人格受到充分尊重，家庭成員之間的關係表現出平等和民主。有事情發生時，父母會與孩子一起商量，共同想辦法。如果孩子的意見比較中肯，父母就採納孩子的意見，這樣可以鼓勵孩子積極動腦筋，培養孩子的創造力。

1995 年諾貝爾生理學／醫學獎獲得者沃爾哈德，從小就生活在一個寬鬆和諧的家庭裡。每次她提出的意見，父親總是耐心認真的聽取，並且給予一

定的肯定及最大的鼓勵。父親的賞識和讚許給了沃爾哈德極大的信心，使得她無論做什麼，都試圖用自己的新觀點去做。每當有新想法產生，她總會第一個想到要告訴父親。在父親的不斷鼓勵下，她保持了自己的獨立見解和大膽的懷疑精神。正是這種精神，使她在科學領域獲得了卓越成就，成為榮獲諾貝爾獎的科學家。

事實上，許多榮獲諾貝爾獎的科學家在少年時代都不是「安分守己之輩」，他們經常會冒出一些奇思怪想，有時還會闖禍，由實驗導致的爆炸也非常多。值得慶幸的是，這些未來的科學家的父母並沒有在他們闖禍時進行喝斥，而是採用一種寬容的態度，即使他們從中接受了教訓，又保護了他們對科學的愛好與創新意識。

由此可見，孩子的創造力的培養離不開寬鬆和諧的家庭環境，家長要「容忍」孩子做一些不可思議的事情，允許孩子堅持自己的「奇談怪論」，因為這些正是他們創造力的來源。

那本難唸的「婆媳經」

家庭生活好比一把小提琴，夫妻關係是小提琴上最動人的一根弦，而婆媳關係則是僅次於夫妻關係但又直接影響夫妻關係的另外一根弦。婆媳關係的好壞，是家庭樂曲能否和諧的重要因素。

筱文是 80 後的年輕媳婦，年輕漂亮，前衛時尚。因為暫時還沒買房，所以和丈夫一起住在婆婆家。她有個習慣，就是每天早上一定要丈夫抱她起床，有時甚至要抱她到客廳纏綿一番，然後才肯按部就班的梳洗、吃飯、上班。婆婆看不慣筱文的這些行為，覺得這媳婦太嬌氣，將來一定會給兒子苦果吃。於是婆媳開始了漫長的爭吵，筱文的丈夫被夾到中間，兩邊不討好。

筱文作為年輕一代，對愛情的要求比較豐富，而且她覺得要求丈夫抱她起床再正常不過了。而婆婆的思想比較保守，她覺得作為一個媳婦，就應該

相夫教子、吃苦耐勞，一旦事實不是如此，就容易產生憤怒。這其實是兩代人的矛盾。另一方面，婆媳都想爭取同一個男人的愛，這通常也是婆媳矛盾不斷升級的一個重要原因。

俗話說：「婆媳不和十有八九。」假如妳也有類似筱文的困擾，而且極想改善婆媳關係，不妨參考以下一些建議。

1. 常與婆婆溝通：和婆婆溝通，要從閒談起步。在與婆婆的閒聊中，妳可以了解到她所感興趣的事物，清楚她的習慣和價值觀，從而加深妳對她的了解。

2. 巧妙表示關心：日常生活中，要學會巧妙的表達妳對婆婆的愛意與尊敬。比如，適當的送一些禮物給她。送禮物不是件容易事，但只要妳用心，就能夠體察到什麼東西能夠送到婆婆的「心坎」上了。天長日久，婆婆一定能感受到妳對她的體貼和照應。

3. 在婆婆面前上演「肉麻戲」：這可不是要妳和丈夫在婆婆面前表現得過分親暱，這是為人媳婦的大忌！這裡的「肉麻戲」，是指在婆婆面前，妳要表現出妳對丈夫的疼愛與照顧。假如你們和婆婆住在一起，妳就可以與丈夫在婆婆面前合演一些戲，讓婆婆知道妳對她的寶貝兒子的照顧是無微不至的，好吃的好用的妳都不跟他搶，家裡家外的事妳都搶著做。關鍵的一點，就是要讓婆婆的心裡得到滿足。一旦婆婆滿意了妳的這一點，她就不會對妳橫挑鼻子豎挑眼了，反而對妳越看越滿意。

4. 和婆婆站在同一戰線：一般來說，婆婆很容易把媳婦看成「外人」，所以為了使婆婆早日接納妳，妳必須要「更高、更快、更強」的灌輸給婆婆一些「迷魂湯」，全方位的使她感受到妳甚至比她親兒子還要向著她。這是婆媳相處的重要一招，百試不爽。妳要堅決做到任何無傷大雅的問題都是婆婆有理，比如說，堅決擁護婆婆的審美觀，堅決不讓富態的婆婆吃減肥藥等等。由此，婆婆會感覺到妳就是他們中的一員。

5. 尊重婆婆：用在友誼中的情感，比如愛、尊重、理解、信任、體諒、感恩等，也一樣適用婆媳之間。

6. 不要把婆家娘家分得太清楚：結婚以後，似乎就有了婆家娘家之分，感覺上有親有疏、有遠有近。其實，婆家娘家都是家，只要放寬妳的心胸，很多問題都會迎刃而解。

7. 為對方著想：在家庭事務方面，學會多為對方設身處地的著想。畢竟，婆婆疼愛的兒子是妳心愛的丈夫，妳忍心由於婆媳不和而讓丈夫為難？

8. 知進退，有眼色：一個溫文有禮的女人，一定是知進退、有眼色的。妳應當知道在長輩面前，什麼該說，什麼不該說；什麼該做，什麼不該做；什麼能做，什麼不能做。不要在一些雞毛蒜皮的小事上大做文章，那樣只能讓婆媳關係一天天惡化。

第十章　大膽的與人來往

保持一顆愛心

人生怎能沒有愛

　　愛，是人類的文明，是一切美好的來源。正是因為有了愛的存在，我們的人生才會溫暖，世界才能進步。

　　在一戶不富裕的人家，耶穌派三位高貴的客人前來拜訪，他們分別是金錢、成功和愛。他們當中只能有一位得到接見，其他二位必須離開。於是，這家人開始了艱難的選擇。最終，男主人選擇了金錢，女主人選擇了成功，而他們的兒子則選擇了愛。三個人發生了嚴重的分歧，經過一番激烈的研究討論後，他們決定採納兒子的意見，向「愛」敞開大門。

　　這時，奇蹟發生了！在「愛」進門的一刹那，金錢和成功也尾隨而至。這家人非常不解，驚嘆道：「我們只選擇了愛啊！」金錢和成功回答：「是的，你們是只選擇了愛，但我們是愛的一部分，我們和愛形影不離。」

　　雨果曾說過：「人生如花，而愛是花的蜜。」難道不是嗎？愛是人類一所

最好的大學，你將在其中學到無數的人生哲理。愛猶如一隻無形的大手，默默的推動你前進，直到抵達成功的彼岸。

這是在英國發生的一個真實故事。

有一位老人，無兒無女，體弱多病，他決定搬到養老院去安度晚年。於是，他宣布出售那套漂亮的住宅。住宅底價 8 萬英鎊，但很快就被蜂擁而至的購買者炒到了 10 萬英鎊。價錢還在不斷攀升。老人深陷在沙發裡，一籌莫展。如果不是因為自己的身體狀況欠佳，他是不會賣掉這棟住宅的。

一個衣著樸素的年輕人來到老人跟前，誠懇的說：「先生，我也想買這棟住宅，可我只有 1 萬英鎊。」

「但是，它底價就是 8 萬英鎊啊！」老人淡淡的說，「現在它已升到 10 萬英鎊了。」

年輕人沒有沮喪，而是真誠的說：「如果您把住宅賣給我，我會讓您依舊生活在這裡，和我一起喝茶、讀報、散步，天天都快樂的生活 —— 相信我，我會用整顆心來照料您！」

老人領首微笑，他站起來，揮手示意吵嚷的人們安靜下來。

「朋友們，這棟住宅的新主人已經產生了，」老人拍拍年輕人的肩膀，「就是這個年輕人！」

有很多時候，完成一個夢想，需要的不是冷酷的廝殺和欺詐，而是擁有一顆愛人之心。

佛教講：捨得，捨得，先捨後得。雨果也說過：「最高的聖德便是為旁人著想。」假如你能做到這一點，你會在人際互動中如魚得水，而做到這一些的前提，就是需要你有一顆愛人之心，能夠真心誠意的為他人著想。

將愛心一路傳遞

有一個鞋匠，在小城一條街的拐角處擺攤修鞋。

一個冬天的傍晚，他正要收攤回家，一轉身，看到一個小孩站在不遠處直愣愣的盯著他，耳朵凍得通紅。

他把孩子領回了家，當天晚上妻子便開始和他嘔氣。鞋匠家裡並不富裕，再添一張嘴，更顯困窘。面對妻子的埋怨，他低著頭說：「沒人管的孩子，我看著可憐。」

此後的日子裡，鞋匠一邊釘鞋，一邊打聽哪家丟了孩子。

可是兩年過去了，依然沒人來認領。孩子長大了許多，又乖巧又懂事，鞋匠的妻子也漸漸喜歡上他，不再抱怨。

終於有一天，孩子的父母尋到這裡。他們對鞋匠一家萬分感謝，然後就急匆匆帶著孩子離開了。有人便挪揄鞋匠，說他傻，鞋匠呵呵一笑，並不言語。之後，他們一家便斷了孩子的音訊。

後來，鞋匠搬離那座小城，嘴裡仍經常念叨孩子。可直到他去世，也沒有等到孩子的一丁點消息。若干年後，一個年輕人因為幫助尋找失散的親人而成名。年輕人創辦了一個專門尋人的免費網站，以鞋匠的名字命名。

網站最顯眼的位置上，是尋找鞋匠的告示。旁邊有這樣一句話：「當你得到過別人愛的溫暖，而生活讓你懂得把這溫暖變成火把，從而去照亮另外的人的時候，不要忘了，這就是生活對愛的最高獎賞。」

面對他人所給予的愛，怎樣的回報更有價值？是把愛回報給幫助過你的人，還是將他給你的愛散播給更多需要幫助的人？愛，猶如深夜裡的一盞火把，照亮了黑暗的天空。愛，是可以傳遞的，也應當被傳遞。父母給我們的愛，朋友給我們的愛，甚至陌生人給我們的愛，都曾經給我們帶來光明，帶來溫暖，我們有義務將愛傳遞給身邊那些需要幫助的人。

　　能夠給別人一份愛，是一種幸福，能夠收穫他人傳遞而來的愛，是一種感動。每天，我們都會被別人惦念，我們也會惦念著別人。生活因為愛而美麗，世界因為愛而生動。

重視朋友的含義

　　朋友，在我們的生活中扮演著極為重要的角色，人的一生可以沒有很多東西，但不能缺少朋友。俗話說：「在家靠父母，出門靠朋友。」這話委實不假。因為相對於陌生人來說，朋友更加了解你，也更加清楚你所需要的是什麼，而陌生人則因為對你的不了解而無法為你提供適時的幫助。朋友會在你最需要的時候伸出友誼之手，和你一起共度難關。

選優秀的人交朋友

　　俗話說：近朱者赤，近墨者黑。人有良莠不齊之分，朋友當然就有好壞之別。比爾蓋茲曾經說過：如果你想了解你的朋友，可以透過一個與他來往的人去了解他。很顯然，一個飲食有節制的人自然不會和一個酒鬼混在一起；一個潔身自好的人不會和一個荒淫放蕩的人做朋友。

　　人如果沒有朋友，將是一件可怕的事；人如果交了一些狐朋狗友，那將更加可怕。西班牙有這樣一句諺語：和豺狼生活在一起，你也會學會嗥叫。可見，朋友對一個人的影響是相當大的。不要把什麼人都當作朋友，朋友是真心關心你的人。交友不是一件隨便簡單的事情，道不同，不相為謀，要慧眼識友，不衝動，不盲目。

　　印度著名傳教士馬丁的生活，似乎完全是受了一個在杜魯中學學習時的朋友的影響。

　　當時，馬丁的體質十分虛弱，甚至還帶有輕微的神經質。由於缺乏活

力，他極少參加對學校的各種活動。而且由於他性情急躁，一些大一點的孩子總是喜歡激怒他，並以此取樂。然而，有一個孩子卻和馬丁結下了深厚的友誼。他不僅幫馬丁打架，還幫他學習功課。

馬丁是一個相當愚笨的學生，但父親還是決定讓他接受大學教育。在馬丁大約 15 歲那一年，父親為得到一份獎學金而把他送進牛津大學，但未能如願以償。兩年之後，馬丁去了劍橋，在劍橋的聖約翰學院辦了註冊。在那裡，馬丁又一次遇到了中學時的那位夥伴。他們的友誼進一步加深，朋友成了馬丁的指導教師。

馬丁已經能夠應付自己的學業，但仍然容易激動，脾氣暴躁，偶爾還會發洩自己難以抑制的憤怒。但他這位年紀稍大的朋友卻情緒穩定，富有耐心，勤奮刻苦。而且，他時時刻刻照顧、指導和勸勉自己這位易怒的同學。他不允許馬丁結交邪惡的朋友，勸他認真學習。「這不是要得到別人的稱讚，而是為了上帝的榮耀。」朋友的幫助使馬丁在學習上進步很快，在第二年耶誕節的考試中他名列年級第一。然而，馬丁的朋友並沒有獲得什麼輝煌的成績，他漸漸被世人淡忘了。雖然不為人所知，但他對生活的熱情和對朋友的友善曾經幫助馬丁形成良好的品格，激發他追求真埋的精神，為他日後崇高的事業打下了良好的基礎。

具有優秀品格的人，通常會給生活在他周圍的人以向上的格調，提高他們對生活的熱情。同樣的道理，一個品德敗壞的人，也會不知不覺降低和敗壞同伴們的品格。所以，選擇什麼樣的人作為自己的朋友，將對你的一生產生至關重要的影響。

留點時間給朋友

朋友，是上帝賜予人類最普通的伴侶。他不會離你很近，近到侵犯了你的私人空間，也不會離你太遠，以至於你望斷期盼的雙眼。人人都會有朋

友。朋友是什麼？朋友就是彼此有交情的人，彼此牽掛的人。友情是人世間一種最高尚、最純潔、最平凡也最樸素的感情，人人都離不開它。一旦沒有了友情，生活就不會再有悅耳的和音，猶如死水一灘。友情無處不在，她將伴隨你左右，和你共度一生。

我們經常花很多時間給家人，卻忘了身邊還有遠方的那些朋友。殊不知，朋友也需要你的在意，哪怕只是一通簡短的電話，一杯清茶，一分鐘時間……友誼是一朵嬌貴的花，需要雙方的精心呵護和照顧。不管是私人的還是公事上的朋友，你們之間的友誼都需要精心的培養和維持。由於工作的忙碌，我們似乎習慣了以各式各樣的理由來疏遠朋友。其實，忙碌是個多麼蒼白的理由，它甚至連你自己都無法說服。

朋友猶如我們人生道路上的路基，朋友越多，我們的道路就會越堅實，越寬廣。當然，這裡不包括那些讓你誤入歧途的狐朋狗友。如果我們想走得更加穩當些，有什麼理由不去花費時間和精力來經營友誼呢？

離久自然情疏，這個道理誰都明白。回想一下，你兒時的朋友還有多少仍記在你的電話簿裡？不要老指望對方來主動找自己，為什麼不抽出一點時間去主動看看朋友呢？主動的姿態更容易加深友誼。如果你覺得自己實在是太忙了，如果你忙得經常忘記和朋友聯絡，那麼就在今天，就是現在，給朋友打個電話，約他出來喝杯咖啡，如果時間有困難，那就為朋友送上一句簡單的問候，哪怕只有一分鐘。

天天為了工作而疲於奔命的人，與朋友在一起的時間確實不多，僅有的休息時間，或給了自己，或給了家人。但你仍然可以想一些辦法，比如在週末約朋友一起逛街，健身，或者只是安靜的在咖啡廳坐一坐，聊一聊。只要你肯動腦子，只要你真的願意，你一定可以想出很多辦法和方式，來維持朋友之間的經常聯絡。

風雨人生路，朋友是你登高時的一把扶梯，是你受傷時的一劑良藥，是你飢渴時的一泓清泉，是你過河時的一葉扁舟。只有真心，才能夠換來的最可貴、最真實的東西；只有用心，朋友才不會越走越遠。

去和不同性格的人來往

和諧的關係，從自我做起

每個人都希望擁有和諧的人際關係，然而事情遠非想像的那麼簡單。生活中，你會發現眾多的不和諧，有的人性情沉穩，做事踏實認真，對那些毛毛躁躁的人就很看不慣；有的人果斷潑辣，與優柔寡斷的人可能就合不來；同事之間，因性格不同、觀念不一而影響工作進度的事並非特例；談判桌上，因為遇到一個慢性子對手而失去耐心、毀了一筆生意的人也為數不少……許多事實都說明，一個人能否和不同性格的人相處融洽，對他的生活、工作和事業都會有重大影響。因此，我們必須要學會和不同性格的人相處。與不同性格的人相處並非易事，你可以試著從以下幾方面做起。

1. 承認差別：人與人之間的差別，不僅僅表現在生理上，更重要的是表現在心理上，比如性格、氣質、興趣、能力等差異。性格是心理差異的核心特徵，世界上找不到性格完全相同的兩個人，正所謂「人心不同，各如其面」。正因為人與人之間存在著性格差異，因此你不必強求別人處處和自己一樣，這樣就可能消除由於性格差別而產生的「不習慣」、「合不來」等牴觸情緒。不要把自己的意志強加在他人身上，多站在對方的角度想一想，你會發現原本難以解決的矛盾已經在不知不覺中化為無形。

2. 多了解別人：心理學研究顯示，一個人性格的形成受環境、教育、實踐等因素的影響。人的性格之所以不同，正是由於所處的環境、所受的教

育以及人生經歷的不同而造成的。因此，當你與一個和自己性格不同的人打交道時，你應當試著多了解一下他的性格形成的原因。假如你是一個開朗、樂觀的人，而對方恰恰是一個沉默、孤僻的人，不要認為你們沒有任何共同語言，你應該多和他交談，隨著雙方了解越來越多，很容易在彼此間產生一種親近感，說不定你和他因此而成為朋友呢。

3. 善於發現別人的優點：性格迥然不同的人在一起，很快就能發現對方的缺點和不足。俗話說，人無完人。每個人的性格都有不足的一面，只是表現不同而已。與人溝通，正確的態度不是以己之長比人之短，而是以人之長補己之短，要善於發現別人的優點。比如，性情急躁的人，不要看不慣性子慢的人，而要看到他們考慮問題可能會很周密，處理事務謹慎而穩重。性子慢的人也不要討厭性子急的人，要看到他們做事熱火朝天、麻利痛快、高效率的優點。與性格不同的人相處，要學會取長補短，這樣，不但大家可以融洽相處，而且還會在來往中不斷學習，不斷完善自己。

4. 要有寬容的心：「宰相肚裡能撐船」，這不僅是一個人的修養，也是與他人和睦相處的條件。當然，這裡所說的寬容，不是不講原則，而是指在一些非原則的小事上不要斤斤計較。每個人都應當尊重他人的興趣和愛好，對別人生活中的一些細枝末節，要能容得下。只有這樣，不同性格的人才能和平共處。

5. 要嚴於律己：一個人能不能與人相處融洽，不是單方面的問題。有時，問題可能在對方，而有時候問題恰恰就在自己身上。因此，要嚴於律己，注意克服自身的缺點。俗話說，一個巴掌拍不響。與他人合不來，不能只怪罪別人如何如何，有修養的人總是先檢查自己，嚴格要求自己，找出自身的缺點並加以改正。這樣不僅可以不斷完善自己的性格，也會消除誤會，使對方願意與你相處。

與人來往，「對症下藥」

　　有句老話說，一把鑰匙開一把鎖。跟不同性格的人交往，要有不同的來往方式。這並非指那種見人說人話，見鬼說鬼話的圓滑世故，也不是指那種逢場作戲、八面玲瓏的玩世不恭。這裡所說的待人有別，是指要看到不同性格的人，都有其自身的特點，我們要針對這些特點而採取不同的態度，因人而異。

1.　與死板的人來往：與這樣的人交往，要有熱情和耐心，不能操之過急。這樣的人天生一副冷面孔，一般興趣愛好也比較單一。仔細耐心的觀察他的言行舉止，找到他感興趣的話題和比較關心的事情，然後尋機與他聊天。只要你和他能有共同的話題，他的死板就會在你們的談笑中蕩然無存，而且還可能表現出少有的熱情。

2.　與傲慢無禮的人來往：與這樣的人來往，適當的時候你可以反擊。有些人會因為自己獲得一點成績就心生傲氣，舉止無禮，出言不遜。和這種人打交道，說話應該簡明有力，開門見山，使他有架子也沒機會擺。如果可能，盡量減少與他相處的時間，不給他表現傲慢的機會。或者，你可以找他的「軟肋」，和他談一些對於他而言比較不精通的話題，比如邀他一同欣賞西洋古典音樂，和他大談史特勞斯、莫札特、貝多芬，當他沉默的時候，也就是你成功的時候，以後你再和他來往，他的傲氣會收斂很多。

3.　與城府很深的人來往：和這樣的人來往，要有防範之心。這種人一般都工於心計，在和別人來往時，他們往往把自己真實的一面隱藏起來，希望多了解對方，從而使自己占據主動地位。他們對事不缺乏見解，因此不到萬不得已的時候，是不會輕易表達自己的意見的。來往中遇到這樣的人，切記不要讓他們完全掌握你的祕密和底細，更不要為他們所利

用，或一不小心陷入他們的圈套之中。

4. 與爭強好勝的人來往：這種類型的人往往狂妄自大，喜歡誇耀，總是表現出高人一等的樣子，對這樣的人，忍讓要有度。因為在有些情況下，你的忍讓在他的眼中是一種軟弱的表現，他會因此而更加不尊重你，或者瞧不起你。所以對這樣的人，要在適當時機挫其銳氣，讓他知道，山外青山樓外樓，不要總是目中無人，不可一世。

5. 與口蜜腹劍的人來往：對這樣的人，基本上要敬而遠之。這種人「明是一把火，暗是一把刀」，又被稱為「笑面虎」。如果你遇到這樣的上司，不管做什麼事情，都要多點頭，少搖頭，少發表看法是你的最佳選擇。碰到這樣的同事，最好的辦法就是能躲就躲，能避就避，做事盡量避免和他一起。

6. 和刁鑽刻薄的人來往：這一類人的特點是和人發生爭執時喜歡揭人短處，而且絲毫不留情面和餘地，往往使對方丟盡了面子，很不受人歡迎。因此要和這樣的人保持一定距離，盡量不去招惹他，吃一點小虧，聽一兩句閒話，就當作什麼都沒發生，不要因為他的無理取鬧而壞了自己的好心情。

懂得採納朋友的建議和意見

忠言逆耳利於行

　　人的一生是在批評中成長起來的，批評是使人更加成熟和完善的良方妙藥，是使人走向成功的階梯。從批評中，我們能夠認知到自己的缺點和錯誤，從而修正自己的言行舉止。一般來說，能夠對我們提出批評的人，往往都是真心對待我們的人，他們希望我們可以改正缺點，往更好的方向發展。

但是，並不是所有的人都善於聆聽別人的意見，特別是那些聽起來不十分舒服的意見。

從前，郭國的國君出逃在外，他對駕車的人說：「我渴了，想喝水。」車夫把清酒獻上。他又說：「我餓了，想吃東西。」車夫又把乾糧遞上來。

郭君問：「你是如何準備這些的？」

車夫回答：「我貯存的。」

郭君又問道：「你為何要貯存這些東西？」

車夫答道：「為了讓你在逃亡的路上充飢解渴。」

郭君不解：「難道你知道我將要出逃？」

車夫答：「是的。」

「那你為什麼不事先提醒我呢？」郭君質問道。

車夫回答說：「因為你總是喜歡別人說奉承話，卻討厭人家說真話。我想要規勸你，又怕自己因此而送了性命，所以沒有勸你。」

郭君聽到這裡，臉色大變，生氣的問：「我之所以落到如此地步，到底是為什麼呢？」

車夫見狀，連忙轉變話題，說：「你流落在外，是因為你太有德了。」

郭君更加不解，急忙又問：「我既然是有德之人，卻要逃離國家，流落在外，這又是為什麼呢？」

車夫回答說：「天下除了你之外，沒有有德之人了，所以你才出逃在外啊！」

郭君聽到此話十分高興，忘了自己是在逃難，趴在車前的橫木上笑起來：「哎呀，有德之人怎麼受這等苦哇！」他覺得周身勞累，就枕著車夫的腿睡著了。

車夫用糧墊在郭君的頭下，自己悄悄走了。後來，郭君死在田野裡，成

為虎狼口中之食。

郭君在窮途末路之際，仍然聽不進朋友的規勸，由此可知他的失敗是必然的了。世界上不可能只有一種聲音，當我們面對朋友提出的意見和建議，是正確對待，還是不屑一顧，或者斷然反擊？這可以說是智慧人生與愚蠢人生的分水嶺，聰明的人總是善於聆聽不同的聲音，善於聽取並採納那些合理的意見和建議。即使批評不合理，他們也不會因此而傷了彼此的和氣，而是默默的做好自己的事，用事實來證明自己是正確的。倘若事實證明他是錯誤的，他會立即改正，並發自內心的感謝朋友。有則改之，無則加勉，用這樣的態度對待他人的意見和建議，總好過於固執己見，一意孤行。

有些忠告不可不聽

有一個獵人捕獲了一隻能說 70 種語言的鳥。

「放了我，」這隻鳥說，「我將給你三條忠告。」

「先告訴我，」獵人回答道，「我起誓我會放了你。」

「第一條忠告，」鳥說道，「做事後不要懊悔。」

「第二條忠告：如果有人告訴你一件事，你自己認為是不可能的就別相信。」

「第三條忠告：當你爬不上去時，別費力去爬。」

然後，鳥對獵人說，「你該放我走了。」

獵人依言將鳥放了。

鳥兒飛到一棵高樹上，向獵人大聲喊道：「你真笨。你放了我，但你並不知道在我的嘴中有一顆價值連城的大珍珠。正是這顆珍珠才使我變得這樣聰明。」

獵人很想再捕獲這隻鳥，他跑到樹前開始爬樹。不幸的是，他剛爬到樹

上就掉了下來，而且摔斷了雙腿。

鳥兒嘲笑他，並向他喊道：「笨蛋！我剛才告訴你的忠告你全忘記了。我告訴你一旦做了一件事情就別後悔，而你卻後悔放了我。我告訴你如果有人對你講你認為是不可能的事，就別相信。但你相信像我這樣一隻小鳥的嘴中會有一顆很大的珍珠。我告訴你如果你爬不上去時，就別強迫自己去爬。你卻因為想追我而試圖爬上這棵大樹，結果還摔斷了你的雙腿。」

「希望你永遠記住：『對聰明人來說，一次教訓比蠢人受一百次鞭撻還深刻。』」說完，鳥兒就飛走了。

很多時候，不管是朋友也好，陌生人也罷，他們的忠告是有感而發的，並不是針對你或者試圖打擊你才說出來的，所以，當別人對你提出一些忠告時，要學會認真傾聽。生活中有很多類似的忠告，它們很寶貴，有些甚至會對你的一生產生重要影響。虛心接受他人意見對於一個人的成長是至關重要的，它可以讓你的人生少走些彎路。有些批評，你可以一笑而過；有些忠告，你不可不聽！

和朋友說話的藝術

說話很簡單，但要想把話說得恰到好處，就不是一件容易的事情了。好的話會給你帶來融洽的人際關係，而不得體的話則會成為你前進路上的絆腳石，兩者存在著天壤之別。

言語是溝通人際關係最好的工具，它能夠在人們之間交流思想感情，傳遞資訊，建立友誼，增進了解。一個人的言語，是他的知識、才智、閱歷、教養和應變能力的綜合表現。它能夠直接反映出講話者是博學多識還是孤陋寡聞，是謙遜有禮還是夜郎自大。

說話之前，要先學會傾聽

　　不要以為一個能說會道的人就是一個善於交際的人，事實上，只有那些善於傾聽的人才是真正的交際高手。會說話的人，是有很多鋒芒畢露的時候，但也常有言過其實之嫌，話多了，自然免不了言多必失，禍從口出。而一個善於傾聽的人，則會給人留下謙虛好學、踏實穩重的印象，這樣的人總是擁有很多朋友。

　　一位心理學家曾說：「以同情和理解的心情傾聽別人的談話，是維繫人際關係，保持友誼的最有效的方法。」可見，傾聽是一門藝術，善於傾聽，好過口若懸河。

　　從前，有個小國的使者來到大國，進貢了三個一模一樣的金人，瞧著金人光閃閃的樣子，皇帝十分高興。可是使者同時還出了一道題目：這三個金人哪個最有價值？

　　皇帝盯著金人看了半天，也沒看出什麼不同，於是他請來金匠對金人進行檢查，金匠又是稱重量，又是看做工，忙了半天，還是沒能區別出來。怎麼辦？泱泱大國，不會連這麼一個小問題都答不出吧？皇帝心裡有些著急了。

　　這時，有一位老臣說他有辦法。只見他胸有成竹的拿出三根稻草，分別插入三個金人的耳朵裡。插入第一個金人的耳朵後，稻草從另一隻耳朵出來了；第二個金人的稻草則是從嘴巴裡直接掉了出來；第三個金人，稻草插進去後掉進了肚子裡，什麼動靜也沒有。

　　隨後，老臣說：第三個金人最有價值。使者默默的點了點頭，老臣的判斷完全正確。

　　老天給我們兩隻耳朵一個嘴巴，就是讓我們多聽少說的。善於傾聽，才是一個有價值的人最基本的素養。但許多人並不懂得這個道理，當別人說話

時，他們往往不待別人說完，就想插嘴。其實這是十分不禮貌的行為，而且很多時候，你不知道你的打斷會錯過什麼。

　　一天，美國一位著名主持人採訪一名小朋友，問他：「你長大後想要當什麼呀？」小朋友天真的回答：「我要當飛行員！」主持人接著問：「那如果有一天，當你的飛機正好飛到太平洋上空，所有引擎都熄火了，你會怎麼辦？」小朋友很認真的想了想，說：「我會先告訴坐在飛機上的人綁好安全帶，然後我掛上我的降落傘跳出去。」

　　聽到孩子的回答，在現場的很多觀眾笑得東倒西歪，主持人沒作聲，他想看看這個孩子是不是自作聰明。沒想到，他看到孩子的兩行熱淚奪眶而出，這讓主持人大為吃驚，他接著問道：「為什麼要這麼做？」小孩的答案讓每一個聽到的人為之動容：「我去拿燃料，我還要回來！」

　　別人說話的時候，請不要打斷他，否則，你會因此而錯過最精彩的內容，因為你永遠都不知道別人下一句究竟要說什麼。吳爾芙說：「誠意的關注，最能打動別人的心！」所以，該傾聽的時候，請你千萬保持沉默。

不要吝惜你的讚美

　　朋友之間相處，恰當的讚美必不可少。哪怕是再無情的人，只要一句讚美，也能讓他從心底感到愉悅。當然，這種讚美應當是發自內心的，是真誠的，而不是含有某種目的的曲意逢迎。

　　有一個女孩，首次登台演唱是在教堂的表演中，那一年她5歲。她有著天籟般的嗓音，她的天才從一開始就頗堪造就。當她漸漸長大，家人幫她請了一個很有名的聲樂老師，為她進行專業的聲樂訓練。這位老師造詣很深，同時也十分苛求完美。不論何時，只要這女孩的節奏稍微不對，他都會很細心的指正。一段時間以後，女孩對教師的崇拜日益加深。儘管年齡相差很大，但她決定嫁給他。

　　婚後，丈夫繼續教她，但是女孩的朋友發現她那曾經優美自然的腔調不再清爽了。漸漸的，邀請她去演唱的機會越來越少。而這時，她的先生也因病去世了。之後幾年，她很少演唱，或根本沒有演唱，直到有一位推銷員追求她為止。當她正在哼小調或一首樂曲旋律時，追求者就會驚嘆歌聲的美妙。

　　「再唱一首，親愛的，妳有全世界最美的歌喉。」他總是這樣說。事實上，他只是非常喜歡她的歌聲，而並不知道她唱得究竟是好是壞。由於他對她的大加讚揚，她的自信心開始恢復了，又開始前往世界各地演唱。稍後，她嫁給了這位「良好的發現者」，重新開始了歌唱生涯。

　　托爾斯泰曾說：「就是在最好的、最友善的、最單純的人際關係中，稱讚和讚揚也是必要的，正如潤滑劑對輪子是必要的，可以使輪子轉得更快。」每個人都有他的優點和長處，每個人都希望別人能看到和肯定自己的這些優點和長處，從而肯定自己的價值，哪怕只是一句簡單的讚美，也會讓人感到友好與溫馨。因此，不要吝惜你的讚美，你會因此而得到更多的朋友。

讓自己多一些幽默風趣

　　幽默的人，面對不同的環境，總能保持一份樂觀的態度。幽默是自覺的用表面的滑稽逗笑形式，以嚴肅的態度對待生活事物和整個世界。幽默不僅僅是一種智慧，更重要的是一份豁達的胸襟。社會越進步，人們越富有幽默感。

學會適時的自我解嘲

　　一位節目主持人被邀請擔任一場晚會的主持人。演出到中途，主持人在下台階時一不小心摔了下來。這種意外確實令人難堪，但她非常沉著的爬了

起來，憑著她主持人特有的口才，對台下的觀眾說：「真是人有失足，馬有失蹄呀。我剛才的獅子滾繡球的節目滾得還不熟練吧？看來這次演出的台階不是那麼好下哩！但台上的節目會很精彩的，不信，瞧他們。」

她此時的自我解嘲不但為自己擺脫了尷尬的境地，更顯示出了她非凡的口才。她話音剛落，會場就立刻爆發出潮水般熱烈的掌聲，甚至有觀眾大喊：「我們歡迎妳！」

希臘大哲人蘇格拉底也是一位自我解嘲的高手。他的妻子是有名的悍婦贊西佩，常作河東獅吼。有一天，哲學家正在和他的學生談論學術問題，他的妻子突然跑了進來，不由分說的罵了一頓，接著又提起裝滿水的水桶，猛潑過來，蘇格拉底立時成了落湯雞。學生以為老師一定會大怒，然而出乎意料，他只是笑了笑，風趣的說道：「我知道打雷之後，一定會下雨的。」大家聽了，不禁哈哈大笑，他的妻子也感到慚愧，退了出去。

林肯的老婆也是出了名的潑辣，喜歡破口罵人。有一天，一個送報的小孩子因為不識路而耽誤了送報的時間，結果遭到林肯太太的百般惡罵。小孩向報館老闆哭訴，說她不該罵人太甚，並發誓以後都不到那家去送報了。有一次，老闆向林肯提起這件小事。林肯說：「算了吧！我都已經忍她十多年了，這個小孩子偶然挨罵一兩頓，算得了什麼呢？」林肯的自我解嘲功夫，確實非常了不起。

林語堂說過，智慧的價值，就是教人笑自己。在現實生活中，假如你在尷尬的境地能拿自己開開玩笑，相信尷尬的氣氛會在大家善意的笑聲中煙消雲散的。一句得體的幽默，能讓你和朋友的關係更加和諧融洽，它所帶來的感情衝擊，有足夠的能量來消除來往中的誤會和紛爭。

幽默雖好，不要濫用

幽默被譽為為人處世的法寶之一，適當的幽默能夠消除尷尬的場面，給

人們帶來歡笑和快樂。但要注意的是，在使用幽默技巧時切忌濫用，用多了不但得不到應有的效果，還會對別人造成傷害，或者使自己成為他人茶餘飯後的笑料。妙語連珠的確可以給人帶來輕鬆的感覺，但川流不息的笑話、諷刺，有可能會斷絕你與朋友之間的良好溝通。

　　有一次，一位教書先生拜訪故人，路過一村莊，正好遇見一人家在擺滿月酒，於是走了過去。他看見婦人抱著一對雙胞胎，便不懷好意的對婦人開玩笑說：「這對孩子真可愛，哪個孩子是先生的？」婦人聽出先生在占自己的便宜，也就笑著對先生說：「不管哪個先生哪個後生，都是我所生，先生您說是嗎？」眾人一聽哈哈大笑，先生自討沒趣的走了，以後再也不敢仗著一點淺薄的學識譏諷他人。

　　的確，在溝通中，如果要善於使用幽默，就必須具有一定的智慧。對於一個才疏學淺、舉止輕浮的人來說，是很難生出真正的幽默感來的。幽默使用得不得體，不但得不到應有的效果，甚至還會弄巧成拙，適得其反。

　　蕭伯納可以說是一個相當幽默的人，在年少時，他就展現出幽默的才能，只是那時候因為年紀還小，經常出語刻薄，人們被他說過之後，甚至會產生一種「體無完膚」之感。

　　有一次，他的一位朋友對他說：「你現在常常出語幽默，非常風趣，這樣固然不錯，但大家總是覺得，假如你不在場，他們會更開心快樂。因為他們都比不上你，有你在，大家都不敢開口了。你確實在才幹上比別人更勝一籌，但這麼一來，朋友都漸漸離你遠去，這對你又有什麼好處呢？」朋友的話讓蕭伯納如夢初醒，從此他改掉了濫用幽默的壞習慣，把他的才能用到文學創作上，最終獲得了非凡成就。

容易人緣不好的幾種人

美國一位著名成功學家曾對 2000 多人進行了長達十年的追蹤研究，最後得出一個驚人的結論：一個人的成就大小，往往和他擁有的支持者、幫助者的數目成正比。由此，他指出：影響人生成功的最重要的因素不是人的才華、家庭背景等，而是人的社會關係或好人緣。

人緣，說到底就是個人與眾人的關係。當你孤單一人闖入社會這個大舞台時，首先需要獲得的便是一個良好的公共關係。好人緣，將是你走向成功的最大本錢。

誰最容易成為孤家寡人？

有些人生來就有好人緣，他們對人對己都非常自然，不費力就能擁有良好的人際關係，生活、事業順風順水。而有些人卻很難受到他人的歡迎，朋友對他們來說，簡直如天外來物般珍稀，更有甚者，闖蕩「江湖」數十年，不僅沒交到一個好朋友，反而將同學同事都得罪了個遍，將自己「打造」成真正的孤家寡人。究竟哪些人容易成為孤家寡人呢？

自以為是的人

這種人不大瞧得起別人，眼睛猶如長到了頭頂上，總覺得自己高高在上。看人的時候一般都斜著眼睛，表現出一副不屑一顧的樣子。在回答別人問話時，他們往往容易顯出不耐煩的神情，即使在向別人求教時，也要擺出一副胸有成竹的架勢，彷彿他只是在考考人家而已。這些表現雖然並非完全是有意識的，卻必然會引起周圍人的反感。

心胸狹窄的人

這種人通常妒忌心特別重，遇上能力比他強的，心裡全是不服氣；那些受主管器重的同事，他也看不順眼，懷疑人家靠拍馬屁才步步高升；看到別

人的關係比較密切，他則悻悻然，有時還會在中間搬弄一點是非；在日常生活中，就連誰講了一句俏皮話，他也會若有所思。這樣的表現，無形中會在他與別人之間構築了一道厚厚的、無形的牆，將好人緣拒之門外。

疑神疑鬼的人

疑心太重也是人緣不好者的一大弱點。如有的人快 40 歲還沒結婚，而自己並非獨身主義者。這樣的人只要一聽到別人談論情感問題，他就懷疑人家含沙射影，是針對他的；看到幾個人在竊竊私語，便懷疑在說他的閒言碎語；甚至別人無意中瞟了他一眼，他也覺得是人家對他有意見。凡此種種，使自己終日處於惶惶然之中，使別人對他避之不及。疑神疑鬼的人在人際關係中缺乏信任，當然也不可能與別人溝通感情，甚至連正常的資訊溝通也受到了嚴重阻礙，自然淪落為孤家寡人。

好人緣造就好人生

好人緣是一個人的龐大財富。擁有好人緣，事業上會順利，生活上會如意。但好人緣並非人人天生就有，它更需要你的後天努力。

尊重他人：一個人要想得到他人的尊重，首先要學會尊重他人。「己所不欲，勿施於人」，你不喜歡別人的橫眉冷對、頤指氣使，難道別人喜歡嗎？

有這樣一個故事：一個小孩很不懂禮貌，既不會主動向長輩問好，也不會和朋友們團結。聰明的媽媽為了糾正他這個缺點，就把他帶到一個山谷中，讓他對著周圍的群山喊：「你好，你好……」小孩聽到山谷回應：「你好，你好……」媽媽又領著他喊：「我愛你，我愛你。」山谷也喊道：「我愛你，我愛你。」小孩驚奇的問媽媽這是為什麼，媽媽告訴他：「只有尊敬別人的人，別人才會尊敬他。不管是時常見面，還是遠隔千里，都要處處尊敬別人。」小孩聽完媽媽的話，懂事的點了點頭。

樂於助人：每一個人都需要來自親人、朋友的關懷和幫助，尤其要珍惜自己在困境中得到的關懷和幫助。一個懂得珍惜的人，才會懂得付出，才會在他人需要幫助的時候，伸出援助之手。

幫助別人，不一定是物質上的幫助，簡單的舉手之勞或關懷的話語，就能讓別人產生久久的激動。如果你能幫助曾經傷害過自己的人，不但能顯示出你的寬容，而且還有助於「化敵為友」，為自己營造一個更為寬鬆的人際環境。

心存感激：接受過他人無私的幫助後，應當在心中常存一份感激，這會使你的人際關係更加和諧。情感的紐帶因為有了感激才會更加堅韌，友誼之樹必須靠感激來滋養，才會枝繁葉茂。

古人說，「滴水之恩，當以湧泉相報」，並不是每一個人都能做到，但你至少可以堅持「投之以桃，報之以李」，時時處處想著別人，感激別人。因為有了感激，你才會成為一個好家人、好朋友、好同事。

同頻共振：同頻共振，指的是一處聲波在遇到另一處頻率相同的聲波時，會發出更強的聲波振盪，而遇到頻率不同的聲波則不然。人與人之間，如果能主動尋找共鳴點，使自己的「固有頻率」與別人的「固有頻率」相一致，就能夠使人們之間增進友誼，結成朋友，正所謂「兩人一般心，有錢堪買金；一人一般心，無錢堪買針。」

真誠讚美：「每個人都喜歡讚美。」林肯如是說。一位人類行為學家也說過，人類本質裡最深遠的驅策力就是希望具有重要性，希望被讚美。因此，當別人有值得褒獎之處時，你應毫不吝嗇的給予誠摯的讚許，以使得與他人的來往更加和諧而溫馨。讚美，好比是友誼的泉源，它像一種理想的黏合劑，不但會把老朋友團結得更加緊密，而且還可以讓互不相識的人因此而成為朋友。

第十章 大膽的與人來往

諧諧幽默：在人際來往中，機智風趣、談吐幽默的人往往擁有更多的朋友，大多數人不願和動輒與人爭吵，或者鬱鬱寡歡、言語乏味的人交往。幽默可以說是一種潤滑劑，它使煩惱變為歡暢，使痛苦變成愉快，將尷尬轉為融洽。

馬克吐溫就是一個幽默的人。有一次，他要去一個小城，臨行前別人告訴他，那裡的蚊子特別厲害。到了之後，正當他在旅店登記房間時，一隻蚊子在馬克吐溫眼前盤旋，這使得職員尷尬萬分。馬克吐溫卻滿不在乎的說：「貴地蚊子比傳說中的不知聰明多少倍，牠竟會預先看好我的房間號碼，以便夜晚光顧、飽餐一頓。」一句話逗得服務人員不禁哈哈大笑。結果，這一夜馬克吐溫睡得十分香甜。原來，當天晚上旅館全體職員一齊出動，驅趕蚊子，免得這位受人歡迎的大作家遭受蚊蟲叮咬。幽默，不僅使馬克吐溫擁有一群誠摯的朋友，也因此得到陌生人的「特別關照」。

寬容大度：人與人來往，難免會出現碰撞摩擦的現象。在這種情況下，多一份寬容，就會使你贏得一個綠色的人際環境。「人非聖賢，孰能無過」，不要對別人的過錯耿耿於懷、念念不忘。生活的路，正是因為有了寬容才會越走越寬，否則只會把自己逼進死胡同。

誠懇道歉：如果你不小心得罪了別人，應當真誠的向對方道歉，這樣不僅可以化解矛盾，而且還能促進雙方心理上的溝通，緩解彼此的關係。

英國首相邱吉爾起初對美國總統杜魯門印象很壞，但是後來他很坦誠的告訴杜魯門，說以前低估了他，這是以讚許的方式表示道歉。這種道歉方式，效果很不錯哦。

千餘年前，曾子就講過：吾日三省吾身。因此，一個人應當不斷檢討自己的過失、努力提高個人修養，才能擁有「好人緣」這張闖蕩江湖的「無敵通行證」。

讓他人可以信賴你

信任是人際來往中的通行證，經常無緣無故的失約，會讓朋友離開你，親人疏遠你。當你和「言而無信」形影不離時，你失去的就不僅僅是一個朋友，而是你的信譽度，周圍的人將不再信任你，你的交際網絡會在頃刻間支離破碎。

離開信任，交往將無法進行。因此，想要擁有良好的人際關係，你必須能夠做到讓他人可以信賴你！

建立信任並非一蹴而就

曾有人說：「堅守信用是成功者的最大關鍵。」一個人要想成功，首先必須贏得他人的信任。這不是一蹴而就的事情，而是一定要下極大的決心，花費大量的時間，透過不斷努力才能做到。如何獲得他人的信任呢？你必須具備：

1. 正直的品格：一個人要想贏得他人的信賴，必須注意自我修養，善於自我克制，做事認真，態度誠懇，如此才能建立起良好的信譽。在生活中，應該隨時設法糾正自己的缺點，做到「言必信，行必果」，與人交往時誠實無欺，這是獲得他人信任的最重要條件。

2. 踏實肯做：一個想要獲得他人信任的年輕人，必須老老實實做出一番成績，讓它來證明自己的確是一個判斷敏銳、才學過人、富於實做的人。在工作中充分發揮自己的專長，因為一個無所專長、又樣樣都懂一點的人，與那些在某一領域有所專長的人相比，總是缺乏競爭力的。所以，如果你身上有一筆最可靠的資本——在某一領域有所專長，那麼無論走到哪裡，都將受人格外的重視，也容易贏得他人的信任。

3. 良好的習慣：有良好習慣的人，遠比那些沾染了各種惡習的人容易成功。

有很多人就快跨入成功的門檻了，但是因為自身的一些不良習慣，使得人們始終不敢對他抱以信任，他的事業因此受阻，無法再向前發展。一個人的習慣，會影響到他的品格，從而影響其日後的發展。如果你想成功，無論如何都要來自各方面的不良誘惑，在任何誘惑面前都要堅定決心、不為所惑。

4.　和藹的態度：在人際來往過程中，人的第一印象往往是最深刻的。所以，你一定要注意給人的第一印象。如果一個人能做到與人初次見面就達到一見如故的程度，他親切和藹的態度一定功不可沒。生活中的許多例子都可以證明，要想博得他人的歡心，獲得信任，必須要有一種令人愉悅的態度。無論你內心中是否對別人有好意，但如果別人從你的臉上看不到一點快樂，那麼誰也不會對你產生好感，信任感也就無從談起了。

5.　學會傾聽：與人交流，盡量要少涉及自己的身世、遭遇和好惡，你應該學會做一個傾聽者，常常流露出對別人的談話感興趣，能仔細聽對方說話。這樣做對你自己絲毫無損，而你所表現出的對別人的關心卻是他們心中最為重要的禮物。

有人認為：「很多人能獲得成功，靠的就是獲得他人的信任。」要獲得別人的信任，需要持之以恆。一個志向高遠、意志堅定的人，做任何事情都會有始有終，否則很難成功，也很難獲得人們的信任。

職場上班族更離不開信任

如果你不肯相信別人，就不可能贏得別人的信任，失去別人的信任，人際關係也就自然瓦解。因此，一位博士說：「如果一個女人很難相信別人，那她不大可能擁有健康的人際關係。」由此，心理專家為女性朋友提供了幾個贏得他人信任的妙計。

1.　不要扮作長舌婦：不要讓自己成為「廣播站」。惡意的傳播流言，搬弄

是非，說話含沙射影，會讓跟妳說話的人懷疑妳在她背後也這樣搬弄她的是非。

2.　傾聽，但不主觀臆斷：當妳聽到一些敏感的或者不好的消息時，千萬不要大驚失色。比如女兒告訴妳有同學在學校吸大麻，妳的第一反應是什麼？難以理解？非常生氣？還是馬上打電話給校長？這樣做，只會讓她覺得以後再不能向妳傾吐任何祕密了。她告訴妳這些，是因為她信任妳。妳在做出一些決定的時候，最好能夠徵求一下她的意見，比如妳可以先問問她對這事是怎麼看的，或者她覺得應該怎樣做才對，讓她覺得妳不是一個魯莽行事的人。

3.　別哪壺不開提哪壺：每個人都有一些舊傷疤或特別敏感的話題，如果妳總是有意無意的提起這些事，別人還能信任妳嗎？避免給別人留下哪壺不開提哪壺，喜歡追根究柢的印象。

4.　學會分享：向別人展現自己的內心世界是一種拉近雙方距離的好方法。妳當然沒必要告訴別人妳內心深處的大祕密，妳可以談談一部剛看過的電影，自己的週末計畫，未來的假期安排或者業餘愛好等等。

5.　讓別人知道妳信任他：研究人員發現，當被研究者感覺受到信任時，他們往往表現出一種更讓人值得信任的行為方式。如果同事之間、上下級之間有很強的信任感，工作效率也會大大提高。當妳表現出足夠的真誠，自然會贏得周圍人的信任。

從容面對他人的指責

一位心理學家說：「我們極希望獲得別人的讚揚，同樣的，我們也極為害怕人的指責。」這話一點沒錯。在生活中，每一個人都非常顧及自己的臉面，朋友或同事的指責，不管是對是錯，在聽到的一剎那，總會引起你心中

的不快。這個時候，你該怎麼辦呢？

並非真是你的錯

　　有很多時候，他人的指責並不是你真的做錯了什麼，而只是因為你的成就引起了他的嫉妒。卡內基在《人性的弱點》裡有這樣一句話：「從來沒有人會踢一隻死狗。只有當這隻狗越貴重時，踢牠的人就越能獲得滿足。」

　　1929 年，美國教育界發生了一件大事，以至於各地的學者都趕往芝加哥看熱鬧。一位 30 歲的年輕人，被任命為美國第四富有的大學 —— 芝加哥大學校長。這簡直讓人難以置信！幾年前，這位名叫羅伯特‧哈欽斯的年輕人依靠半工半讀從耶魯大學畢業，他曾經做過伐木工、作家、家庭教師和推銷員。可是短短的 8 年之後，他卻一下子成為了眾人矚目的焦點。

　　這樣那樣的批評和指責鋪天蓋地而來，像山崩落石一樣砸在這位「神童」的身上。老一輩教育人士大都持反對意見，有的說他太年輕了，經驗不足；有的說他教育觀念不成熟，無法勝任，甚至連各大報紙也參與了對他的攻擊。

　　在哈欽斯就任的當天，一個朋友對他的父親說：「今天早上看到報紙社論攻擊你的兒子，真把我嚇壞了。」「沒錯，」哈欽斯的父親接著說道，「的確攻擊得很厲害。可是請記住，從來沒有人會踢一隻死狗。」

　　的確如此，當一隻狗特別貴重時，踢牠的人才會感到滿足。

　　後來成為英王愛德華八世的溫莎王子，他的屁股也曾被人狠狠踢過。當時，他只有 14 歲，在一所學院讀書。有一天，一位海軍軍官發現他在哭，問他發生了什麼事。他起初不肯說，但最後還是說了實話：他被學院的學生踢了屁股。指揮官把所有的學生都召集起來，向他們解釋王子並沒有告狀，但是他想知道為什麼他們要如此對待王子。

　　大家開始互相推諉，最後有人承認：如果他們自己將來有一天成為皇

家海軍的指揮官或艦長的時候，他們希望能夠告訴別人，他們曾踢過國王的屁股。

因此，假如你被別人踢了，或者遭到別人的惡意指責，請記住，這並不是你的錯，他們的舉動只是表示這樣能使他們獲得一種自以為很重要的成就感。而這通常也意味著你已經有所成就，並且已經引起他人的注意。

面對他人不公正的指責時，不要再憂慮，你只要記住：不公正的指責通常是另一種恭維，是對你成就的另一種認可。

主動承認錯誤

如果你認為有人想要或準備責備你，也許對方是在吹毛求疵，這個時候你不要懊惱，自己先行一步，主動把對方要指責你的話說出來，這樣他就拿你沒有辦法了。在這種情況下，對方十有八九會以寬容的態度來對待你，原諒你的錯誤。

華倫是一位商業藝術家，他經常透過自我檢討的方式，來對付那些脾氣暴躁而又挑剔的藝術品顧主。繪製商業廣告和出版品的最重要的就是精確與一絲不苟，雖然在這一點上，華倫做得特別好，但有一位主顧總是喜歡雞蛋裡挑骨頭。每次華倫離開他的辦公室，都覺得不舒服，因為他總是攻擊華倫的創作方法，而他在這方面是沒有發言權的。

一次，華倫交了一件很急的完稿給他，沒多久他就打電話要華倫過去，說是出了問題，語氣相當不友善。華倫去了之後，看到他滿臉敵意，心想：麻煩來了。果然，他開始滔滔不絕的指責華倫以及他的作品。聽完他惡意的指責後，華倫平靜的說：「親愛的先生，如果你的話是正確的，那我的失誤一定不可原諒。為你工作了這麼多年，實在不知道怎麼畫才對，我對此感到萬分慚愧！」奇蹟出現了！剛才還怒氣沖沖指責華倫的主顧，這個時候態度有了一百八十度的大轉彎，他轉而為華倫辯護起來。

「這畢竟只是一個很小的錯誤……」挑剔的主顧說道。

「任何錯誤，都會帶來無法預料的代價，這是不能原諒的。」華倫打斷了主顧的話，繼續做自我檢討。

主顧一次次想插嘴，但被華倫一次次打斷，華倫在不停的進行自我批評，最後又以十分誠懇的態度向主顧道歉。最後，主顧甚至讚揚了華倫的作品，告訴他只要稍作修改就行了。華倫的自我批評讓主顧的怒氣全消，並且邀他共進午餐，還交給他另一件工作。

承認自己的錯誤需要勇氣，假如你肯主動承認錯誤，不僅能消除對方的怒氣，還會讓自己獲得某種程度的滿足感，問題也會隨之迎刃而解。更重要的是，這有助於你獲得一個良好的人際關係環境，擁有更多的朋友。

盡量避免誤解與偏見

誤解與偏見可以說是人際來往中的死敵，它會一點一滴的腐蝕掉一個人的獨立判斷能力，為他的人際來往旅程套上一副沉重的枷鎖。

交往中的誤解和偏見往往難以避免，它給我們帶來了很多麻煩，很多苦惱。在發生誤解的時候，不要光記得埋怨，因為它不能解決任何問題。面對誤解，你需要做的，應該是好好想一想它產生的原因，以及如何才能避免誤解。

誤解的產生和消除

現代社會紛繁複雜，每個人都有不同的立場，工作性質也不盡相同，在眾人聚集的工作場所，難免會發生一些讓人意想不到的誤會，甚至是摸不著頭腦的糾紛。遭人誤解時，無論你做什麼都會覺得困難重重，因此，與人來往，必須學會如何應付誤會。誤會的產生，主要有下列幾種原因。

1. 言詞不足：有的人可能口才不太好，在表達訊息或者說明某些事情時，常常會在言詞上有所欠缺，說了一大通之後，只有自己明白，而別人仍然一頭霧水。這樣的人缺乏「讓別人明白」的意識，容易招來對方的誤解。

2. 自以為是：有的人因為頭腦聰明，任何事情都能處理得恰到好處，因此辦事時經常我行我素，自以為是。即使面對從來都沒有做過的新工作時，也不願和別人商量，而是自作主張。這麼一來，難免會讓其他同事產生誤解，即使任務最終完成，也難以受到周圍同事和主管的肯定。

3. 過分小心：有些人天生顧慮太多，做什麼事都前怕狼後怕虎，做事小心翼翼，從不發表意見。他們的存在感相當薄弱，容易成為他人誤會的對象。這樣的人缺乏積極表達自己意見的魄力，總希望對方不必聽太多說明就能明白自己的想法。這類人的含蓄並不是美德，自己需要好好反省一下。

4. 缺乏體貼：有的時候，縱然是一句玩笑，也可能造成他人的誤解。即使是一句安慰、感激的話，如果對方的接收方式不同，也可能變成誤解。因此，在說話之前，一定要考慮到對方的狀況以及他的接受態度，以免引起不必要的誤解。

5. 外觀印象不好：雖然「以貌取人」不可取，但不可否認，第一印象在人際來往中的確很重要。人們往往把親眼所見的形象作為評判個人的標準，這個印象可能成為造成誤解的原因。假如你在公共場合衣冠不整，言談舉止不拘小節，就會給周圍的人留下不好的印象，並且會造成一定程度的誤解。

那麼，誤解如何消除呢？

1. 心地坦然：有道是：「平生不做虧心事，半夜敲門心不驚。」發生誤會後，不妨坦然處之。如果感到自己受了莫大冤屈而氣急敗壞的四處辯白，不

但得不到同情，反而有可能讓人家看笑話。

2. 氣量恢弘：對於錯怪自己的人，不要懷有怨恨。應該看到，在多數情況下，誤會的雙方可能早已有某種隔閡，只是這種隔閡平時你沒有注意。誤解發生後，需要你做一些「修補」工作。反之，如果意氣用事，以其人之道還治其人之身，很可能導致雙方關係進一步惡化。

3. 分析原因：讓自己頭腦冷靜，客觀的分析誤會產生的根源。如果責任在自己，不妨「有則改之」；如果不是，那也不必著急，「時間是澄清誤會的明鏡。」相信時間會讓一切都真相大白的。

4. 對症下藥：你可以試著與對你產生誤會的人平心靜氣的談一談，也可以轉託其他人做解釋。實際上，有些誤會很容易消除，只要事實擺出來，誤會就會煙消雲散。

人際來往中的偏見

當你遇見一個人時，不可避免會對他產生一些印象，而「偏見」的產生首先來自於「第一印象」，第一印象對人們互相間的關係可以產生重大影響。譬如談朋友時，第一印象不好，往往就沒了下文。但是第一印象往往又不很準確，因為在短暫的接觸中，你得出的結論所依據的資料十分有限，因此準確度很低，甚至還會產生某種偏見。儘管如此，人際來往中還是很難避免第一印象的左右，因此偏見也在所難免。

其次，「刻板印象」也是產生偏見的原因之一。刻板印象指的是人們對某一類人或事物產生的比較固定、概括而籠統的看法，是認識他人時經常出現的一種現象。刻板印象一旦形成，你對他人的判斷十有八九要發生偏差。另外，偏見的產生還受環境的影響，比如一個人的生活境遇、情緒狀況等。俗話說「人逢喜事精神爽」，當一個人處於這種情緒狀態時，他眼裡的一切事物都是美好的，其實這也是一種偏見。

　　產生偏見的一個更為普遍的原因，是錯誤的邏輯推理。人們往往習慣於從一個人存在的某種特質為出發點，然後推斷出他究竟是一個怎麼樣的人，這種推理容易產生「以偏概全」的偏見，在來往中，必須注意這一點，不能因為某一缺點而將整個人都一概否決。

讓理解搭起一座通心橋

理解是溝通的重要環節

　　溝通是一種藝術，需要技巧。真正的溝通不僅限於文字、言語上的交流，更重要的是心靈的接觸，從心裡理解對方。理解是溝通中非常重要的一個環節，沒有理解，溝通又從何談起？究竟什麼是人際來往中的理解呢？人際來往中的「理解」，指的是「我心中要表達的意思幾乎不走樣的傳達到你心中」。可事實上，在傳達的過程中，總有訊息發生或多或少的缺損和扭曲。因此，有一個成語叫「以訛傳訛」。

　　那麼，如何才能使得一個人所要表達的意思幾乎不走樣的傳達到另一個人的心中呢？必須具備三個基本條件：

1. 共同的文化語言背景：這主要包括基本相同的學歷，大致相同的生活經歷，對詞語有基本相同的定義。說白了，就是交流的雙方要有共同語言，能互相明白對方的意思。

2. 相同或接近的思維方式和可接受的價值觀：這點非常重要，和擁有與自己不同價值觀的人交流，你會感覺到非常困難。你不能理解對方，對方也不能理解你，「雞同鴨講」的鬱悶你不會沒經歷過吧？那就是因為思維方式不同而造成的尷尬局面。

3. 資訊不缺損：人的大腦是一個龐大的刪減系統，它會對你所收集到的資

訊進行刪減。對你有利的資訊和對你有害的資訊，大腦會自動保留，而其他的則會自動剝離掉。

當然，一個人的表達能力也很關鍵，不善於表達的人，通常很難和人進行有效的溝通。因此在說話的時候，要講究邏輯，按照人的正常思維邏輯去表達你的意思，避免故弄玄虛。

如果你要正確理解他人的意思，還要善於傾聽。一要專注的聽，正確理解對方所要表達的意思；二要設身處地的聽，把自己想像為對方，根據對方的語言習慣、出生背景、知識層次等因素，分析他所說的話是什麼意思；三要創造性的聽，即在聽的過程中加入你主觀的創造，進行邏輯分析，然後用準確的語言把對方的意思描述出來。

由此可見，「理解」是非常不容易的一件事情，切不可輕視之。

因為理解，不再孤單

在現實生活中，隨時都會聽到這樣的話，他不理解我！事實上，也許並不是別人不理解你，而是你們之間相互不理解。大家都感嘆別人不理解自己，閒下來的時候，請你問一問自己是否曾用心去理解過別人？

「理解」二字，說起來容易做起來難，當你抱怨別人不理解你的時候，檢討一下自己是否做得很好。真正的理解，需要從這些方面努力去做。

1. 傾聽對方：這是互相理解的前提。理解別人或讓人理解自己的前提是相互了解。在來往中，要認真聽取對方的談話，表現出你對他的談話有極大興趣。一個人際關係好的人，總是耐心的傾聽他人的話，甚至用提問的方式鼓勵對方把話說完，這就是傾聽的藝術。

2. 記住對方：卡內基認為，人最關心的就是他自己。比如拿起一張團體照，每個人最先看到的肯定是他自己。對於來往不多的人，記住對方的名字及相關情況，是向對方表示關心的一個好辦法。想像一下，假如事

隔多年，你還能叫出很久以前曾經接觸過的一個人的名字，說出對方的一些小事，這將使對方備受感動。記住對方，是增進人際之間理解的重要方法。

3. 相互信任：每一個人都可以分為兩類：公開的自我和祕密的自我。一般來說，完全公開和完全祕密都很少見。公開和保密的程度會因時、因事、因性格而有所不同。性格外向的人一般公開程度大，而性格內向的、城府較深的人則公開程度小。有的時候，公開或祕密程度取決於雙方人際關係的好壞。一般情況下，能和對方共享自己祕密的人，容易被人理解；而一個什麼都不願對人說的人，則很難被人理解，更談不上找到知心朋友。

4. 互相尊重：人在人際來往中要想獲得互相理解，首先要互相尊重，包括對別人人格、能力、祕密的尊重。有些人遇事專好刨根問底，四處打聽別人的祕密；有的人甚至在大庭廣眾中把他人的私事抖出來，這往往會對他人造成傷害，是不尊重人的表現。

5. 理解是基本準則：理解與關心，信任與尊重既不相同，又不可分割。不理解常常產生於不了解，而理解又是互相關心、信任的基礎。理解可以看作是一種更高層次的尊重，它是處理人際關係最基本的準則。

對任何人來說，理解都是進行有效交流所必需的，只有彼此理解，才能進入對方的內心世界。因此，讓理解搭起一座通心橋，這樣，每個人都將不再孤單。

第十一章　健康理智的追求「性福」

性健康的大忌：諱疾忌醫

　　世界衛生組織認為，隨著人類文化和生活水準的提高，人類的性問題對個人健康的影響將更為深入和重要，對性的無知或錯誤觀念將極大的影響人們的生活品質。一般而言，性健康是指具有性慾的人在軀體上、感情上、知識上、信念上、行為上和社會互動上健康的總和，它表現為積極健全的人格，豐富和成熟的人際交往，坦誠與堅貞的愛情和夫妻關係。

　　性健康主要包括三個方面內容：一是根據社會道德和個人道德觀念，享受性行為和控制生殖行為的能力；二是消除抑制性反應和損害性關係的不良心理因素，諸如恐懼、羞恥、罪惡感以及虛偽的信仰等；三是沒有器質性障礙、各種生殖系統疾病、妨礙性行為與生殖功能的軀體缺陷。簡而言之，性健康包括生殖健康、性心理健康和性生理健康三方面的內容。

男性性健康的常見迷思

迷思一：性健康等於生殖健康

很多人認為，性健康指的就是生殖健康，這種認知具有片面性。

男性科主要涉及三大領域：性生理和性心理疾病；生育與計畫生育；男性生殖系統疾病。有不少男性因為相關知識匱乏，通常將自己的生理疾病歸因於「腎虛」，在他們看來，男性的健康問題就是性功能障礙。實際上，男性的生殖障礙絕不能簡單的認定為腎虛，由於錯誤的認知而盲目濫用各種補腎壯陽藥品，雖然短時間內能得到生理上的滿足，但將嚴重透支生命，使生理年齡過早衰老，後果十分嚴重。

迷思二：生殖健康，只是成年男子的問題

阿遠今年 28 歲，已經結婚三年了，可妻子至今都沒懷孕，夫妻倆為此悶悶不樂。前些日子，妻子獨自一人去醫院做了檢查，結果顯示一切正常，於是就建議他到醫院也檢查一下。經不住妻子天天的「死纏爛打」，阿遠終於鼓起勇氣走進了醫院。經醫生檢查，發現他的一側睪丸為隱睪，隱藏在大腿股溝部。「這是一種小兒外科常見的疾病。5 歲以內可以進行復位治療。成年婚後不孕才求診，已經晚了。」聽到醫生的話，阿遠才明白自己健康知識的匱乏。

其實，男性生殖健康並不只是成年男人的問題。男人一生中的各個階段都可能會遭遇到生殖健康問題，一定要引起足夠的重視。在幼年時期，小兒腮腺炎可能引發睪丸炎，從而導致不育；青春期的男孩如果常穿緊身褲或者會陰接觸高溫環境，就可能對以後的生育造成影響；久坐、使用電腦頻繁、接觸電離子輻射等，也不利於男性生殖健康；長久的高溫盆浴或三溫暖，會導致陰囊溫度過高，影響精子活力。而到了中老年，前列腺問題、更年期症

狀等都會給不少男性帶來困擾。

迷思三：生殖健康關乎男人「面子」

據調查，婦女不孕，有一半原因在男性，而許多男性對此並沒有引起足夠的重視。對於生殖健康方面的病，很多男人總覺得丟臉，大都諱疾忌醫。據一位醫生介紹，很多男性病人因為就診不及時，延誤了就診的最佳時期。因此，男性朋友一旦出現某些不適，一定要及時到正規醫院諮詢就診，不要因為好面子而失去健康。

健康與面子，哪個更重要？

有調查資料顯示，在某國約有 1.47 億男性患有性功能障礙，而主動就診者不足十分之一。許多人感覺身體不適時，很少去醫院看病，都是自己買藥來對付，對於性健康，則更是「茫然無知」，更沒想到要做專科檢查。

宇天身材高大、魁梧壯實，還是一名運動愛好者。結婚已經兩年多了，可妻子一直沒懷孕。他憑著自我感覺，認定是妻子的問題，因為妻子的月經週期一向不準。妻子不肯去醫院檢查，就在一家私人診所用中藥調治了大半年，補藥吃了一籮筐，可情況並沒有好轉。後來妻子建議他去醫院檢查一下，他口氣十分強硬，說自己不會有什麼毛病。可他內心明白，近一年來小便時常發黃，有時還伴有熱痛……後來在醫生的多次規勸下，他去醫院做了精液常規化驗，結果使他大吃一驚：死精子達 60％、活動力極差、液化不良……這下子他徹底認輸了。幸好醫治及時，才沒有造成不可挽回的後果。

生活中，很多男性朋友認為，性功能是衡量男性標準的重要標誌，如果在性方面有問題的話，自己覺得特別沒面子，或者說男性的尊嚴受到了挑戰，其實這是一種誤解。人都會有這病那病，及早發現及早治療，不要諱疾忌醫。特別是處在人生「多事之秋」的中年人，一定要學會關愛自己，注重自己的身心健康，尤其是性健康，一旦患病應及時上正規的醫院治療，千萬

不要因為諱疾忌醫而付出沉重的代價。

更年期的性健康

更年期的男性性健康

更年期是人生旅途必經的驛站，男性約在 50 ～ 60 歲。無論是從生理、心理還是社會性能角度來說，這一年齡階段的人都比較成熟和幹練，但由於此時體內內分泌扭轉以及生理性能的老化，再加上肩負著社會及家庭的責任，從而導致性心理方面也發生一系列變化。最近，男性更年期的問題越來越引起全世界的關切。

隨著年齡逐步增大，男性睪丸的性能逐步衰退，血清中游離睪酮的含量日趨貶值，從而使中老年男性在精神生理上出現一系列症狀，主要有三類：

1. 精神神經系統症狀
2. 循環系統和全身症狀
3. 性功能和生殖器官等方面的症狀

其中第三類症狀最根本，主要表現為性功能減弱、性慾降低或淡漠、勃起硬度減弱或不能勃起、性交次數明顯減少、射精強度減弱或不射精等。

性功能減弱，既有軀體和生理上的原因，也有精神心理上的原因。傳統觀念認為，人到了一定年齡，在倫理上就不應該再有性行為，或者自認年老而有意抑制性行為。這樣，隨著時間的推移，性要求及性活動就處於報廢抑制的狀態。事實上，男性如果有良好的心理狀態，即使過了 70 歲仍可能有良好的性功能。保持一定的性活動，對其健康，特別是維持一定的活力是有益的。

更年期的女性性健康

更年期症候群是困擾全世界中年女性的重要問題。

有調查報告顯示：目前 90% 以上的更年期婦女遭受著各種更年期症狀困擾，其中有超過一半的女性認為更年期症狀影響了她們的生活品質，並由此帶來諸多煩惱。值得引起注意的是，當更年期女性面臨性健康困擾時，極少數人會主動尋求治療。在某些國家，大概只有 17% 的更年期婦女會主動尋求治療，而其中只有 3% 表示會與醫生探討性方面的問題。

之所以如此，是因為有一種認知迷思存在已久。在她們看來，更年期出現的性功能降低是衰老的自然結果，大多數婦女不知道針對性功能問題有良好的治療方式，所以一般不和他人談論有關性生活的話題。

由於傳統觀念的影響，更年期婦女尤其不會向他人談及個人的性生活問題，即使遇到麻煩，也會選擇獨自忍受。比如反覆發作的老年性陰道炎，絕大多數人在就診時，對她們性方面的問題隻字不提。

更年期女性就醫率低下的問題，讓專家們頗感憂慮。但實際上，醫務工作者在解決女性更年期性健康困擾中，有著不可或缺的重要性。調查結果還指出，如果醫生主動提及有關性生活問題的話題，73% 的婦女願意參與討論，並接受治療。所以醫生應該主動與更年期女性交流這一話題，引導患者突破心理防線，主動講出自己的症狀和困惑，從而配合醫生接受治療。

醫生在面對更年期女性前來就診時，要從心理治療入手，緩解她們因為更年期症狀帶來的緊張、焦慮的情緒；打消她們的顧慮，促使她們積極主動的配合治療。對於主動接受治療的患者，還要悉心指導她們的理療方法和藥物服用注意事項，指導她們按照正確的方法接受治療，以獲得良好的療效。

關愛更年期婦女的性健康，是每個人的責任。被忽視和壓抑著的更年期婦女性健康問題，應當早日得到重視和解決。

男性慎用壯陽藥

壯陽藥並非救命稻草

　　「壯陽藥」指的是那些能促進男性性慾和性功能的藥物，主要是雄激素、動物的某些器官和中草藥。動物性的「壯陽藥」主要是牛、羊的睪丸等生殖器，這類藥物的主要有效成分就是雄激素。鹿茸也是常用的「壯陽藥」，其性溫味鹹，是一種名貴的滋補強壯藥品，適用於中醫辨證屬於腎陽虛型的男子性功能低下。中草藥的「壯陽藥」主要有淫羊藿、巴戟天、肉蓯蓉、仙茅等。藥性均較溫熱，只適用於腎陽虛型的性能力低下。

　　在古代，就有男性竭盡全力想維持自己的性功能，只是一般來說，普通老百姓沒有這樣的力量，通常只有那些身居皇宮、每天只知道尋歡作樂的皇帝才有精力和能力研究這樣的事。可以說，古代帝王個個喜歡服食壯陽藥，據統計，歷史上的 400 多位皇帝，平均年齡不到 40 歲，大多在三四十歲的青壯年時期就去世了。雖然死因不一，但有不少與過量服食性藥有直接關係，有的甚至依賴成癮。如漢成帝劉驁、南朝齊明帝蕭鸞、唐高宗李治等，都是服用壯陽藥出了名的皇帝，最後也因此命喪黃泉。

　　很多男性朋友都把各式各樣的壯陽藥看成讓自己再振雄風的救命稻草，他們認為只要遵醫囑，必能藥到病除。但據新加坡《聯合早報》報導指出，性學專家評估，有三成 ED（勃起功能障礙）男性在服用藥物的同時，需要加服抗氧化劑，才能獲得更多的「性福」。

　　西班牙馬德里性科學研究院院長說：「目前市面上並沒有很好的抗氧化藥物，人們如今仍主要靠服用大量的維他命 C 和維他命 E 來抵消氧化疲勞，但我認為單靠服用這兩種藥物還是不夠的。」他希望在配合運動的前提下，再加上一種更安全、有效的抗氧化藥物，才能幫助此類男性徹底擺脫性障礙問

題。可見，單純服用壯陽藥並不能解決男性朋友開不了口的難言之隱，甚至還有些人因為濫用壯陽藥而引起身體其他不適。

　　林先生經朋友推薦，接觸到某藥廠生產的一種壯陽藥 ——「男用陽剛噴劑」。該噴劑是外敷的，據說可以產生消毒和增強性功能的作用。試用之後，覺得效果不錯，就買回了家。可沒想到用了幾次以後，身體狀況反而大不如前，出現了以前從沒有過的腰肌酸痛的現象。半年以後，這種不適症狀使得他體力開始下降，而且還出現脊柱、頸部酸痛的症狀。目前，36 歲的林先生已經有半年時間無法從事繁重的體力工作。

　　經過初步檢查，醫生給了林先生這樣的解釋：有些性藥的確能夠促成延長性交時間的作用，但是毒副作用也存在，它們一般會對人體的中樞神經系統造成損傷。不過假如沒有對藥物成分進行鑑定，那麼就很難斷定他的身體狀況變化是由使用藥物造成的。

　　而此時，林先生買藥的那家藥店已經將該藥退給了供貨的經銷商，他的身體問題還有待醫生做出進一步的診斷。

　　有專家介紹，對於那些人體雄激素分泌不足的男性來說，用雄激素治療可使其性慾和性功能恢復到正常水準。如果患者不是由於雄激素分泌不足而引起性功能低下，雄激素就不會產生增強其性功能的作用。相反，如果長期盲目使用雄激素，會抑制自身分泌雄激素的能力，使睪丸萎縮，反而降低了性功能。

　　可見，「壯陽藥」有其嚴格的使用範圍，性功能低下者應在醫生指導下使用，不可隨意濫服。

濫用壯陽藥反成「萎哥」

　　某醫院中醫科一位教授日前接診了一位 40 多歲的男性患者，該患者自認為腎臟比較虛弱，但沒有到正規的專科醫院確診，而是自作主張的使用一

種號稱「超級威而鋼」的補腎壯陽藥品，希望能夠雄風再現，結果服用了一個月左右，發現藥品的效果適得其反，自己反而變成了十足的「萎哥」。

據醫療界人士介紹，近年來，一些胃腸不適的就醫人群有很多因長期服用保健類中成藥而導致藥物性腸炎的病人。這些中藥大都含有大黃等主要配方，而大黃性味苦寒，久服損傷脾胃，還可引發黑腸病、腎結石、膀胱結石等病症。某藥品監督機構曾經做過的抽樣調查顯示，市場上很多所謂的壯陽藥實際都添加了激素成分，對心腦血管患者可能會引發生命危險。

那麼，壯陽藥到底有沒有效呢？多數學者認為，所謂的壯陽藥只不過是含雄激素或者類激素的藥物而已，服用此類藥物在短期內的確能夠改善性功能，但如果長期大量服用，就會導致血液中激素濃度升高，出現「回饋性抑制」，睪丸就會停止製造雄激素，結果就出現了性功能障礙進一步加重的情況。

如此說來，男性朋友該對壯陽藥採取一種謹慎的態度。比如，對壯陽藥的使用應當避開對生殖器的直接刺激，而著眼於恢復身心的全面平衡。注意休息、避免過度疲勞、克服焦躁憂鬱的情緒、戒除吸菸酗酒的習慣等，都有利於身體保持良好的狀態，從而避免難言之隱的尷尬。

如果需要用藥物進行調整，要選用那些強壯補精的藥物，如人參、何首烏、枸杞子等，而不是直接「壯陽」或催欲藥物。強壯補精的藥物對人的勃起中樞有刺激作用，對人的機體也有強健的作用。而催欲藥物則直接作用於人的生殖器官，使其充血腫脹，異常勃起，這種暫時的快樂是以犧牲健康為代價的，希望能引起男性朋友的足夠重視。

知己知彼，愉悅身心

互相溝通，知己知彼

互相溝通在夫妻的性生活方面非常重要，但通常會被忽略。有的夫妻共枕一生，也許都沒有真正達到性生活的互相了解與溝通。

美國一位著名的男性學專家說：「男人怕被拒絕，怕被認為是怪異的，或者僅僅是因為怕羞，所以不大能夠正面說出他們隱藏的欲望。」但這並不代表他們沒有欲望。作為妻子，妳可以從一些跡象來判斷丈夫是否對你們的性生活感到不滿足。例如，當妳問及他的滿意程度時，他是否有點支支吾吾，或者閃爍其詞。很多男人都有一個內在的願望，希望妻子有時候可以主動、主導性生活，使他們能夠鬆弛下來，充分享受性的樂趣。

芝加哥的一位性治療家說：「假如妳的丈夫建議你倆嘗試一樣新鮮事，妳盡可能不要感到很難為情或表現出被嚇壞了。這種反應將使夫妻間在性方面交流的大門完全封閉，會使一個男人想到再也沒有什麼理由要表露出他的內在欲望。」

夫妻之間，只有進行良好的溝通，才能保持良好融洽的性關係。　許多夫妻在生活中不乏溝通，他們可以商量購買住房，如何進行裝修，以及怎樣教育子女等。但在性生活方面，他們卻奉行「此時無聲勝有聲」的原則，缺乏必要的溝通。在多數的家庭中，丈夫不太顧及妻子的感受，主動發起進攻，似乎妻子被動承受是天經地義的，其實妻子的內心卻充滿痛苦。她們常常有一種被利用的感覺，認為自己成了丈夫洩欲的工具。有些男性性能力不強，他們在性生活中總感到有點力不從心，因此常常找各種逃避性生活或偷偷摸摸吃壯陽藥。其實在很多情況下，妻子需要的只是愛撫，而有些男性想當然的認為睡在一起就要有性行為，並因害怕而產生逃避心理，久而久之，不但

會影響夫妻之間的感情，甚至還會產生性功能障礙。

　　如今，來自生活、工作等各方面的壓力越來越大，夫妻間的溝通交流也顯得更為重要。夫妻之間經常進行平等的對話和溝通，有利於舒緩緊張煩躁的心靈，消減家庭矛盾。

知己知彼，共譜和諧樂章

　　擁有和諧的性生活，需要夫妻之間多溝通、多交流。比如互相交流一下對性愉悅的理解和體驗、了解做愛的方式及頻率，以及各自對性敏感部位的感受等等。這樣會避免在性生活中出現一些不協調現象，避免對甜蜜的性生活產生厭倦。

1. 性器官交流：性器官是性交流中最基本的內容。在思想觀念日益開放的今天，許多夫妻依然對人體性器官茫然無知，並由此鬧出許多笑話：把尿道當陰道、以為性器官接觸了就是完成了做愛的全過程；頻繁做愛，卻從不敢坦誠的審視對方的性器官；對生殖器官的敏感部位和促使彼此性愉快達到最大境界的方式知之甚少甚至一無所知……這都是性活動中缺乏相互交流的結果。夫妻性生活的快樂與否，和他們對性器官的了解有直接的關係。因此夫妻雙方在性生活的初始時期，就應該進行這種交流。

2. 性感受交流：由於傳統觀念的影響，許多夫妻相互之間不僅羞於談論性生活，也不善於交流性感受，以致性生活不是在默默無聞中發洩一番了事，就是彼此在相互埋怨的狀態下不歡而散，長此以往，性生活猶如白開水，寡淡無味。其實性感受的交流不一定非得透過語言，也可以是非語言的，即透過眼神、表情、姿勢等肢體語言傳達彼此的感受，以促進雙方的性衝動盡快升騰到同一個興奮點。

3. 性偏好交流：性愛是夫妻間正常的生理需求和心理慰藉，性偏好則是性

愛必不可少的環節。性生活既有普遍的共性，也有獨特的個性，每個人都有自己的性偏好，因此，夫妻之間應該坦誠的告訴伴侶自己有哪些性偏好，這樣可以更加提高性生活的品質。只要不損害彼此的身心健康，不違背倫理道德，夫妻無論是哪一方都應當充分理解並接受這種性偏好，以求達到性生活的美滿愉悅。

4. 性幻想交流：每一對夫妻都存在性幻想，只不過在有些方面存在較大的差異，比如出現頻率、長短、內容、性質以及對待它的態度等。夫妻之間相互交流性幻想，不僅可以使雙方了解對方的心理狀態和偏好，而且可以提高雙方的興奮程度，使彼此獲得更充分的性愛享受和滿足。

當然，夫妻之間的交流也要避免進入一些尷尬局面，比如：掌握好性交流的場合、時間等，不要引起伴侶的不快；性交流的內容不能無休無止；性交流不應涉及隱私問題；性愛是夫妻之間的事，切忌將夫妻生活的細節告訴其他人；性交流不應落入千篇一律的俗套，避免生出厭煩之情。

殉情並不是健康的愛

據統計，某國每年有 28.7 萬人死於自殺，每年約有 200 萬人自殺未遂。2005 年 2 月，某市披露，根據他們參與救助的近千例自殺事件的統計顯示，85%以上的自殺原因是「為情所困」。如果根據這個比例粗略的估算，該國每年因殉情而死的人將近 24 萬。儘管這個數字不完全準確，但也足以說明殉情問題的嚴重性。

殉情，愛的另一種詮釋

殉情是一種複雜的愛情體驗。由於他們的愛情太過真摯，又太過偏執，所以會為了捍衛愛情而採取一些極端的形式，最終走上一條無法回頭的道

路。梁山伯與祝英台的故事家喻戶曉，他們的愛情曾經感動了無數人，至今，每當婉轉哀怨的小提琴曲《梁祝》在深夜響起，總會有人潸然淚下。

但是，殉情並不是守護愛情的唯一方式，也不是最佳方式。尤其是在婚外情和婚外性行為公然或悄然存在著的今天，到底還有多少愛值得生死相許？

婚姻家庭的整體品質不高，是導致婚外性行為日益普遍的主要原因。這種婚外情因為缺少法律的合法性和倫理的支持，假如再加上當事男女的心智水準不高、自控能力較差，非常容易導致自殺、情殺和他殺事件的發生。

一天，方老太太家裡來了一對看似夫婦的年輕人，說是看了她貼的租房廣告才來的，他們剛好要租一間房子。方老太太看他們不過三十來歲，男的對女的又體貼，是一對很和睦的夫妻，就答應了。兩人住進房間後，男的特別跟房東打招呼說：「我們太累了，需要休息，沒事的話請您不要敲門。」

幾個小時後，房東的女兒下班回到家中，母女倆以為他們休息得也差不多了，便敲門準備抄電錶，以後好算帳。可是敲了半天的門，根本沒人回應。母女倆猜測可能出事了，趕緊喊來保全一起撬開房門，結果聞到屋裡瀰散著濃重的農藥氣味。只見男的躺在地上，奄奄一息，女的躺在他身邊，呼吸已經停止。在送往醫院的路上，男的也離開了人世。

當地警方及時介入這一案件的調查，發現二人是服農藥致死。現場留有一張遺書，說他們願意做死後夫妻，他們是自己商量著自殺的，與別人沒有任何關係。

警方經過調查，探究出兩人死前的一些細節。他們是國中同學，來往密切，互有好感。可後來因為一些原因沒能走到一起，各自成家立業。然而雙方對自己的婚姻都不滿意，一次偶然的機會，他們不期而遇，深藏在兩人心底愛的火花再次點燃。為了能夠再次走到一起，他們不惜任何代價爭取從原

來的家庭中解脫出來，可最終未能如願。絕望之下，便萌生出了殉情的念頭，於是就有了開頭的那一幕。

　　有一句這樣的歌詞：還以為殉情只是古老的傳言。殉情的確不是傳言，它真實的發生在我們身邊，像一朵帶刺的玫瑰旁若無人的怒放。莎士比亞曾說，「如果說人類的感情能區分等級，那麼愛情該是屬於最高的一級」。愛情很美好，美好得讓兩個生命願意為它真實的獻身。追逐真愛的人，其真誠都毋庸置疑，他們可以真誠到死，這的確是一種境界。但是，連死都不怕的人，為什麼非得以死來詮釋愛的全部含義呢？

殉情的深層次原因

　　生活中，因婚外戀而走上殉情之路的人不在少數。有人曾對婚外戀殉情做過調查，在 16 起婚外戀自殺案例中，有 8 起雙雙殉情既遂。殉情既遂率如此之高，實在令人驚訝。從眾多的殉情案例中我們能夠發現，殉情率之所以高，是有一定原因的。

　　首先，一些進入婚外戀的人們，相愛的程度比初戀更加瘋狂。由於大多數人初戀時並不懂愛情，有些人一直到結婚都沒有找到自己的「白馬王子」，因此，一旦「白馬王子」在婚後出現，就會愛得如痴如醉，火熱瘋狂。

　　其次，進入婚外戀的人們不得不面對來自社會、家庭和輿論等各方面的壓力，他們無法為自己的愛情找到一個完滿的歸宿。

　　第三，大多數婚外戀者人到中年，有著豐富的社會經驗和人生經驗，一旦決定雙雙殉情赴死，他們往往能夠拿出足夠的決心和勇氣。

　　隨著思想觀念的日益開放，婚外戀中的人數也在日益增多。但是，得不到的愛情真的只能用生命來換取嗎？當他們決定捨棄生命來成全愛情時，愛情究竟是美好的還是罪惡的？

　　人在遭遇挫折後的反應是各不相同的，存在不良性格傾向的人，在婚戀

受阻後常會選擇極端的解決辦法：衝動型性格的人往往採取疾風暴雨式的發洩方式、甚至採取暴力式攻擊行為；性格偏執的人往往與對方糾纏不休；敏感脆弱的人往往感到難以承受挫折的打擊而選擇輕生；憂鬱型性格的人在遭遇挫折後會產生悲觀厭世的情緒，這樣性格的人都可能選擇以死來祭奠愛情。

殊不知，殉情是一種不健康的愛。當一份愛情在這個世界上無法容身時，會在另一個世界裡得到完美的釋放嗎？或許愛情之價真的很高，但生命也是異常寶貴的，再淒美的愛情，也會隨著生命的消失而煙消雲散。

兩性互相吸引的保健含義

美國一位心理學家在談到男女之間的神祕吸引力時，指出：「挑逗是人類與生俱來的本性。挑逗能夠幫助男女方盡量突出自己的長處去吸引對方，一則可測試一下雙方的感覺，二則也可增加自己的吸引力，從而捉住對方的心，這樣才有機會拉開愛情的序幕。」

在愛的城堡裡彼此吸引

當愛情已經成熟，彼此相愛的人攜手步入婚姻的殿堂，夫妻雙方還需要保持一定的吸引力，只有這樣，愛情才能長久，婚姻才更幸福。很多女性都認為，漂亮的女人往往對男人極具吸引力。其實不然，雖然外貌在吸引異性上占有頗為重要的地位，但增加自己的吸引力才是關鍵中的關鍵。

用心營造浪漫氛圍

告訴自己，浪漫的婚姻不只出現在電影中，也可以出現在現實生活中。好多女性都有這樣的感覺，自從結了婚，結婚紀念日、生日、情人節這種本該浪漫的時光似乎已經不屬於自己了，因為丈夫經常會將這些日子忘記。而

好多男人則埋怨自己的妻子一點也不浪漫，他們的婚姻生活平淡無奇，簡直乏味透了。

　　沒有女人不愛浪漫，也沒有男人不喜歡浪漫的女人。所以，無論丈夫還是妻子，不僅要懂得享受浪漫，更要懂得不失時機的營造浪漫，這對增進夫妻感情很有效果。

記得常說綿綿情話

　　戀愛時的男女花前月下，卿卿我我，有說不完的綿綿情話。可是一旦進入圍城，反而無話可說了，就算說話，也多離不開柴米油鹽。

　　之所以會產生這樣的變化，是因為有很多人認為，都老夫老妻了，再把那些情話掛在嘴邊，會讓人覺得肉麻。還有人認為，夫妻之間只要真心相愛就行了，沒必要再卿卿我我。其實，感情在什麼時候都離不開語言上的表達，女人往往欣賞那些善於表達自己感情的男人。甜蜜的情話對於平淡的婚姻來說，是一種不可缺少的調味品。

盡力培養共同興趣

　　適應與分享伴侶的嗜好和偏愛，是獲得美滿幸福婚姻的重要因素。不過這些嗜好和偏愛要符合道德和法律原則，倘若伴侶嗜賭、嗜酒等，就不要一味去迎合了，在規勸對方戒除不良嗜好的同時，還要幫助其培養一些其他方面的興趣愛好，比如聽音樂、看畫展等，讓相愛的心在藝術的殿堂裡碰撞出愛的火花。

不妨多點親暱舉動

　　或許沒有什麼方式比親暱的舉動更能準確的表達夫妻之間的親近、親密、親愛等美妙情感了。著名的性醫學家早在 20 世紀初就告訴我們：「無論何種性的戲耍方式，就心理的立場說，是沒有禁忌的。夫妻之間，一切相

互的親暱行為是沒有不對的。」有些人往往比較含蓄委婉，不善於向伴侶表達親暱。有些事情是不應該因時光而流逝的，親暱的舉動是愛的儀式，永遠都需要。

互相贈送愛的禮物

夫妻之間經常互相送禮物，可以讓婚姻生活充滿柔情蜜意。當你的伴侶看到這些禮物時，也會對你寵愛有加，因為你是如此在意他，他會用更豐厚的愛來回報你的深情。

親密也須霧裡看花

「距離產生美」說的一點沒錯，比如欣賞一幅畫，太近了看著不太像畫，太遠了又看不清楚，只有距離恰到好處，才能看出「效果」—— 婚姻之道亦如此。結了婚的男女，由於兩人朝夕相處，沒有了距離，一切都不再是霧裡看花，就會失去曾經戀愛時朦朧的美感，時間長了，自然「審美疲勞」。夫妻之間能夠朝夕相伴，自然是一種幸福，但也要注意給對方留有一定的空間，使雙方保持各自的神祕和魅力。

保持外表賞心悅目

戀愛時，大多數人都會裝扮美化自己，尤其是女人，總要費心思去化妝打扮一番才能去約會。而一旦結了婚，有了小孩，有些女的就變得素面朝天、蓬頭散髮，男的則是鬍子亂長、不修邊幅，雙方都看對方不順眼。心理學家認為，服飾是人的「第二皮膚」。得體的修飾打扮，能增加夫妻間的生活情趣，也能增加彼此的情感交流和性的吸引。

時常溝通必不可少

溝通是人們的精神需求和心理需求，也是夫妻感情的潤滑劑，如果能夠

及時溝通，夫妻之間的感情自然會越來越近，越來越深。缺乏溝通的婚姻，會導致夫妻雙方越來越疏遠，不利於感情的加深和婚姻的鞏固。

和諧的性造就美滿婚姻

家是愛情的停泊地，是一種穩定的象徵。人的性慾、性行為是形成婚姻家庭的一個重要基礎，而滿足性的需求則是家庭的重要功能之一。正確認識這一點，對於正確處理婚姻、切實維繫婚後的生活美滿與性生活和諧，具有十分重要的意義。

在人類各種自然需求和行為中，性的需求和性行為占有非常重要的地位。人類本身對於性的要求和性行為，對人類發展有著相當重要的作用，正是如此，人類才能不斷繁衍，社會才能不斷發展、進步。

所謂婚姻，其實就是男女的兩性結合，而家庭則是婚姻關係和血緣關係所形成的一種小型社會群體。家庭一經形成，滿足夫妻的性生活需求就成為家庭功能的重點之一。夫妻雙方性生活的和諧不但使男女雙方的性生物本能得到必要的滿足，同時還能使雙方的身體精神得到健康發展，婚姻也會因此而更加穩固。

在對待婚姻和性的問題上，人們有時還不能正確看待和理解。有很多人把正常談論性生活看成是一種庸俗、下流的表現。而實際生活中，由於正確的性知識的缺乏和失誤，有時會造成夫妻性生活的不和諧，從而導致婚姻破裂。為了家庭和婚姻的幸福與美滿，我們應當正確面對夫妻生活中的性問題，不要羞於談性，而要透過夫妻雙方不斷的溝通，增加對彼此的性吸引力，從而使夫妻生活更加和諧，家庭生活更加美滿。

性生活除了夫妻身體疾病所導致的性生活不和諧外，主要是對性生活缺乏基本的了解，而且大部分對性的抵制是由心理因素造成的。夫妻性生活不僅是為生兒育女，同時也是夫妻整個愛情生活中的一個重要部分，性生活的

目的就是為了分享和表達對對方的愛。

夫妻雙方經常進行的「愛情表達」是維持性吸引力的一個重要因素。表達對對方的愛，可以用語言，如「我愛你」，也可以用非語言形式，如親吻和愛撫。這種表達應該是發自肺腑、真心誠意的。真正的愛情表達，象徵著夫妻雙方性的歡樂和愛的連結。彼此的性吸引，有利於夫妻性生活自然、熱烈而和諧。

為了更好了解婚姻和性，夫妻雙方應該多閱讀一些相關的書籍，了解男女在性心理和性生理上的需求和差異，以便相互配合，相互激發，使性生活更加和諧，婚姻更加美滿。

性保健的三要素：吸引、親密和關心

戀愛是人類最複雜而又最微妙的一種活動。不管你是否承認，戀愛中男女雙方的種種心理表現，與人類最基本的性心理是緊密連結在一起的。在潛意識裡，戀愛很大程度上就是對未來性生活的準備、模仿、預先與尋求。

走進甜蜜的戀愛世界

毫無疑問，戀愛始於男女雙方的互相吸引。最初的吸引，來自於對方的性別形象。在外表形象上，身材高大，寬肩闊胸，充滿力度，給人安全感的男性最為吸引女性的目光。女性在未來的性生活中，主要靠身體、觸覺來感受對方，因此她下意識的會尋求一個雄壯而富於質感的主動行為者，而且還必須是一個堅實的可依託者。這種心理需求，成為女性心中衡量男性美的重要標準。

對於男性來說，容易吸引他們眼球的是那些第二性別特徵較為明顯的女性。男人不大考慮對方的身高，卻很重視她的皮膚，「苗條不是瘦，豐滿不是

胖」也是同樣的道理。因為在直接性生活中，男性更容易被視覺上的性刺激所激發，因此不自覺的形成這樣的審美觀。

因為互相吸引，男女關係才可能得到進一步的發展。愛的願望一旦坦白，彼此愛慕的人便由相互吸引進入彼此親密和關心的階段。

如何確定彼此之間是否已有親密和關心？當然主要靠自己的主觀感受和評價。許多男人判斷的標準常常以具體行動為主，他們認為，一個纏綿的吻、一次生活中的幫助甚至孝敬未來的岳父母，都可以看作是親密和關心的表現。而在女性看來，不管多麼親密的行為，都必須最切合自己當時的心理需求，才算是感情的表達，否則就是冒犯。

這種差異在性生活中也有表現：男性進入、輸入、容易的出現反應，而女性則期待、體驗、努力的尋求反應。相信每對性生活美滿的夫妻都了解這種差異，而美滿正是來自對彼此差異的完美協調。

愛的昇華，需要身心的協調統一

為什麼有的人經過戀愛階段，能順利的走進婚姻，而有些人則始終徘徊在婚姻大門之外呢？究其原因，是因為這些人沒有把戀愛的三要素和心靈的三要素進行協調統一。

戀愛的三要素指的是男女雙方的相互吸引、親密和關心，而心靈的三要素指的是心靈的寬度、長度和深度。只有二者相互協調，才能順利從戀愛走到婚姻。

心靈的寬度指的是一個人對愛情的最高期望與最低要求。戀愛中人要盡量拉大二者之間的差距，差距越大，越能感覺到對方的吸引，越能使自己對對方產生吸引。而一旦結合後，就要客觀的對待伴侶，對待自己。不能因為對方達不到你的最高期望，就心生怨氣，指責埋怨。

心靈的長度指的是愛情需要自身的首先投入，在經過較長時間的交往之

後，能夠彼此更加了解，能夠相互敞開心扉。有的人在談朋友期間，既想得到對方越來越多的呵護，而自己又心存戒心，不願輕易向對方敞開心扉，也不願意別人走進自己的內心世界。性科學家將這種現象稱為「和氏璧」現象，即自認為自己是一塊無瑕的美玉，價值不菲，希望對方能夠虔誠的發現自己的優點。殊不知，你的索取和付出已經嚴重失衡，當一個人對別人要求太多，而自己又付出太少時，再心愛的人也只能選擇離他而去。

　　心靈的深度是指一個人心裡的感覺能力和體驗能力。當你處在戀愛階段，無法感受對方對你的關心和愛護，只是一味的對對方進行挑剔和指責時，應當自我反省一下，你是否具備對他人的情感素養，是否具備愛別人的能力？你可以憧憬各式各樣的浪漫愛情，詩情畫意也好，慷慨激昂也罷，其中最關鍵的還是要付出自己的真心，用深沉的愛去感染對方，這樣才能使對方更加愛你，才能兩情相悅，共度美好人生。

性保健套餐：性慾、情慾和愛慾

　　當前，性生活在夫妻關係中的作用越來越引起人們的重視，科學、健康、高品質的性生活已經成為現代婚姻追求的焦點。在這裡提出所謂的「性保健套餐」，其實是讓大家明白一個事實：夫妻之間的性生活，絕不僅僅只有一個「性」字。

靈與肉的完美結合

　　性學家認為，人們在性交時應注意全身的感覺，不要只把注意力專注在局部感受上，而是需要從各方面「全方位」的享受性的愉悅。性慾、情慾和愛慾是「性保健套餐」的主要內容。人們在做愛的時候，只有把生物性的性慾、心理的情慾和社會性的愛慾糅合起來，才能從身體和心靈兩方面體驗到

愛的纏綿與永恆。

　　性慾是愛的最低級、最基本也是最原始的欲望，是一種以滿足自我需求、以自我為中心、以自己的利益、感受為出發點的占有欲。有人說愛是自私的，說的就是這種層次的欲望。

　　性慾的激發是一個伴有許多興奮變化的複雜過程，而形體的誘惑是激起性慾的最好刺激物。另外，麝香的體味、潔白整齊的牙齒、迷人的形體線條、在衣服後邊隱約而現的身體敏感部位等，都可以激發人的性慾。人體最重要的性慾器官是大腦，男性陰莖的勃起、女性陰道的腫脹和溼滑，都是在大腦中形成的有意識和非意識相互複雜作用的結果。

　　比性慾高級一點的是情慾。情慾是一種對精神需求的欲望，人們除了有對肉體的欲望之外，還有對精神的交流欲和占有欲。世界上的每一個人都需要情感的交流與心靈的溝通。情慾除了受大腦的影響之外，還受自己情緒變化的影響。即使一個人當時有非常強烈的性慾，但當他聽到一些突如其來的壞消息時，總會產生一些憂慮或恐懼的情緒，澎湃的性慾往往會因此而受到壓抑，原來緊繃的性張力此刻便猶如洩了氣的皮球，頓時軟癱如泥。

　　以愛為基礎的情慾，會令人更加銷魂。當你真正愛上一個人時，就會從內心深處想要擁有他，希望得到他的親吻、擁抱、愛撫、身體甚至一生。人的欲望在愛意最濃時，會從最原始的需求直接延伸到社會層面，於是男人會暗暗發誓：我一定要娶妳，我會盡力讓妳過上幸福的生活；女人則會在心裡呼喚，牽我的手吧，我將一生都陪伴在你的左右。

　　愛慾是愛的最高境界的欲望。它以對方為中心、以對方的感受、利益為出發點，能設身處地為對方著想，愛到深處甚至可以為對方犧牲自己的利益。在相愛的人看來，任何犧牲和付出都是幸福的。正如一位性學家所說：「如果性慾不能和愛慾的翅膀一起飛翔，那麼性的歡娛之後，勢必會讓人感到

無盡的空虛，因為缺少感情的性就好像沒有靈魂的身體運動。」能夠在性慾基礎之上昇華到情慾和愛慾的結合，才是真正的愛情。只有真正擁有愛情的夫妻，才能體會到「性保健套餐」的豐富與美妙。

善於經營婚姻

性和諧對於保持婚姻的美滿和諧是很重要的，因為我們儘管已經變成了一個社會人，但總還有其自然的一部分。從這一點而言，我們不能忽視婚姻當中關於性的問題。婚姻也有疲憊的時候，難免出現危機。為什麼會失去往日的激情？夫妻雙方對此應當認真對待，也應該客觀的面對，應當彼此進行及時的溝通，用愛換回曾經的纏綿。

對於性的認識，我們還存在很大的欠缺。在傳統的教育中，我們都是依靠那種自然的動物本能來認識性在家庭與婚姻的問題。由於沒經過對性問題的完善教育，我們對自己的性的認識就不充分，有的時候直接靠感覺，這在很大程度上直接關係著我們的婚姻生活是否和諧。

性對於相愛的男女猶如錦上添花。但同時不得不承認，性也是一個變化莫測的東西，任憑怎樣恩愛的夫妻，也會有「性低潮」的時期。當然，性並不足以衡量一段婚姻是否穩定，也不是婚姻幸福的唯一標誌。幸福的婚姻，並非托爾斯泰所言都是相同的。

對於善於經營婚姻的聰明男女來說，他們有無窮的方式來保持婚姻的新鮮和穩定。雖然沒有了最初的花前月下、浪漫的愛情宣言，愛情也在歲月的流逝中漸漸揭開朦朧的面紗，但和諧的性生活卻讓他們的愛情越酵越濃。當轟轟烈烈的愛情慢慢轉化為平淡的親情，他的右手握著她的左手，在愛的道路上越牽越緊。

求偶的健康性心理

窈窕淑女，君子好逑

古代人能夠敏銳的注意到青年男女的求偶行為，於是便有了流傳至今的「關關雎鳩，在河之洲。窈窕淑女，君子好逑」的詩句。每個人都有愛與被愛的權利，當遇到心儀的人時，心底最深處的那根弦便被悄然撥動，奏出最美妙的樂章。

求偶行為通常伴隨著愛的萌動而產生。青春期是人生一個較為特殊的成長階段，在這一時期，青少年的心理活動千變萬化，豐富多彩。由於生理逐漸發育成熟，他們逐步產生了性的意識，對異性產生了好感，渴望接近異性，嚮往異性的愛撫，性心理反應較為強烈，其中表現之一就是求偶心切。

求偶心是人類生長發育到一定年齡而自然產生的性生理的異性追求，是戀愛的前提。處在青春期的年輕人對性充滿了好奇和幻想，因此更渴望得到一個理想的配偶，從而得到性愛。這種心情是人之常情，可以理解。但作為一個有理想的青年人，應當正確認識個人欲望，不能在「性」的驅使下做出後悔一生的事情。

具體來說，求偶行為是指尋求配偶，導致交配的行為，是一切具有良性區別的動物繁衍的必要過程，人類亦是如此。有的求偶過程相當簡單，只須透過嗅覺、視覺、聽覺的刺激即能完成，如某些雌性昆蟲（蝴蝶、毒蛾）可以分泌有氣味的物質，以此吸引遠處的雄體；蛙類用鳴叫求偶；雄性錦龜用觸碰的動作求偶等；有的卻相當複雜，須透過若干形式的交流才能完成。複雜的求偶方式多見於某些鳥類，如鰹鳥慣用豔麗的雙腳表演複雜的舞蹈動作來吸引異性。據說這種複雜的求偶形式有助於加強配偶之間的連結，使配偶關係在整個養育幼體的過程中得以維持，甚至可能更久。人類的求偶行為儘

管與動物出於同一機制,但在人類文明發展的過程中,已深受不同時期的各種文化傳統的影響。因此,人類的求偶行為不再出於本能,需要從風俗習慣、社會生活等不同角度來認識。

如何在求偶中獲得成功?

毋庸置疑,形體的吸引力在人類求偶活動中占有相當重要的地位。從古至今,不管男女,都把優美的體形、漂亮的容貌作為挑選伴侶的重要條件,尤其是初次會面又不能進行深入交談互相了解對方的時候,如在生日聚會、公司年會等公共場合,形體的吸引力更顯出它的重要性。儘管在不同地區,受不同文化的影響,個人對形體美的標準不盡相同,但基本上「環肥燕瘦,各有所好」。至於認為身體的哪一部分能夠最大限度的激發人的性慾,每個人的看法也不盡相同,有人注意膚色,有人注意頭髮、眼睛、鼻子、腳等。可以說,身體的各個部位都有可能成為被注意的對象。

因此,在求偶活動中,不論男女均非常在意自己的形象,在著裝打扮上力求突出已所長、掩己所短,以便吸引異性的目光。此外,求偶過程中的言談舉止,對求偶的成功與失敗關係重大。一般來說,女性以純潔端莊為好,男性以慷慨勇敢更具吸引力。當然,這也不能一概而論。有人喜歡儒雅如紳士的,有人喜歡粗獷如牛仔的,有人喜歡文靜如處子的,有人喜歡活潑如脫兔的,全憑個人喜好。

此外,心靈的窗戶 —— 眼睛,在求偶中的作用不容忽視。有些人能夠透過眼神而互相交流感情,有些人能夠透過相互凝視而激發性慾。因此,目光的接觸是求偶過程中的重要一環。

語言的交流在人類求偶活動中也是必不可少的。當一個人對另一個人產生仰慕之情時,往往會委婉的發生出求偶暗示。如雲南地區少數民族的對歌,就是傳遞這種信號的最好媒介。有人稱,跳舞在某種情形下也可成為

「無聲的求愛」，舞曲強烈起伏的節奏能夠產生激發性慾的作用。

據說，一年之中，男性的求偶行為主要有兩個高峰，分別在初春和秋季，而秋季比初春來得更為活躍；女性性慾最為強烈的幾天是經期前後，這時也是求偶行為最為活躍的時候。

樹立健康的生殖器觀念

避免「生殖器中心主義」

自人類誕生的那天起，性愛就成為人類生活中一個永恆的主題。性愛不但使人類得以繁衍、歷史得以延續，更為生活增添了無限豐富的色彩。

青春期的來臨，男孩和女孩們驚奇的發現並開始關注自己身體上日新月異的變化。透過社會互動和學習，他們逐漸形成了各自的個性心理特徵，包括性心理的成熟、性興趣和性取向的定位以及性審美觀的建立等。這時，朦朧的性愛意識隨著青少年身心的成熟日漸清晰。因為社會道德標準、價值觀念、法紀意識在青少年心理上的內化，他們逐漸樹立起自己的性道德觀念，性愛在性生理、性心理、性倫理等方面漸漸趨於完備。這裡需要注意的是，假如性愛中缺少性心理、性倫理的內容，僅孤立的集中於性生理這一方面，則不但無性愛可言，而且會落入性的一大迷思：生殖器中心主義。

「生殖器中心主義」，通俗而言，指的是在性愛的概念上，只強調「性」，忽視甚至迴避「愛」，是性與愛的失衡表現。

生殖器中心主義追求無愛的性，決定了生殖器中心主義者對性的態度是短平快、低品質和草草了事。即使在正常的夫妻生活中，生殖器中心主義一旦氾濫，神聖美好的性生活便墮落為簡單粗暴的動物交配行為，這樣勢必造成夫妻感情的淡漠，以及陽萎、早洩、性交疼痛等性功能障礙的發生。

對青少年而言，更要樹立健康、正確的生殖器觀念。青春期階段，在男孩或女孩的身上分別會產生雄性激素或雌性激素，當性激素被血液帶到生殖系統內的相應受體上並與之結合，就會引起性器官的興奮，比如陰莖或陰蒂勃起、前列腺和陰道分泌物增加等。對青少年來說，性衝動尤其性器官的興奮是一個妙不可言的過程，對性器官的好奇會吸引他們千方百計去探究其中的奧祕，因此無論是家長還是老師，都要對他們進行正確的性教育，警惕他們成為生殖器中心主義者的一員。

從遠古走來的生殖器崇拜

有部分學者認為，現代人的生殖器的作用，越來越使人類恢復到原始人的狀態中。對原始初民來說，對生殖器的認識經過了一個漫長的過程。他們發現男女兩性在外表上的最大差別就是生殖器，最初，他們只能認知到透過性交可以獲得極大的愉快，後來又認知到性交與生育的關聯，只有透過性交才能繁衍後代，而性交需要男女生殖器的接觸，因此他們認為生殖器具有一種神祕的力量，生殖器崇拜由此產生。

生殖器崇拜在全世界各原始民族中是一種很普遍的現象。比如，馬賽人以隱蔽生殖器為恥辱，而以露出為榮耀；在巴西，那裡的印第安人通常裸體而露生殖器，只有在舞蹈時才穿衣服，但還要把人造的性器模型掛在衣服上。在古埃及，還流傳著一個關於生殖器崇拜的動人傳說：

埃及的太陽神歐西里斯降臨地上，被弟弟賽特用詭計騙入櫃中投入了尼羅河。歐西里斯的妻子月神伊西斯知道後十分悲傷，到處尋覓丈夫的屍體，最後在比布洛斯找到了，就把屍體搬到森林中藏起來。不料又被賽特查到，他把屍體切成 14 片丟散於各地，伊西斯不屈不撓的再到處尋找，歷盡千辛萬苦，只找到了 13 片，第 14 片即歐西里斯的陰莖沒有找到，因為它被投入河中，被魚吃了。於是伊西斯製造了丈夫陰莖的模型，鄭重的祭祀著。

　　這就是古埃及人崇拜男性生殖器的由來。

　　隨著社會經濟的飛速發展，人類對生殖器的崇拜早已不如古人般堅定而執著。對於現代人來說，生殖器的「生殖」功能越來越少，「早生貴子」不再是新婚的祝福語，「頂客」家庭也逐漸成為一種潮流。生殖器對於他們來說，能夠帶來幸福的快感已經遠遠超出了繁衍後代的本初功能。

第十二章　正確認知老年的到來

老年心理保健的要領

心理保健是關鍵

　　心理因素是影響老年人健康的主要因素。現代醫學顯示，消極不健康的心理極易破壞身體免疫系統，是導致老年人身心疾病的重大凶手。比較長壽的老人，一般都是那些情緒愉快、性格開朗、樂觀豁達的，長壽老人中，60％以上都開朗樂觀、溫和從容，性格孤僻憂鬱的根本沒有。有人曾對100名白血病人和淋巴病人患病前後的生活經歷進行過調查，發現患者患病前，大部分都有過愁腸百結的個人經歷或不幸的家庭遭遇。大量事實都顯示，惡劣的心理狀況是誘發各種疾病的重要原因，在醫院門診中，有60％的發病原因直接和心理因素有關。

　　老年人的心理健康由許多因素決定，比如生理因素、環境因素、生活因素、文化因素等。人到老年，大腦和其他生理機能開始退化，如果此時能有效延緩大腦衰老，無疑有利於人的心理健康。環境與人的心理健康有直

接的關係，如果生活在一個良好和諧的環境裡，人的心理健康就有一個良好的外部環境，反之就有可能產生不良心理，甚至心理變態。此外，良好的生活習慣十分有益於人的心理健康，而一些不良活動，如賭博、酗酒等，對人的心理健康損害非常大。假如一個人有較高的文化素養，有正確的人生態度，就能正確處理生活中遇到的一切挫折和不幸，不會因意外情況而導致心理失常。

老年人如何進行心理保健

　　加強老年人的心理健康，需要社會、家庭以及老年人自身的共同努力。老年心理保健，要從以下幾方面做起：

1. 保持樂觀精神，培養健康心理：每個人都要對生活充滿信心，老年人更是如此。不是有句話說「最美不過夕陽紅」，經歷過人生風雨的洗禮之後，更應該做到性情豪爽，心胸開闊，以樂觀的情緒對待周圍的人和事，盡量發揮自己在知識、經驗、智力上的優勢，讓晚年生活充滿樂趣。

2. 善於擺脫煩惱，保持清心寡欲：生活中免不了會遇到一些煩惱，不必心緒不安，更不要處於鬱悶狀態，而是要學會透過各種途徑把壞情緒及時釋放出來。看淡外界的名利之爭，不要操勞過度，讓自己保持一份好心情。

3. 注意飲食營養，加強體育鍛鍊：只有擁有身體的健康，才能保證心理的健康。老年人平時要多攝取優質蛋白質，多食用富含維他命、低脂肪的食物，如瘦肉、奶類、蛋類、豆製品等。另外還應選擇適宜的運動項目，如散步、慢跑、打拳等，避免劇烈運動，以感覺舒適為宜。

4. 拓展豐富多彩的生活空間：充實的生活有利於心理保健。老年人應當根據自身條件和興趣愛好，讓晚年生活更加充實，如練書法、種花草、

養禽鳥、讀書報等。這樣既可放鬆心靈，又能學習新知識，使生活更有意義。

5. 重視人際關係和心理交流：老年人同樣需要友誼的滋潤。要經常聯絡老朋友，善於交一些新朋友，透過和好友聊天談心來交流思想感情，做到在生活上互相關心，在思想上溝通交流，在人際來往中取長補短，使自己心情舒暢，有一個好的心態來安享晚年。

人老體老心不老

最美不過夕陽紅

有這麼一句話：「只要精神不滑坡，笑容總比皺紋多。」的確如此！雖然自然規律不會對任何一個人例外，隨著歲月的流逝，人人都會變老，但只要擁有一個良好的心態，你就可以「人老體老心不老」。

美國華盛頓州 101 歲的老人傑克就是一個典型的「人老心不老」的例子。前不久，他通過了華盛頓區的駕照考試，有可能是世界上最老的「駕照考生」。他一生擁有過十多輛車，但由於年事已高，他已經有 10 年沒開過車了。在百歲高齡之際，他卻突然想要再體驗一把駕駛的樂趣，但這必須要通過考試。在得到華盛頓州相關方面允許後，傑克開始了練習。他說自己的駕照考試相當順利，唯一的疏忽就是忘記開轉彎燈。不過他還是成功的通過了考試，再次拿到駕照。

不要以為晒晒太陽、弄弄花草、散散步、喝喝茶就是最合理的老年生活，英國的退休老人們可不這麼想。在他們看來，上網、遊戲、聊天、購物、交朋友、展示自己……一個也不能少，而且所有這些都是在網路上。他們感慨：如果沒有電腦，那生活將會怎樣？

　　「書桌兩頭，二老各據一方，一人一台電腦，一連數小時不知疲倦的在飆網。發郵件，與朋友聊天，搜尋最新的笑話，下載喜歡的歌曲，看看專欄作家的文章，瞧瞧網路商店有什麼便宜貨……他們每天都在螢幕前，幸福的打發晚年時光。」

　　英國《泰晤士報》一位記者如此描述他父母的晚年生活。

　　最新一項調查報告顯示，在英國退休人群中，有 41% 的人認為「上網」是他們最喜歡的消磨時間方式。從前一直居於首位的「園藝」已經退居第二，為 39%，而「從事個人愛好」和「旅遊、散步」分別下滑至 36% 和 28%。

　　過去，人們心目中典型的退休生活是穿著拖鞋，抽著煙斗，和朋友聊聊天，散散步，晒晒太陽。現在，老年人樂於嘗試各種新鮮事物，雖然歲月在他們臉上刻下了難以磨滅的痕跡，但他們的心依然如春天一般，充滿了勃勃生機。

不老的心態最重要

　　心理學家認為，心理衰老是人們自己加快走向死亡的「催化劑」，老年人想要健康長壽，就得擁有一個年輕的心態，以此延緩心理衰老。比如：

1. 增加營養：大腦的生理狀態與營養關係密切，要避免過早心理衰老，就必須保證良好的營養。老年人可經常服食牛奶、雞蛋、瘦肉、魚蝦、豆製品等，以補充身體所需維他命和蛋白質。

2. 起居有常：規律的生活可以使大腦的活動也越來越規律，進而保證心理活動的健康發展。因此，老年人的日常生活必須有規律。

3. 鍛鍊身體：鍛鍊身體有助於維持生理活動的一定水準。在環境優美的地方散散步或打打太極，都是不錯的選擇。

4. 交忘年交：經常和一些年輕人來往，會有效延緩心理衰老。

5. 不要服老：一個人如果一直認為自己老了，他將越來越明顯的出現衰老

症狀，因為許多心理衰老現象，其實都是由本人的心理狀態造成的。如果他一直認為自己不老，那他的心理衰老速度將會緩慢得多。

講究科學的生活方式

科學養生之道

自古以來就把「養生」作為保健生活的主要內容，老年人離開工作職位以後，以健康長壽為目的的「養生」就成為他們生活的主要內容了。生活方式沒有固定模式，但任何一種生活方式，都必須講求科學和健康。老年人應當根據自己的具體情況，採取不同的生活方式。

健康、科學的生活方式主要有四方面的內容：合理膳食，適量運動，戒菸限酒，心理平衡。老年人想要度過一個健康舒適的晚年，當然也必須要做到這些。

合理膳食

早在幾千年前，《黃帝內經》就提出了營養與老化的問題，把「飲食有節」作為長壽養生法的要領之一。西元 1534 年，有學者開始提倡謹慎進食，告誡人們：老年人應少食多餐，速度也不能太快。

營養和人的壽命密不可分，人維持生命所需要的營養主要來自飲食。進入老年期後，由於體力活動減少，消化和吸收能力減退，容易出現食慾減退，從而發生營養缺乏或不足。在考慮老年人的營養組成時，應注意：

1. 熱能：老年人的熱能不宜過多攝取。攝取過多易致肥胖而伴發動脈硬化、糖尿病等疾患；長期攝取不足則可致營養不良、消瘦、免疫功能降低而容易感染。限制熱量主要是限制主食攝取，一般每餐進量有八九分飽腹感即可。

2. 脂肪：脂肪是人體必需的主要營養素之一，膳食脂肪還能改善食物口味，使人產生飽腹感，但所供熱量不宜大於 20%。動物性脂肪主要是甘油三酯（中性脂肪）和膽固醇，大多由飽和脂肪酸組成，多在蛋黃、腎、肝、腦等內臟組織中，魚籽、蟹黃含量尤豐。

3. 蛋白質：老年人對蛋白質的利用率較低，攝取量一般以每公斤體重 1 ～ 1.5 克為宜，過多過少都會加速老化。動物蛋白質中以奶、蛋、魚、瘦肉為佳，植物蛋白中以大豆來源為最優，其營養價值近於蛋、奶。

4. 鈣：老年期容易缺鈣。鈣量應保持在每天 800 ～ 1000 毫克。蝦皮、骨頭湯、薺菜和其他深色蔬菜都是高鈣食物，均可選用。

5. 碳水化合物：是供熱能的主要來源。長期攝取不足，處於慢性飢餓狀態，會引起營養不良、體力衰退、加速衰老。攝取過多，在機體內會轉化成脂肪，使人肥胖，對健康不利。

6. 維他命：老年人易出現維他命缺乏症，這與消化道功能減退、食量減少有關。膳食中的維他命 A 的來源主要為蔬菜中的胡蘿蔔素，蛋黃、魚、動物肝臟中維他命 A 的含量也較為豐富。維他命 D 有利於鈣的吸收，維他命 E 有助於消除組織中的衰老色素脂褐素，降低血膽固醇濃度，抑制動脈硬化，還可以保護毛細管，改善微循環和皮膚彈性，預防白內障等。維他命 B 群（B1、B2、B6 等）、維他命 C 在體內是參與碳水化合物和蛋白質代謝必須的物質，體內不能貯存，須每天透過食物供給。由於老年人的消化功能有所減退，因此每天早餐後補充綜合維他命 B 一片和維他命 C100 毫克，是比較簡單的補充方法。

7. 飲用水：水是代謝反應不可缺少的成分。只有體內有足夠水，代謝產生的廢物才能透過腎臟排出。老年人一般每天需要水約 1000 ～ 2000 毫升，以新鮮開水或淡茶為宜。

　合理膳食要點：

A. 食物要多樣，營養要全面，葷素搭配，粗細搭配。

B. 烹調宜清淡，菜餚少油膩。在保證蛋白質供給的前提下，少吃葷，多吃素。

C. 飢飽適當，飲食適度。要雜食，不偏食。食鹽要限量，甜食要少吃。

D. 三餐安排要得當，每餐七八分飽。

適量運動

俗話說，「生命在於運動」，運動是延緩衰老、防病抗病、延年益壽的重要手段。相關調查顯示：經常打太極拳的老人高血壓發生率不到同年齡不打拳的老人的一半。另外，運動可預防血管硬化，提高大腦功能，還是消除焦慮、鎮恐壓驚、緩和緊張情緒的靈丹妙藥。

1. 散步：這是最適合老年人的一種活動方式。透過散步，可以對下肢肌肉、關節進行鍛鍊、防止肌肉萎縮，還有助於血液循環，保持脈絡暢通。散步宜在公園、幽靜的馬路、田野間進行，比較適宜體質較弱、有高血壓、心臟病及肥胖症，又不宜進行大運動量鍛鍊的老人。

2. 慢跑：堅持長跑鍛鍊的老人，肺活量比一般人大 10%～ 20%。因消耗的能量多，因此慢跑也是防止身體超重和治療肥胖的有效方法。

3. 倒行步：又叫「逆步術」，有利於降低血壓、減輕腰酸背痛，使平時不動的肌肉得到鍛鍊。

4. 保健按摩：用雙手在身體的不同部位按摩，有助於促進血液循環，對神經和穴位產生良好的刺激作用，較適合體弱老人。但下列患者不適宜做按摩：惡性腫瘤、毒血症、肺結核、精神病、有出血傾向的患者、皮膚病患者、孕婦，月經期婦女的腰、腹、骶部位。

5. 體育鍛鍊和日常生活結合：老年人每天應規定一定的運動量。比如每天

站立兩小時，使骨骼承受縱的壓力、防止骨質疏鬆；每天爬幾層樓梯或提幾下重物（重量適中）等。

6. 其他各種拳操如八段錦、太極拳、練功十八法、木蘭拳、氣功拳等，也是適合老年人的鍛鍊項目。

戒菸限酒

吸菸是導致慢性支氣管炎、心血管病、多種癌症和潰瘍病等多種疾病的主要因素。香菸中的尼古丁刺激循環系統，可導致血壓升高，心率加快，誘發心絞痛與心肌梗死。吸菸對老年人的危害尤為嚴重，吸菸者上年紀之後，肌肉會快速減少，導致身體各項生理功能加速衰退。WHO 最近一項報告指出，全世界約有 10 億吸菸者，由於吸菸引起的肺癌、肺氣腫、心臟病等疾病，每年至少使 250 萬人早逝。

酒的主要成分是乙醇。少量飲低度酒，可使人興奮精神，消除疲勞，增進食慾，促進消化液的分泌和血液循環，對人體有益；中等量的飲烈性酒能夠刺激血液循環系統，導致皮膚發紅，心跳加快，增加心臟對氧的消耗，對原有冠心病者容易引起心絞痛、心肌梗塞、心律紊亂和血壓波動等，誘發腦血管意外；過量飲酒則會引起急性酒精中毒，甚至循環功能衰竭、呼吸受抑。老年人原則上應不飲酒和少飲酒，有心腦血管病、高血壓、肝腎病的老年朋友，最好不要飲酒。

心理平衡

人的心理活動和人體生理功能之間存在著內在關聯，良好的心理狀態是老年人健康的重要保證。因此，加強心理保健，保持心理平衡，及時消除不良情緒，有利於健康長壽。

1. 正確對待人生：老年人要客觀、科學分析自己周圍發生的一切，冷靜妥

善的處理生活中的各種事務，避免偏激、固執等偏差心理，保持適度的心理反應。

2. 保持精神愉快：精神愉快是心理健康的核心。人在心情愉快時，食慾、消化液分泌會有所增加，呼吸、脈搏、血壓保持平穩。消極情緒常導致血壓血脂升高、食慾減退，會加速衰老。

3. 培養樂觀性格：老年人離開工作職位以後，要善於自找樂趣，對前途充滿信心。處世待人要寬厚大度，要看得開，想得通，放得下，善於從周圍環境中找到生活的樂趣。

4. 活到老學到老：老年人一旦退休，往往脫離了原先較廣泛的社交圈，心理上容易陷入苦悶、隔絕和孤寂的境地。因此，老年朋友要不斷學習，更新自己的知識結構，廣交朋友，參加有益健康的活動。

順其自然宣洩情緒

關注老年人的精神世界

隨著社會老年化進程的加劇，對老年人晚年的精神關愛已成為一大社會問題。一項調查顯示，目前老年疾病患者中有 50％～80％源於老年人的心理疾病，約 70％的心理疾病是由於老年人缺少精神關懷所引起的。因此，每個人都應當加強對老年人的精神關懷。

生活中，有些老年人在遇到一些挫折和意外事件時，容易產生焦慮、沮喪、壓抑、緊張不安等不良情緒。此時若不及時加以扶正或合理宣洩，會導致嚴重的心理障礙和精神崩潰，甚至釀成悲劇。

根據報導，有一對曾經一起生活了將近 40 年的老夫老妻，老太太因為不堪忍受丈夫長期的虐待，又無處訴苦，在又一次遭受丈夫的毒打和謾罵之

後，實在忍無可忍，遂用斧頭將花甲之年的丈夫活活砍死。是什麼原因讓年邁的老人選擇用如此暴力的方式來解決家庭衝突呢？當老年人的物質生活得到滿足以後，我們是不是應該關注一下他們的精神世界？

「在大家的意識中，老年人通常都是清心寡欲、與世無爭的，於是就很少與他們溝通、交流，結果導致他們心中的苦悶、壓抑無法透過正常管道釋放，最終導致一系列由此引發的問題。」一位心理醫生如是說。

心理學家還認為，當人的情緒受到壓抑時，應及時把悶在心裡的苦惱傾倒出來。如果強行壓抑，只會給身心健康帶來損害，尤其是性格內向的人，光靠自我控制、自我調節是不夠的。可以找親人、朋友或自己信賴又善於開導他人的人，把心事傾訴出來，求得別人的幫助和指點。

幫助老年人擺脫苦悶的糾纏

為老年人提供一般性的心理援助，並不需要具備淵博的心理學知識，只要按照下列幾項原則去做，就能及時的幫助老年人排解內心苦悶，讓他重新振作起來。

1. 陪伴：處於不良情緒籠罩下的老年人，最需要的是陪伴。為人子女，當老年人的情緒不好時，不管自己工作有多忙，也要抽出一定的時間陪伴他們。否則，孤獨和被冷落感有可能使老年人的情緒急速惡化，導致不良後果。

2. 傾聽：在開導老年人時，除了說些安慰、支持之類的話，最重要的是要靜心聆聽，並引導老年人盡情訴說。這樣，老年人的情緒會得到最大限度的宣洩。在交談中最忌諱的是隨意否定別人的看法，隨意打斷別人的講話，或以自己為中心大發議論。在老年人面前，你首先要學會做一個善於傾聽的人。

3. 疏導：通常情況下，老年人的不良情緒都是由生活的困難所造成的。倘

若不能解決這些困難，或不能改變對這些困難的認知，不良情緒就不容易消除。強烈的情緒往往會影響老年人的認知能力，此時你最好幫助老年人分析面臨的困難，並且指導他們選擇多種解決問題的方式方法，從而協助他們從苦悶中解脫出來。

懂得適時的角色轉換

過好退休關

社會就像一個大舞台，每個人在舞台上占據著一定的地位，扮演著一定的角色。退休的老年人一下子離開了多年的工作職位和同事，社會角色和生活方式都發生了很大的改變。角色轉換急促，不僅容易滋生消極情緒，還會使老年人發生角色混亂的行為。比如：不清楚自己所承擔的權利和義務、在選擇角色行為時產生混亂和錯位、從舊角色退出不知如何是好、來不及建立新角色規範和行為準則而造成角色中斷等等。

其實，老年人應該把退休看作是「第二人生」的開始，老而不休，把退休當作「轉業」而不是「失業」。退休使老年人角色變化頻繁，老年人應該儘早習慣新的角色行為，從而促進心理適應。退休後，老年人可以獲得更多的自主支配時間，可以更自由的施展自己的才華。隨著環境和自身狀況的變化，老年人應當不斷的去學習新的角色規範，接受新的角色要求，承擔新的角色義務，努力適應因離開工作職位而帶來的一系列變化，適應因親人離去而帶來的痛苦和寂寞。

退休的老年人可以透過下列環節來加強心理適應，盡快實現角色轉換：

1. 轉移注意力：做一些平時感興趣的事，積極參與社區老人的活動，暫時忘記不愉快煩惱的事，在不知不覺中慢慢淡忘煩心事，心情逐漸開朗。

2. 適度的「阿 Q」精神：「阿 Q」精神其實是一種精神勝利法，適度的精神勝利法對於調節心理平衡是非常有效的。在實際生活中，人們總是有意無意的運用這種方法來達到心理平衡。它屬於一種外向歸因法，即對於不順心的事盡量從環境、機會等客觀方面尋找原因，如此就不會過分內疚、自責，有利於心理平衡。

3. 換個角度看看問題：「塞翁失馬，焉知非福」，遇到不順心的事時，不要只看到消極的一面，不妨換個角度，發現它積極的一面，這樣就會走出心情的低谷，變得平靜、開朗。不順心的事情可以鍛鍊性情，使人變得更加堅強和成熟。

關心尊重老年人

面對老年人的退休症候群，做子女的也應當盡到自己的義務。

首先，幫助老年人做好退休計畫和心理準備。

耐心開導老年人，使他們保持一種積極樂觀的精神狀態，能夠領悟到社會的進步，應當順應社會的發展需求，做好退休的心理準備。一些研究顯示，那些退休前就做過妥善計畫的老年人，在退休後能表現出較好的生活適應能力。退休計畫一般包括生活上的安排，經濟上的收支和保健方面的預先策劃，以及對老年配偶生活的照顧等。

其次，對退休老人給予照顧。

解釋老年人適應成功與否的活動學說認為，個體必須盡力維持中年期所有的態度和活動，去發現適當的活動以取代要放棄的興趣和退休的工作，或者組織適當的補償活動，如管理社會公共秩序工作、居委會工作等，以充實精神生活。退休老人的生活範圍逐步縮小，自然把家庭作為生活的核心，全家團圓是他們最感欣慰的事。

最後，老年人應當積極自尋解決問題的途徑。

老年人應當克服依賴心理，面對現實，積極學習自我照顧與自尋解決的途徑，在退休之前就做好安排，比如培養正當合宜的興趣愛好，或找一份輕便的工作，使自己退休後仍有輕鬆有趣的工作及固定的報酬，既充實精神世界，又能夠在生活上獲得安全感。這樣，一方面能夠免去寂寞無聊之苦，另一方面還能解決因退休而引起的人際關係方面的失落。

一般情況下，老年人在退休後 6 個月就能適應新的生活方式。但也有一些老人不能盡快適應退休生活，退休症候群表現明顯。大量事實顯示，惡劣的心理狀況是誘發各種疾病的重要因素，所以，為人子女應該密切關注老人的心理狀況。當老人的心理狀態一直未得到調整時，應及時向專業的心理諮商師諮詢，讓老人度過一個歡樂、安詳的晚年。

合情合理的老年再婚

晚來的愛情也美麗

老年人的婚姻狀況與健康有密切關係。配偶是老年期生活的主要照顧者，失去配偶對於老年人來說是一種無法承受的悲傷和孤獨，會給老年人帶來嚴重的心理創傷。心理學研究顯示，老年人最怕孤獨，嚴重的孤獨心理會影響健康和長壽，甚至會引起老年心理變態。因此，老年人「獨身」有害無益。如果能夠再次點燃愛情之火，對老年人身心健康是非常有益的，甚至還會使老年人奇蹟般的出現「返老還童」的現象。

據美國對 100 餘名 65 歲以上的喪偶老年人進行為期 10 年的追蹤調查發現，再婚者大多心情舒暢，疾病減少，衰老延緩。而一直孤身生活的老年人卻悶悶不樂，鬱鬱寡歡，其發生率與死亡率都遠遠高於再婚老年人。

喪偶老人的再婚率在西方國家是很高的，尤其在美國、英國、法國、荷

蘭等歐美國家。在亞洲，雖然近幾年來喪偶老人的再婚率有所提高，但與歐美國家比起來，還有很大差距。

　　再婚是夫妻生活的失而復得。和諧的婚姻關係不但順應了自然，而且使人擺脫精神壓力，性愛也得到滿足。因此，無論從生理還是從心理的角度來講，再婚對老年人的健康是有益的，尤其對老年人的心理有著積極的調節作用。

再婚時必要的心理調適

　　再婚老年人應從以下幾個方面進行自我心理調適：

1. 矯正再婚動機：老年人再婚，同樣需要以「愛」為主線，其次才是安全需求和生理需求。不少老年人再婚後並不幸福或速配速離，原因就是缺乏愛情基礎，草草從事，結果再次受到傷害。因此，老年人再婚前必須矯正不良的再婚心理動機，只有從愛的需求出發，才能在再婚後得到真正的幸福。

2. 適應對方心理：每個人都有比較穩定的性格、興趣和愛好，進入更年期後，老年人的生理及心理特徵都產生了一些變化，這就要求老年人再婚應盡快了解對方的心理特點，注意互相尊重對方的性格、習慣等，做到互相諒解。

3. 克服回歸心理：每個人都喜歡回憶曾經的美好時光，老年人尤其如此，他們總喜歡沉湎於對過去的回憶之中，在心理學上稱為回歸心理。老年人再婚後，往往不自覺的把先後兩個家庭加以比較，尤其當遇到不順心的事或發生矛盾時，就會追憶過去愛情的甜美，從而產生後悔和怨恨情緒，這無疑會影響再婚夫婦的和睦相處。老年人要注意克服這種心理，嚴於律己，寬以待人，努力化解矛盾，不斷對自己進行心理調適，保證雙方能夠和諧相處。

4. 自我安慰，避免自責：失去老伴是令人悲傷的事情，但也是無法更改的事實。因此，不妨理智的提醒自己：每個人都無法避免死亡，這個自然法則誰也逃脫不了，讓自己以積極的心態面對現實。
5. 追求積極的生活方式，克服「排他」心理：老伴過世後，難免有孤獨淒涼的感覺，積極的生活方式可減輕這種孤獨感。新的家庭組成後，應與新配偶及子女建立和諧的關係，以減輕悲痛情緒。再婚夫婦應克服「排他」心理，把雙方子女都看成自己的孩子，在衣食起居等生活小事上要做到一視同仁，努力盡到父母的職責。

保持和睦的家庭氛圍

和睦家庭保健康

世界衛生組織曾提出：「健康的一半是心理健康。」家庭和諧是保持心理健康的必備條件，沒有家庭和諧，心理健康就沒有保證，對老年人來說尤其如此。家庭，是老年人獲得生活滿足的重要來源和精神支柱。完整的家庭結構、幸福的家庭支持、和睦的家庭氛圍有利於老年人的身心健康。

國外研究顯示，「50～80%疾病發生與心理因素有關，而僅因情緒致病就占74～76%。」德國一份調查資料證實：「生活在和睦家庭中人患癌症的危險要比生活在暴力家庭的至少要少一半。而且即使患癌症，其存活期也比較長。」這說明，家庭和諧對心理健康有十分重要的作用，家庭和諧是心理健康的法寶，「親密的關係可以延長人的壽命」。

怎樣才能有一個和諧的家庭氛圍，從而促進老年人的身心健康呢？除了個人的心理調適外，還需要家庭中其他成員對老年人給予特別的關愛。

子女對於營造和睦溫馨的家庭氛圍有至關重要的作用。為人子女，應當

給予父母更多的安慰、體諒和遷就，從而減輕他們的心理壓力和情緒緊張；在空閒的時間可以陪老年人聊聊天，逛逛街，讓他們在輕鬆愉快的休閒活動中感受家人的愛護和體貼，這樣可以減少老年人的心理失調；家庭成員可以承擔一些家務勞動，讓老人能夠有更多的時間修身養性。

和睦幸福的家庭支持系統是構成老年美滿生活的基礎。作為子女，要經常回家看望父母，父母也要學著適應子女的生活和工作，雙方相互理解，相互適應。只有這樣，老年人才能保持樂觀、積極的生活態度，從而減少內心的孤獨，保持健康的心態。

另外，子女應當幫助老人進行退休後的心理調整，鼓勵他們參加各類有益身心的活動，比如書畫、戲劇、音樂、體育鍛鍊等。適當的活動對老年人來說是非常必要的，它能夠保持機體代謝平衡，發揮預防疾病，促進身心健康，延緩衰老的作用。

珍惜呵護自己的另一半

俗話說：「少年夫妻老來伴」，很多夫妻在年輕時，為了點雞毛蒜皮的小事就吵鬧個不停，上了年紀，由於「更年期症候群」的原因，還是時常拌嘴，家庭永遠像一個沒有硝煙的戰場。其實，兩個人能一起攜手走過漫長的歲月，是一種難得的幸福。當年少輕狂逐漸被歲月的風塵洗刷得一乾二淨，留下的，只有相濡以沫的恩愛與牽絆。因此，老年人應當好好珍惜老伴在身邊的日子，當愛情漸漸化為親情，他（她）已經成為你生命中不可分割的一部分。

消除老年夫妻矛盾的方法：

1. 理解：夫妻生活幾十年，彼此已經有了深刻了解，遇事要多為對方想想，學會換位思考，相互理解體諒。
2. 主動：要主動防止和主動消除矛盾。雙方要善於溝通，求得對方諒解；

主動讓步，對對方要加倍體貼。

3. 相敬：夫妻雙方要尊重對方，相敬如賓，用愛的力量來糾正對方的毛病，盡量避免損害對方自尊的言行。

4. 防激：如果夫妻間發生直接頂撞，最好有一方保持沉默，迴避轉移，等待對方消氣以後，再心平氣和交談溝通。

5. 寬容：夫妻在生活習慣上應能做到彼此體貼和寬容，在心理上也要互相接納。當對方做了錯事時，不要得理不饒人，而是要以寬容的心態真誠幫助對方。

6. 幽默：發生矛盾時，如果一方說句逗樂的話，往往會使情況立刻發生變化，可迅速化解矛盾。

7. 溝通：經常了解對方有什麼想法，有意見應誠懇、溫和、講究策略的說出來。這樣可有效消除雙方的誤解，疏解鬱悶。

8. 親暱：親暱對提高家庭生活品質有相當大的作用，長期缺少拉手、擁抱、親吻的人，容易產生皮膚飢餓，進而產生感情飢餓。

9. 吵架莫當真：夫妻吵架，有時只是一種交流方式，一種感情的宣洩方式，吵架往往是為了發洩胸中的悶氣，以求得心理平衡。冷靜的夫妻在吵完架之後，會互相妥協和讓步，以此來獲得一種新的平衡。

琴棋書畫陶冶情操

養生更要愛生活

古人云：「人生七十古來稀」，隨著人類生活品質的提高與醫學的不斷進步，人的壽命普遍延長，隨之而來的是退休生活時間的延長以及空暇時間的增加。假如沒有妥善安排好退休以後的生活，寂寞、孤獨就會乘虛而入，成

為影響老年人健康的危險因素。而琴棋書畫正是解除老年人孤獨、寂寞的一劑良藥，寄情於琴棋書畫，既充實了生活，陶冶了情操，又可以結交情趣相投的朋友，建立良好的人際關係，從而擺脫孤獨與寂寞。

退休以後的生活也可以多姿多彩。大多數老年人在退休後不用再刻板的、有規律的、一成不變的工作，有了更多的可供自己自由支配的時間，完全可以按照自己的意願行事。能夠結合自己的實際情況，選擇一兩項感興趣的活動作為精神寄託，有利於老年人度過一個祥和的晚年。

琴棋書畫魅力無窮

琴、棋、書、畫是傳統文化中的瑰寶，既能陶冶情操，使人心情舒暢，又是促進心理健康的有效手段。

音樂是名副其實的生活「調味劑」，宛轉悠揚的琴聲，旋律優美的樂曲，能使人得到美好的精神享受，使人心情放鬆。節奏鮮明的樂曲，可以激發人的鬥志；優美動聽的樂曲，有助於使人趨於平靜。在悠揚的抒情曲中休息，不僅使人感到輕鬆愉快，而且能較好的消除疲勞。經實際證明，優美輕緩的音樂對人的感情、思想、心理和生理都有明顯的影響，還有助於延年益壽。

在古代，善下圍棋是高尚文雅、多才多藝的一種表現。如今，下棋成為很多老年人鍾愛的娛樂項目，它能夠給人帶來無窮的樂趣。無論是全神貫注的深思，還是一著妙棋的欣喜，都給人一種妙不可言的感覺。一場精彩的「廝殺」結束之後，眾人議論紛紛，說得津津有味，真是餘味無窮。下棋除了給人高雅的藝術享受外，還能促進思維能力，緩解緊張心情，有益身心健康。

練習書法、揮筆作畫，能陶冶情操，舒暢胸懷。長期接觸大自然獲得的樂觀情懷，是古今中外書畫人多長壽的重要原因之一。許多書畫家的性格都比較開朗，富有幽默感。愛好書畫的人，往往能在揮毫之中獲得融融之樂。

欣賞書畫，亦能喚起人們對生活的熱愛，徜徉在藝術長河中，體會其中無窮的樂趣，生活也隨之更加五彩繽紛。

老年人既要服老又要不服老。「服老」，就是要正視現實，隨著年齡的增長，要注意身體，加強適當的鍛鍊，積極防治疾病。「不服老」，是要保持積極進取精神和堅強的意志，在生活中尋求新的興趣，在精神上找到新的寄託，豐富生活內容，擴大人際來往，保持樂觀愉快的情緒，適當參與社會活動，樂天知命，知足常樂。只有這樣，才能充分意識到自己存在的價值。

特別需要強調的是，老年人應當有意培養自己在藝術方面的興趣愛好，領略藝術世界的神奇和美妙。由於老年人本身有著豐富的人生經歷，他們透過對藝術作品的感知，在融合自身的情感和理解後，往往能夠產生出豐富生動的愉悅體驗，容易引起情感共鳴，從而在一定程度上排解生活中的憂鬱和煩悶。廣泛的興趣愛好，有利於老年人保持樂觀的情緒，有益健康長壽。

第十三章　百病不患的心理訓練法

自信心訓練 ── 告訴自己「我是最棒的」

自信，就是相信自己！你想成為一個什麼樣的人，首先要相信自己能成為什麼樣的人。只有這樣，才能在遇到挫折的時候不會輕易放棄。一個什麼都不敢想的人，同樣也不會相信自己能成功，這種人的失敗原因往往就是他自己。自信心是通往成功彼岸最堅固的橋梁，有了必勝的信心，那你就已經成功了一半。

有一種人只遭遇一次失敗就一蹶不振，究其原因，只是因為他少了一樣東西 ── 信念。信念並不是一個人天生的特質，它往往是透過後天培養而獲得的一種心理能量，是一種能促使人們完成令人難以置信的偉大奇蹟的力量。信念猶如一把鑰匙，它能打開知識新世界的大門。

自信的人，往往擁有必勝的信念。相反，遇事猶豫不決的人，多半心中沒有堅定的信念。一個人如果沒有信念，勢必無法充分發揮自己的潛能。心中有信念，便很少會被憂鬱和恐懼襲擊。有信念的人隨時都能保持頭腦的清醒，並且富有創造力。因為心存信念，所以他們能夠贏得別人的信賴，這種

信賴會激勵別人，使他們非常願意和你攜手共創未來。

　　來看看美國總統林肯一生的經歷吧，它會讓你知道自信有多麼重要！

　　生下來就一貧如洗的林肯，終其一生都在面對挫敗，8次競選8次落敗，兩次經商失敗，甚至還精神崩潰過一次。好多次，他本可以放棄，可他並沒有如此，也正因為他的不肯放棄，才成為美國歷史上最偉大的總統之一。

　　以下是林肯進駐白宮前的簡歷：

· 西元 1816 年，被趕出了居住的地方，他必須努力工作，承擔起養家的責任。

· 西元 1818 年，母親去世。

· 西元 1831 年，經商失敗。

· 西元 1832 年，競選州議員，落選。

· 西元 1832 年，丟了工作，想就讀法學院，但進不去。

· 西元 1833 年，向朋友借錢經商，年底就宣告破產，他花了 16 年時間，才把債還清。

· 西元 1834 年，再次競選州議員，贏了。

· 西元 1835 年，訂婚後即將結婚，未婚妻卻死了，他的心也碎了。

· 西元 1836 年，精神完全崩潰，臥病在床 6 個月。

· 西元 1838 年，爭取成為州議員的發言人，沒有成功。

· 西元 1840 年，爭取成為選舉人，失敗。

· 西元 1843 年，參加國會大選，落選。

· 西元 1846 年，再次參加國會大選，當選。

· 西元 1848 年，尋求國會議員連任，失敗。

· 西元 1849 年，想在自己的州內擔任土地局長的工作，被拒絕。

· 西元 1854 年，競選美國參議員，落選。

· 西元 1856 年，在共和黨的全國代表大會上爭取副總統的提名，得票不到

100 張。

· 西元 1858 年，再度競選美國參議員，再度落敗。

· 西元 1860 年，當選美國總統。

「此路艱辛而泥濘。我一隻腳滑了一下，另一隻腳也因而站不穩，但我緩口氣，告訴自己：這不過是滑一跤，並不是死去而爬不起來。」林肯在競選參議員落敗後如是說。

假如你處在林肯的境地，面對一次又一次的打擊和挫折，你還能堅持多久？從中我們可以悟出一個真理：相信自己，是沒錯的！

堅定自信心，你可以從以下幾方面做起：

盡量坐到前面

你是否注意到，在大學教室、會議室或各種聚會中，後排的座位總是先被占領，大家都希望自己不顯眼，似乎一切事情都與他們無關。這種怕受人注目的原因，就是內心缺乏自信。坐在前面有利於你建立自信，不妨在下次開會的時候試一試。當然，剛開始時你可能會覺得不自在，甚至有些心慌，這時一定不能放棄。坐在前排是比較顯眼，但你要記住，有關成功的一切都是顯眼的。

善用鏡子技巧

站在鏡子前，先做幾下深呼吸，然後注視自己的眼睛，把自己想要說的話和想要做的事情，大聲說出來。你可以試著讓這一舉動成為每天的必修課，早晚各進行一次，堅持一段時間後，你會有意想不到的收穫。

改變自我心像

心理學有一個偉大發現，就是可以藉由自己不斷的想像，而成為自己理

想中的人物。你可以試著把自己想像成一個非常成功的人，每天花一些時間想像自己成功的景象。你的潛意識會慢慢引導你的行為，不斷配合你的想法去做一些改變。這種潛移默化一定會使你達到最終的目標。

樹立遠大理想

你所羨慕或渴望的大成功都是由小成功累積起來的，每一個成功的人，都是在達成無數小目標之後，才實現偉大理想的。追求成功的路上，你需要做的是：將每一個目標和理想，都設定一個期限。

勇於正視別人

「眼睛是心靈的窗戶」，一個人的眼神可以流露出他內心的許多訊息。不正視別人通常意味著：在你旁邊我會感到很自卑，你是強者，我是弱者；我害怕眼神一與你接觸，你就會知道我心裡在想什麼……而正視別人就等於告訴對方：我很誠實，而且光明正大。相信自己在某些方面比對手更加強大，每個人都有自己的優勢，關鍵看你如何發揮。

練習當眾發言

不論參加什麼性質的會議，每一次都要爭取主動發言，無論是提建議也好，表心態也罷，甚至只是參與一些討論，不能放過一切當眾發言的機會。而且不要拖到最後，要勇於第一個打破沉默。不用擔心你的建議是否能被採納，重在參與。

昂首挺胸走路

許多心理學家認為，一個人懶散的姿勢、緩慢的腳步和他對自己、對工作以及對別人的不愉快的感受是相互關聯的。同時心理學家還告訴我們，透過改變姿勢與速度，可以改變心態。有超凡自信的人，走起路來通常比一般

人要快得多，他們的步伐似乎在告訴世人，我有很重要的事情要去做。

適時放聲大笑

　　當人們遇到挫折時，不可避免會表現出沮喪，愁眉苦臉。這個時候嘗試放聲大笑，你就會驅散恐懼，獲得自信。爽朗的笑聲不但能沖走不良情緒，還能化解別人的敵對情緒，如果你真誠的向一個人展開笑顏，他很難對你生氣。

不必太寵自己

　　人不能太寵愛自己，你必須有勇氣去面對困難，然後找出解決問題的正確途徑。假如你害怕在眾人面前說話，那就強迫自己講話，絕不能因為不敢開口而悶悶不樂。

　　居禮夫人成功之前，在一次給姐姐的信中寫到：「我們生活得都不容易，但是那有什麼關係？我們必須有志向，尤其要有自信力！我們必須相信我們的天賦是用來做某種事情的，無論代價多大，這種事情必須做到。」俗話說，「天上若無難走路，世間那個不成仙？」唯有自信，才能帶給你希望，才能促使你走向成功。

情緒控制訓練 —— 在感覺快要失去理智時使自己平靜下來

　　「情緒」與我們形影不離，在日常的工作、學習和生活中，我們時刻都體驗到它帶給我們心理和生理上的變化。基於自己的經歷，每個人對情緒都有不同的看法，但事實上，情緒上比我們想像得要複雜得多。簡單的說，情緒可以分為消極情緒和積極情緒。消極情緒不僅有害健康，而且會干擾人的理

性判斷。正是因為消極情緒對人的判斷會產生極大影響，所以我們應該學會如何控制消極情緒，並盡可能的將之轉化為積極情緒，使自己在幾乎要「發飆」的時候及時平靜下來。

尋找原因

在你悶悶不樂時，你所要做的第一步就是找出原因。

26 歲的珍妮是一名廣告公司的職員，她一向心態平和，可有前一陣子卻突然像換了一個人似的，對周圍的人沒有好臉色，整天一副怒氣沖沖的樣子。後來她發現，擾亂心境的是擔心自己會在一次重要的公司人事安排中失去那個心儀已久的職位。「儘管我已被告知不會受到影響，」她說，「但我心裡仍然忐忑不安」。一旦珍妮了解到自己真正害怕的是什麼，她似乎就覺得輕鬆了許多。她說：「我將這些內心的焦慮用語言表達出來之後，才發現事情並沒有我想像的那麼糟糕」。

找出原因後，珍妮便集中精力對付它。她開始充實自己，工作上也更加賣力。結果，內心的焦慮不僅很快就消除了，珍妮還因為工作出色而被委以更加重要的職務。

積極樂觀

「一些人往往將自己的消極情緒和思想等同於現實本身」，一位心理學家說，「其實，我們周圍的環境從本質上說是中性的，是我們給他們加上了或積極或消極的價值，問題的關鍵是你傾向選擇哪一種？」

曾有人做過一個有趣的實驗，他將同一張卡通漫畫給兩組被試者看，其中一組人員被要求用牙齒咬著一支鋼筆，這個姿勢彷彿在微笑一樣；另一組人員則必須將筆用嘴唇銜著，顯然，人在這種姿勢中很難露出笑容。結果發現，前一組比後一組的人員認為漫畫更好笑。

這個實驗顯示，一個人心情的好壞往往不是由事物本身引起的，而是取決於看待事物的不同方式。

尊重規律

加州大學一位心理學教授說：「我們許多人都僅僅是將自己的情緒變化歸之於外部發生的事，卻忽視了它們很可能也與你身體內在的『生物節奏』有關。我們吃的食物，健康程度及精力狀況，甚至一天中的不同時段都能影響我們的情緒」。

心理學教授的一項研究發現，睡得很晚的人往往更有可能情緒不佳。此外，人的精力往往在一天之始處於高峰，而在午後則有所下降。「一件壞事並不一定在任何時候都能使你煩心，」教授說，「它往往是在你精力最差時影響你」。

合理膳食

《食物與情緒》一書的作者認為，對於那些每天早晨只喝一杯咖啡的人來說，心情不佳是一點也不足為怪的。

作者建議，要確保心情愉快，你需要養成一些好的飲食習慣：定時用餐，限制咖啡和糖的攝取，每天至少喝六至八杯水。

據最新研究顯示，碳水化合物更能使人心境平和、感覺舒暢。因為碳水化合物能增加大腦血液中血清素的含量，而該物質被認為是一種人體自然產生的鎮靜劑。各種水果、稻米、雜糧都富含碳水化合物。

充足睡眠

匹茲堡大學醫學中心教授的一項研究發現，睡眠不足對人類情緒的影響極大，他說：「對睡眠不足者而言，那些令人煩心的事更能左右他們的情緒。」

人的正常睡眠時間大約是每天八小時，保持充足的睡眠，有利於心情舒暢，看待事物的方式也更為樂觀。

經常運動

運動是一個極為有效的驅除不良心境的自助手段。哪怕你只是散步十分鐘，對克服你的壞心境都能收到立竿見影的效果。研究人員發現，健身運動能使人的身體產生一系列生理變化，其功效可與那些能提神醒腦的藥物相媲美。有氧運動的效果更為明顯，你可以選擇跑步、體操、跳繩、游泳等，如果能在運動之後再洗個熱水澡，效果會更佳。

親近自然

一位著名歌手說：「每當我心情沮喪、憂鬱時，我便去從事園林勞作，在與那些花草林木的接觸中，我的不快之感也煙消雲散了。」假如你並不可能總到戶外去活動，那麼，即使走到窗前眺望一下遠處的青草綠樹，也會改善你的心情。

意志力訓練 —— 訓練和提升它，就能使一個人獲得成功的強大動力

人之所以區別於動物，就在於人有意志。意志力是人所獨有的心理動力，是人生路上一種強大的推動力，在堅強意志力的推動下，人才可以逐步走向成功。

一位著名心理學家曾在 30 年當中對許多人進行了長期追蹤研究。他得出這樣一個結論：智力和成就之間不是完全相關的。在對 800 個男性中成就最大的 20% 與成就最小的 20% 進行比較後，他發現他們之間最明顯的差異就在於個人意志力的不同。

羅伯特‧巴拉尼，西元 1876 年出生於奧匈帝國的首都維也納，他的父母均是猶太人。很不幸，在年幼時巴拉尼患了骨結核病，由於家庭經濟不寬裕，他沒有得到很好的治療，結果導致膝關節永久性僵硬。父母很傷心，巴拉尼也痛苦至極。但是，巴拉尼是一個十分懂事的孩子，儘管當時他的年紀才七八歲，卻懂得把自己的痛苦隱藏起來，對父母說：「你們不要為我傷心，我完全能做出一個健康人的成就。」父母聽到兒子這番話，悲喜交集，抱著他淚流滿面。

從此，巴拉尼狠下決心，埋頭讀書。父母交替著每天接送他到學校，十多年來風雨無阻。巴拉尼沒有辜負父母的心血，也沒有忘掉自己的誓言，他的學習成績十分優異，18 歲那年進入維也納大學醫學院學習，1900 年獲得博士學位。大學畢業後，巴拉尼留在維也納大學耳科診所工作，成為一名實習醫生。由於工作很努力，得到在該大學醫院工作的著名醫生亞當‧波里茲的賞識，對他的工作和研究給予熱情的指導。巴拉尼對眼球震顫現象進行了深入研究和探源，經過 3 年的努力，他於 1905 年 5 月發表了題為《熱眼球震顫的觀察》的研究論文。這篇論文的發表，引起了醫學界的關注，標誌著耳科「熱檢驗」法的產生。巴拉尼再度深入鑽研，透過實驗證明內耳前庭器與小腦有關，奠定了耳科生理學的基礎。

如果沒有堅強的意志力，一個身體殘疾的人想獲得如此成就，談何容易？可見，擁有堅強的意志力是一個人獲得成功不可缺少的一個前提。

堅強意志力的培養，需要遵循以下四個原則：

1. **自覺性**：意志的自覺性，指的是人對自己行動的目的和意義有深遠而清醒的認識，並能主動支配自己的行動，以使之符合目的並達到既定目標的能力。具有自覺性的人不會人云亦云，更不會魯莽行事，他們既不會聽任他人的擺布，又可以虛心聽取他人提出的合理意見和建議。自覺性貫穿於整個意志行動的始終，是產生堅強意志的泉源。

2. **果斷性**：果斷性是指一個人為實現自己的目的，根據實際情況，抓住時機，迅速準確的做出判斷，並能夠根據環境條件的變化及時調整決策的能力。一個果斷的人，在條件允許的情況下，總是能夠進行周密的考慮，而在情況緊急時，也能夠根據所掌握的情況，迅速做出最合理的決定，在該停止的時候能夠做到當機立斷。

3. **持久性**：持久性指的是一個人能夠堅持不懈、克服一切困難和障礙，百折不撓的達到既定目標的特質。有些人在困難面前，只能夠表現出一時的勇氣，但無法長久堅持下來，而具有持久性的人則能夠在困難面前不低頭，甚至越挫越勇。當然，持久性不同於頑固性，更不是一意孤行。

4. **自制力**：自制力是指為了達到預定的目的而自覺控制和調節心理狀態和行為活動的能力。缺乏自制力的人通常表現為任性和懦弱，他們要麼缺乏自控能力，做什麼事都是憑一時衝動，對自己的言行不加任何約束，要麼就是在困難面前驚慌失措，畏縮不前。

意志的形成，依賴於人長期的社會實踐，紙上談兵是無法培養和鍛鍊人的意志力的。當今社會，激烈的競爭更凸顯出意志的重要性，一個人能否抓住機會實現夢想，在很大程度上取決於他是否擁有堅強的意志力。意志力，已經成為獲得成功不可或缺的重要因素。

社交能力訓練 —— 被他人拒絕的人很多是因為不懂得交際的規則

一位哲人說：「沒有交際能力的人，就像陸地上的船，永遠到不了人生的大海。」交際，是我們生存在這個世界上必不可少的活動之一，它既可以給人帶來幸福和歡樂，也可以給人帶來煩惱和憂傷。善於交際的人，往往能夠體會朋友遍天下的幸福，而不善交際的人，卻只能在深夜一個人品味孤獨

的滋味。

人際交往是一門藝術，有的人無法交到真正的朋友，並不是他心地不夠善良，也不是他不夠真誠，而只是沒有掌握一定的交際技巧。數次挫折後，他可能已經害怕被別人再次拒絕，害怕再次失望而歸。其實，人和人的關係，說複雜也複雜，說簡單也簡單，全看你用什麼樣的心態來對待。

與人交往害怕被拒絕，是人際交往中以不安全感為主要感受的一種人際交往模式。這是一種幼稚的、不成熟的人際交往模式。具有這種內心感受的人，通常有很強的自我保護意識。他們並不是不願意與人交往，而是擔心自己主動與人交往時，遭到別人的不理睬甚至拒絕。當他們鼓足勇氣、小心翼翼的與人接觸時，如果對方大方熱情的回應，尚能鼓舞他繼續交往的信心，如果對方是同樣拘謹的人，他就可能揣測別人是不是討厭自己？如果真如此，那就先封閉自己吧。於是，他會採取一種妥協的處理方式，讓自己在惴惴不安中更加退縮，人際關係也會越來越糟糕。

其實，人際交往沒有你想像的那麼可怕，如果掌握了一定的人際交往規則，相信你一定能收穫一個良好的人際關係圈子。

以誠相待

自古以來，「誠」一向備受人們的崇尚，交往中能做到一個「誠」字，必能贏得真誠的回報。而那些世故圓滑的人，往往永遠都無法得到對方的真誠相待，也不可能擁有真正的朋友。

言而有信

古語云：「言必信，行必果」，做人要言而有信，不要輕易做出承諾。我們如果答應幫朋友做某一件事情，就要認真履行自己的諾言。一個言而無信的人，到頭來不僅得不到真正的友誼，還有可能落得個眾叛親離、孤家寡人

的可憐下場。

保持距離

人際關係本是人與人之間的心理上的關係，因此，在交往中要適當保持彼此心理上的距離。不分親疏的靠近對方，難免引起他人的不快。每個人都需要有自己獨立的空間，彼此之間保持適度的距離，可以更好的維持友誼。

自尊自愛

好朋友相互贈送一些小禮物，以聯絡感情，增進友誼，這是人之常情。但假如你們僅有一面之交或交往不深，最好當面謝絕對方的好意，尤其是異性間的饋贈。收到他人的禮物，你需要保持頭腦清醒，了解對方的用意，如果來者不拒，可能會受制於人，使自己處於被動地位。

平等待人

在與人交往的過程中，切記彼此在人格上是平等的，一定要平等待人，盛氣凌人的人一般不討人喜歡，而動輒以恩人、救星或老大自居，則更會讓人感到反感。

善始善終

朋友之間也有發生誤會的時候，此時應設身處地的替對方多加考慮，即使錯在對方，也應豁達大度，原諒對方的過失，不必斤斤計較，更不能睚眥必報。

戒驕戒躁

真正的友誼能夠經得起時間的考驗。每個人都要注意，當你的身分、地位發生變化、步步高升時，千萬不要給老朋友造成「一闊臉就變」的印象。

寬以待人

「嚴以對人、寬以對己」有悖於公平原則的雙重標準，它只會導致對方反感。相反，如果我們能做到嚴於律己，寬以待人，不苛求他人，不放縱自己，必能贏得對方的敬重。

下面我們來做一個小小的測驗，看看你的人際關係如何。

假如你走向一個熟睡的嬰兒時，他忽然睜開眼睛，你認為接著他會有什麼反應？

Ａ.哭

Ｂ.笑

Ｃ.閉上眼睛繼續睡覺

Ｄ.咳嗽

【分析】

選Ａ的人，你是個相當沒有自信的人，因此很害怕與他人相處，深恐洩露自己的缺點，因此常縮在自己的殼中裹足不前。如果你能再自信一點，積極與他人接觸，相信你會發現外面的世界非常美好。

選Ｂ的人，你是個自信滿滿的人，交際手腕相當不錯，很容易和他人打成一片；但要注意的是，不要過度自信，只陶醉在自己的世界中，忽略了別人的感受、想法。

選Ｃ的人，你是個相當孤僻的人，與其和別人在一起，還不如一個人來得快樂自由，所以根本不願、也覺得沒必要踏入別人的世界；但工作是注重團隊合作的，絕不可獨來獨往，所以要好好調整自己。

選Ｄ的人，你是一個相當神經質的人，非常在乎人際關係，也小心翼翼的去維護；但太過於在意別人的感覺、想法，會弄得自己精疲力竭，最好放鬆一下自己，以平常心來面對人際關係。

人生規畫訓練 —— 對自己的人生有個整體的把握

　　人生從來都不是一個輕鬆的過程，假如你盲目、散漫、毫無規畫與目標的生活，只會讓你的人生一敗塗地。有位哲人說過：「一個人的幸運，不是因為他手中拿到了一副好牌，而是因為他知道用最好的方法把牌打出去。」幸福的人生也是如此，你不知道未來會發生什麼，但你可以用心去規劃。只有對自己的人生有個整體的把握，才能在未來的路上走得精彩，走得從容。

　　有的人生活毫無規劃，任人支配，很容易在心中滋生一種空虛感和無助感，甚至對生活失去信心。合理的人生規畫，能戰勝空虛和寂寞，激發你的無限潛能，顯示你的真正價值。

確定一個目標

　　幾年前，美國一位作家出版了一部名叫《開拓者們》的暢銷書，為了撰寫這部書，他做了一份內容十分廣泛的「人生歷程調查問卷」，間接訪問了6萬多名各行各業的人士，發現那些最成功和對自己生活最滿意的人至少有兩個共同的特點：首先，他們喜歡有更多的親密朋友；其次，他們都致力於實現一個其實際能力難於達到的目標。

　　西方有一句諺語說，「如果你不知道你要到哪裡去，那通常你哪裡也去不了」。人生不能沒有目標，否則你將無法前進。

　　哈佛大學有一個非常著名的關於目標對人生影響的調查。調查對象是一群智力、學歷、生活環境等條件都差不多的年輕人。結果發現：27%的人沒有目標；60%的人目標模糊；10%的人有清晰但比較短期的目標；只有3%的人有清晰且長期的目標。25年的追蹤研究顯示：那些占3%的有清晰且長期目標的人，在25年來從來不曾動搖過自己的人生目標，並朝著同一個方向努力，幾乎都成為社會各界的頂尖成功人士。那些占10%的有短期目標的

人，大都生活在社會的中上層。他們的那些短期目標不斷實現，生活狀態穩步上升，成為各行各業的不可缺少的專業人士。剩下 27% 的是那些 25 年來都沒有確定目標的人，他們幾乎都生活在社會的最底層，生活不如意，且常常抱怨他人、抱怨社會。

羅斯福總統夫人在本寧頓學院念書時，要找一份工作，修幾個學分。父親為她約好了當時擔任美國無線電公司董事長的薩爾洛夫將軍。將軍問她想做什麼工作，她回答說：「隨便吧。」將軍說：「沒有一類工作叫隨便，」他目光逼人的提醒她，「成功的道路是目標鋪出來的」。

想要有一個成功的人生，首先你要做的就是確定一個目標。

堅持自己的方式

有的人沒有自我，他們活在別人的世界裡，感到壓抑卻又無法逃脫。就好比有人穿鞋，為了美觀可以捨棄舒服，為了得到他人的讚揚，可以讓自己的腳腫得幾乎無法走路，在他人的目光中「痛並快樂」的活著。

從前，有一隻九官鳥學人說話，牠很聰明，學了不久能講兩三句。有一天，牠聽到有隻蟬在樹上快樂的唱著歌，便嘲笑起來：「你的歌聲太刺耳了，與其聽你唱，倒不如聽我說人話。」然後就自顧自的講了幾句。蟬聽完九官鳥的「人話」後，說：「我的歌聲雖然不好聽，但這是我自己的歌。你講的話固然悅耳，但不是你自己的而是別人的語言。」九官鳥聽了蟬的話，無言以對。

人生在世，一定要記住：你就是你自己。成功是多元的，寧可用嘶啞的聲音唱歌，也不要帶著盲目崇拜的目光去模仿別人。

堅定自己的價值

人的價值，不在於軀殼，而在於大腦，在於智慧。真正能讓你閃光的是

生命價值，它永遠都不會貶值。一次討論會上，一位演說家高舉一張 20 美元的鈔票，問：「誰要這 20 美元？」一隻隻手舉了起來。他將鈔票揉成一團，然後問：「誰還要？」仍有人舉起手來。他將鈔票扔到地上，又踏上一腳，再問：「現在誰還要？」還是有人舉起手來。這說明了什麼？那張鈔票不會因為泥土和腳印貶值，正如「只要是金子，總是要發光的」。

　　不管發生什麼，只要我們還能發現自己的內在價值，我們的生命就會熠熠發光。

發揮自己的優勢

　　美國哈佛大學一位心理學家提出多元智慧理論。他認為，人類的智慧至少應包括 7 種不同的能力，即語言智慧、數理邏輯智慧、空間智慧、音樂智慧、體態智慧、內省智慧、人際智慧。人的智慧發展具有不均衡性，有強點和弱點，人一旦找到自己智慧的最佳點，智慧潛力就能得到充分的發揮，從而獲得驚人成績。

　　瓦拉赫是諾貝爾化學獎獲得者，可是最初他選擇了一條文學之路，老師對他說：「你很用功，但文風過分拘泥，不適合在文學領域繼續發展。」後來他又改學油畫。但他既不善於構圖，又不會潤色，絕大部分老師都認為他成才無望。只有化學老師認為他做事一絲不苟，具備做好化學實驗應有的品格，於是就建議他試學化學。多虧這位老師的建議，瓦拉赫智慧的火花一下子被點著了。文學藝術的「不可造就之才」最終變成了公認的化學方面的「前程遠大的高材生」。

　　每個人都有屬於自己的人生軌跡，要想在人生路上走得順暢，走出輝煌，就要及時確立生命目標，堅定自己的人生信仰，發揮自己的優勢長處。用心經營人生，你才會擁有充實和快樂。

第十四章　健康人生靠自己

快樂與否看你自己

　　人人都想擁有快樂，但快樂之神似乎並不青睞所有人。很多人曾刻意追求快樂，但到頭來總是失望而歸。快樂不是結在樹上的果實，到了秋天會自然成熟，快樂是一種心境，只要你有一顆寬容的心，只要你有平和的心態，快樂就會常駐你家。

　　從前，在一座高山頂上，住著一位年老的智者，至於他有多麼老，為什麼會有那麼多智慧，沒有一個人知道，人們只是盛傳他能回答任何人提出的任何問題。

　　有個調皮搗蛋的小男孩不以為然，他甚至認為自己可以愚弄智者。有一天，男孩抓了一隻小鳥去找智者。他把小鳥抓在手心，一臉詭笑的問老人：「人們都說你能回答任何人提出的任何問題，那麼請您告訴我，這隻鳥究竟是死的還是活的？」老人完全明白這個孩子的意圖，便回答說：「孩子啊，如果我說牠是死的，你就會立刻放手讓牠飛走；如果我說牠是活的，你就會馬上捏死牠。孩子，你的手掌握著對鳥兒的生殺大權啊！」

　　我們每個人都應該牢牢記住這句話，每個人的手裡都握著關係成敗哀樂的大權。你可以讓自己快樂，也可以將快樂拒之門外，快樂與否，是你自己的事。

　　一所商業學院的創始人曾經說過，「我們所擔心的事，有99%永遠都不會發生，而成天為永遠都不會發生的事情擔憂，是很悲哀的。」有的人之所以不快樂，就是因為他擔心的太多，而這些擔心實際上毫無必要。

　　請看看這位創始人的經歷吧。

　　1943年夏天，世界上的一切煩惱似乎全落在我的肩上。

　　40多年來，我一直過著正常而無憂的生活，但突然間，六項主要煩惱同時打擊在我身上，我整夜在床上輾轉反側，害怕白天的來臨。以下這些就是我所擔憂的：

1. 我的商業學院面臨破產邊緣，因為所有的男孩子都去服役了，而女孩子即使沒有接受商業訓練，她們在軍火工廠所賺的錢依然比學院畢業的女孩子所賺的要多得多。

2. 我的大兒子正在服兵役，跟所有父母一樣，我十分擔心他的安危。

3. 市政府已開始計劃徵收一大片土地來建造機場，而我的房子就座落在這一大片土地的中央。我將失去我的房子，雖然我能得到一些補貼；由於當時房子缺乏，我擔心找不到房子而讓一家人住在帳篷裡。我甚至擔心，我們是否有能力買一頂帳篷。

4. 我土地上的水井已經乾涸，但要是再挖個新井，就等於浪費了六百美元，因為這塊土地已被徵收。一連兩個月，我每天早上提水去餵牲口，我害怕在戰爭結束以前，我天天都得如此。

5. 我的住處距離學校有十里遠，而我領取的是「B級汽油卡」，這表示我不能購買任何新輪胎，我十分的擔心輪胎會爆掉，這樣我就無法上班了。

6.	我的大女兒提早一年高中畢業，她一心想上大學，但我卻沒錢供她上。
	我知道她一定十分傷心。

　　而事實上，一段時間之後，那六項煩惱已有了下述的改變：

1.	我發覺憂慮商業學院會被迫關門只是白操心。因為政府已開始撥款補
	助商業學院，要求代為訓練退伍軍人，我的學校很快又恢復了往日
	的氣氛。

2.	我發覺對於兒子在軍中的憂慮是完全不必要的。他已經歷過戰爭，身上
	卻連一點輕傷也沒有。

3.	我發覺對土地被徵收一事的憂慮也是多餘的，因為在我農場附近一里遠
	的地方發現了石油，建機場的計畫遂告作罷。

4.	我發覺擔心沒有水井打水餵牲口也是不必要的，因為當我知道我的土地
	不再被徵收之後，我就立刻挖了一個新井，水源不絕。

5.	我發覺擔心我的輪胎破裂也是多餘的。因為，我將那個舊輪胎翻新之
	後，加上小心駕駛，輪胎一直沒壞。

6.	我發覺擔心我女兒的教育問題也是不必要的。因為在女兒開學前六天，
	我得到了一個新的工作機會，它使我能夠及時將她送入大學。

　　人生在世，不可能沒有煩惱事，但你沒理由庸人自擾。太多的煩惱會驅
走你的快樂，而這些所謂的煩惱，可能永遠都不會發生。為什麼非得讓那些
不可能發生的事情占據你生活的全部呢？快樂，是你自己的事，只要願意，
你就可以讓心靈灑滿快樂的陽光。

善待自己才會更美麗

　　一位哲人說：「喜歡自己，就要學會善待自己、欣賞自己，使自己像陽光
那樣熱情奔放，不可或缺，讓自己的尊嚴高高飛揚，活出真自我。」生活像

個五味瓶，你會時不時的嘗到絲絲苦澀，這個時候，是讓苦澀把自己掩埋，還是重新找回生命中的甜美？當你的生活黯然失色，當你的心頭布滿烏雲，不要去抱怨，學會善待自己吧，它會讓你重新回到陽光的懷抱。

要善待自己，並不是擁有豪宅名車的氣派，也不是過著錦衣玉食的生活，更不是飽食終日、無所事事的頹靡，而是適時靜下心來想想當前自己的體力和精力處在怎樣的一種狀態，是否需要進行適當的調整和補充，以便日後更好的工作和生活。

學會善待自己，在心情不好的時候，你可以聽一段輕鬆悠揚的音樂，讓舒緩的旋律來撫慰紛亂的心情，讓自己陶醉在音樂中，遠離世俗的紛擾；你可以外出漫步散心，讓優美的景色、清新的空氣沖淡內心的不快與煩躁；你可以約上好久不見的朋友，去寧靜雅致的茶館坐一坐，哪怕只是一杯清茶，哪怕只是幾句閒聊，也會讓你的心情豁然開朗。

作為一個女人，善待自己，妳要學會美容。找個空閒的時間光顧一下美容中心，精心呵護自己的肌膚，對自己的心理進行美容，讓精神得到放鬆，舒緩沉重的壓力。只有一個重視自己的女人，才會欣賞自己；只有一個欣賞自己的女人，才會有光彩；只有一個有光彩的女人，才會有魅力；只有一個有魅力的女人，才會更美麗。

善待自己，妳要學會打扮。週末約上好友出去逛逛，買一件自己喜歡的、優雅時尚的服飾，穿出女人的自信、品味和成熟。「衣服是女人的第一張名片」，得體、大方、優雅、端莊的打扮不但能給他人帶來美的享受，更能愉悅自己的心情，還能透出女人高貴的氣質和個人魅力。每一個女人都是一件精雕細琢的藝術品，每一件衣服都是女人心中一份永恆的快樂。打扮不僅僅是一種行為，更是一種自我調節的好方式。要學會做一個善待自己的女人，學會忙中偷閒的生活方式。生活不是為了穿戴，而穿戴卻是為了更好的

生活。

　　善待自己，你要學會旅遊。找一個工作不太忙的時候，回歸大自然的懷抱，放飛自己的心情。夏天的時候，你可以去看海，享受和煦的陽光、細軟的沙灘和澎湃的海浪，可以盡情的在海水中嬉戲遊玩，彷彿又回到童年的幸福時光；冬天的時候，你可以去看雪，尤其是在深夜，抬頭看搖曳的路燈下恣意飛舞的雪花，那種鋪天蓋地的感覺異常奇妙；或者，你可以選擇爬山，在大汗淋漓中領略大自然的粗獷與堅韌，剛強與不屈。一個懂生活的人，需要讓自己活得有品味，活得有品質。

　　善待自己，你還要學會不斷提高自己的修養，學會品味書香世界的淡泊與寧靜，學會調節憂鬱低調的心情，讓自己活得健康，活得精彩。美麗的心情，需要自己的精心呵護。只有善待自己，我們才會遠離煩惱和憂愁；只有善待自己，我們的生活才會有滋有味；只有善待自己，我們的人生才會更加五彩繽紛！

　　善待自己，也就是善待生命！

讓自己的容貌永遠單純

　　有一首歌這樣唱：「誰能夠保證心不變，看得清滄海桑田，別哭著別哭著對我說，沒有不老的紅顏……」不管你願不願意承認，這個世界上的確沒有不老的紅顏，隨著歲月的流逝，即使是國色天香傾國傾城，也只能在回憶中去追尋。

　　歲月會在不知不覺中留下很多痕跡，有的人隨著時間的推移有了一雙悲傷的眼睛，有的人有了冷酷的嘴角，有的人一臉喜悅，有的人一臉風霜。留心觀察，你會發現，原來歲月並不曾真的逝去，桌上的日曆一頁頁翻過，但歲月卻轉過來悄悄躲在我們的心裡，然後再慢慢的改變我們的容貌，讓我們

的眼睛將一切變化都表露出來。

　　歲月可以改變很多東西，在歲月裡，我們經歷著人生的喜怒哀樂；在歲月裡，我們努力為自己畫一個圓滿的圈；在歲月裡，我們無法讓美好的一切永遠停留；在歲月裡，我們唯一可以保持的是一顆年輕的心。

　　容顏會老，這是不爭的事實，我們從來沒有足夠的能力與歲月抗衡，我們從來無法阻擋歲月在曾經年輕、美麗的面孔上寫寫畫畫。任何人都敵不過歲月的無情，但假如你擁有一顆寧靜的心，它可以保證你的容貌永遠單純。

　　單純，來自於內心的寧靜。

　　滾滾紅塵，已經很少有人能夠固守一方，獨享一份寧靜了。更多的人腳步匆匆，奔向人聲鼎沸的地方，殊不知，喧鬧之後卻更加寂寞，更加荒涼。如果你能在熱鬧中獨飲那杯名叫寂寞的清茶，也不失為人生的另類選擇。畢竟，寧靜並不是每個人都會享受的。

　　寧靜是一種難得的感覺，只有在擁有寧靜的時候，你才能真正靜下心來梳理自己煩亂的思緒，只有在擁有寧靜的時候，你才能讓自己真正走向成熟。寧靜是一種感受，是心靈的避難所，它可以給你足夠的時間來舔舐傷口，重新以從容的微笑面對人生。

　　懂得享受寧靜，便能從容的面對紛繁的世事，將世界化作一盞清茗，在輕啜深酌中漸漸體悟人生的哲理。並不是所有的生長都能成熟，並不是所有的歡歌都是幸福，並不是所有的故事都是真實，並不是所有的謊言都是罪惡。當你擁有一顆寧靜的心，你可以用自己的理解去解讀人世間風起雲湧的悲歡離合，思考人生歷程中的歡悅和痛苦。愛恨情仇，恩怨得失，雖無法忘記，但可以寬容，把滄桑隱藏在心底，讓一切慢慢沉澱在記憶之中，遠離刻薄和庸俗，讓自己有一顆單純的心。

　　當你真正感悟到人生的豐富與美好時，就不會讓心靈的天平因為貪圖而

傾斜，不會因為歡喜而忘形，不會因為危難而逃避。當你真正讀懂寧靜，理解寧靜，寧靜就成為你人生的享受。享受寧靜，是一次心靈的淨化，讓人感動，美麗而又真實。

寧靜是一種心境，氤氳出淡淡的清幽和秀逸，讓你的心靈逃離城市的喧囂，保持著神聖的單純。你的人生因為單純而晶瑩透亮，你的容貌因為單純而永遠迷人。

把快樂當成自己的一種心理性格

林肯說：「只要心裡想快樂，絕大部分人都能如願以償。」的確如此，快樂來自於一個人的內心，而不是存在於外在。快樂是人類特有的一種心理感受，一個精神充實、對生活充滿信心的人，必定是一個心理健康的人。現代人總是覺得自己經常不快樂，可究竟為什麼不快樂呢？是壓力太大，還是自己想要的太多？如何保持生命的最佳狀態？怎樣擁有樂觀的態度和散發著春天般活力的心靈？美國心理學家塞利格曼為我們揭示出一個與傳統心理學完全不一樣的心靈世界 —— 正向心理學。

正向心理學表示，要想快樂，首先必須有一顆寬恕的心。快樂的人，家人與朋友總會圍繞在他身邊，他不會去盲目攀比，在意自己是否能跟上鄰居富裕的腳步，因為他有著一顆寬恕而善良的心。讓快樂成為自己的一種心理性格吧，正如積極的心態能夠加快一個人成功的步伐，快樂的心理性格可以讓你擁有一個無悔的人生，讓你生命中的每一天都能夠坦然微笑。

想要擁有快樂，不要忘了感激。感激自己還健康的活著，感激自己是自由的，感激自己還有美好的未來可以期待，感激他人給予你的一切幫助。心理學研究顯示，把自己感激的事物表達出來，能擴大一個成年人的快樂！多給自己注入一些「正向基因」，做一個從內心擁有快樂的人！

　　沒有人能隨時都感到快樂，但也沒有人會永遠痛苦。養成快樂的心理性格，你會發現這個世界上的快樂原本就多於悲傷。正如蕭伯納所說的那樣，「如果我們覺得不幸，可能會永遠不幸。」同樣的道理，如果我們覺得快樂，那快樂一定伴隨我們左右。

　　一個快樂的人，通常更容易獲得成功。愛迪生有一間價值幾百萬美元的實驗室，一次意外，實驗室被火燒掉了，更讓人痛心的是實驗室根本就沒買保險。有人問他：「你該怎麼辦呢？」愛迪生回答：「我們明天就開始重建。」樂觀的態度幫助愛迪生戰勝了絕望，開始了科學探索新的征程。一位心理學家也說過：「快樂需要有困難來襯托，同時需要有面對困難的心理準備」。

　　美國暢銷書《如何快樂》的作者，同時是一位心理學博士，他說：「我們的生活有太多不確定的因素，你隨時可能會被突如其來的變化擾亂心情。與其隨波逐流，不如有意識的培養一些讓你快樂的習慣，隨時幫助自己調整心情。」假如你想培養快樂的性格，首先要讓自己擁有快樂的習慣。

- **每天拍幾張照片**：心理學家建議，每天用相機拍下一些身邊的人和事，將一些隨時可能被遺忘的片段記錄起來，當你不定期整理照片時，你會覺得所有的細節都是一種美好的回憶，人會因此而變得快樂起來。

- **偶爾做個白日夢**：你不必在週末一大早起床就開始馬不停蹄的做家事，這樣的習慣常常會讓人在晚上疲憊不堪，並影響到第二天的睡眠。不妨暫時拋開那些瑣碎的家事，在週末的清晨做一個美美的白日夢。不要自責，而應心安理得的對自己說：「我平時工作那麼辛苦，揮霍一下自己的休息時間，根本無可厚非。」

- **親近大自然**：有研究指出，由於在嬰兒時期便置身於羊水，因此人與生俱來就是親水的。在水邊散步，能有效讓你的身心得到放鬆。即使有再多的煩惱，在綠樹環繞、潺潺流水的環境中，你也能暫時拋開一切，讓自己的心靈得到來自大自然的撫慰。

- **參加團體活動**：雖然獨處是調節心情的好方法之一，但是不要吝嗇自己的休息時間，分出一部分給團體活動。登山、郊遊、野餐、歌友會……鼓勵自己積極參加團體活動，你會在共同的玩樂中讓自己體會快樂的強大力量。

- **一邊喝咖啡，一邊讀小說**：挑一家優雅的咖啡館，帶上一本近期最讓你感興趣的小說，選一個靠窗邊的位置，坐下來點一杯咖啡，邊喝邊讀……你肯定不陌生這樣的畫面，沒錯，這是電影裡常常出現的鏡頭。但那又有什麼關係，讓自己體驗一下電影中的浪漫，你會收穫意想不到的快樂心情。

一位心理學家認為，快樂是一種心情，但更是一種性格。快樂的心情時有時無，因為生活中有太多的因素左右我們的心情，但快樂的性格卻是可以相伴我們一生的。擁有它，你的一生都將與快樂同行。

保持從容不迫

明代養身學家呂坤在《呻吟語》中這樣告誡世人：「天地萬物之理，皆始於從容，而卒於急促。」還說「事從容則有餘味，人從容則有餘年」。從容，是舒緩、平和、樸素、泰然、大度、恬淡的總和。從古至今，對於太多的人而言，從容都是一種難得的境界和氣度。

從容不僅能夠反映一個人的氣度、修養、性格以及行為方式，而且還是一種符合人的生理、心理需求的、有節律的、健康的生活方式和精神狀態。

有一個關於謝安的故事，是這樣的：

在淝水大戰的決戰時刻，謝安不是如熱鍋上的螞蟻一樣坐臥不寧，而是若無其事的與人下棋。其間，他的姪子謝玄的捷報傳到，謝安看完，默然無語，徐步走回棋局。直到有人問他戰局如何，他才平靜的答道：「孩子們打了

勝仗。」表情相當平和從容，和平時沒什麼兩樣，並沒有獲得勝利的欣喜若狂。這便是一代名相的風範！

與謝安一樣，古今中外許多卓越的領袖，都具有如此從容不迫的氣度和雅量，正是這種從容的心態，使得他們屢屢化險為夷、大勝而歸。最為令人感嘆的是，在龐大的壓力之下，成功的領導者仍能保持從容不迫的氣度，這種壓力包括猛烈的批評、重大的爭議，也包括來自變革的挑戰。能在這種情況下做到從容不迫，表現出來的不只是勇氣，它更是一種技巧，一種氣質。猶如巴哈的音樂，優雅，大氣，澄明，即使迅疾，依然從容。

無論何時何地，一個在事業上獲得成功的人，遇事都能保持輕鬆從容的心情。甚至深陷逆境，也會保持沉著、冷靜的狀態，隨時準備捕捉和發掘新機會，以了解和對付新的問題。「隨時都要把自己看成是一個在湖中翻了船的人！」一位資深的石油商人在朋友事業剛開始的時候忠告他，「如果你能保持鎮靜，你就可以游到岸邊，至少在浮著的時候有人來救起你。假如你失去冷靜，你就完蛋啦！」

當一個人剛開始創業的時候，其狀況真有點像沉溺在水中央的人。如果他保持鎮靜，生存的機會就較大，否則就很可能溺死。剛開始做生意的人或剛進社會工作的年輕職員，都應該把這警句牢記在心裡，讓自己養成心情輕鬆的習慣，從容面對商海沉浮。

通觀古今，那些流芳百世的人物都是「鎮靜」高手，面對突然而來的變故，依然能夠保持鎮定自若。因為他們深深懂得，一個人在慌亂之中是無法思考出應付的妙招的。因此，陷入慌亂之時，他們習慣於大喝一聲：「慌什麼？」這一半是對別人說的，一半則是一種自我暗示。

從容，是一種理性，一種風範。只有從容，才能臨危不亂；只有從容，才能舉止若定；只有從容，才能化險為夷；只有從容，才能寵辱不驚……從

容是一種對人生的透澈把握，一個人只要能以平和心態面對一切，漫看天邊雲卷雲舒，笑看庭前花開花落，必能擺脫世間的是是非非、紛紛擾擾。一個人只有做到從容淡定，才能更好的善待自己，善待生命，善待人生。

讓心中永遠充滿陽光

「為了看看陽光，我來到這世上」，詩人這樣寫道。陽光，象徵著溫暖，象徵著希望。陽光灑滿大地的日子，總是生命日曆中讓人不忍翻過的一頁；陽光充滿心靈的日子，總是在我們的記憶中留下太多的溫情和感動。一個心中充滿陽光的人，註定會把那些陽光燦爛的日子刻進生命的年輪，無論歲月如何翻滾、奔騰，曾經的感動歷久彌新。

有這樣一個故事：

一位失明的音樂家一生中創作了很多動聽的音樂，特別是作為希望和溫暖象徵的「陽光」，在他的作品中反覆出現。他在音樂中所描繪的陽光不僅明豔照人，而且充滿了柔情，非常富有藝術感染力。他的朋友感到很奇怪，問他：「你一生從未見過陽光，為什麼能把陽光形容得這麼真切純美？」盲人音樂家笑著回答：「我雖然看不到大自然的陽光，但我每天能感受到心靈的陽光。這種心靈的陽光使我時刻覺得，自己生活在這個世界是一件非常幸福的事情。」

的確，陽光總能給人溫暖，沐浴在陽光下，總能感覺到舒適與祥和。心靈充滿陽光，就會擁有一個陽光般的心態。人來到這個世界，在成長的過程中不可避免的會遇到這樣那樣的挫折、困難，有順境也有逆境，有歡笑也有淚水。一個人是否擁有陽光般的心態，直接影響到他的學習、工作和生活。駐紮在心靈的陽光，可以使生命不再脆弱，可以把人生的辛酸和無奈統統蒸發。

細想起來，好多時候不是因為我們的生活中缺少陽光，而是我們在拒絕陽光。在失意的時候，我們習慣於把心扉緊掩，讓心中陰雲瀰漫，直到大雨瓢潑，將心浸泡。這時候，我們只需要打開窗兒，將陽光迎接，或者走出門去，在藍天下感受陽光的美好和溫暖。讓陽光在心中駐足，用心迎接每一縷陽光，每一個微笑。

一個人可以在生命的舞台上，用優美的舞姿演繹不同的人生歷程，卻不可以離開心靈的陽光獨自歌唱。陽光般的心態，讓我們知足常樂。知足常樂不是滿足於現狀、不思進取，而是讓我們在利益和欲望面前保持心境的平和，在學習和工作中踏實一些，在日常生活中熱情一些；能夠常常記得感恩，認真對待身邊的每一個人，包括自己；懂得珍惜，學會放棄。

生命中充滿了變化，要相信每一時刻發生在你身上的事情都是最好的，要相信自己的生命正以最優美的方式展開。當明媚的陽光充滿你的心靈，你會有一種異樣的感覺，它可以讓你遠離塵囂，掃去心頭的陰霾，為心靈尋得一方淨土。擁有陽光，心的家園將不再是一片荒漠，會有草兒在微風中生長，會有花兒迎著太陽綻放；擁有陽光，你將隨著歡快的節拍，邁出輕盈的步伐；擁有陽光，你會發現親情的貼心、友情的珍貴。

幸福來源於「簡單生活」

有一天，一個人來到神面前祈禱：「萬能的神呀，請您賜予我幸福吧。」

神慈祥的望著他：「我的孩子，你今年多大了？」

那人答道：「神啊，我今年 60 歲了。」

神感到有些奇怪：「難道你 60 年來從沒幸福過？」

那人搖搖頭：「我 10 歲的時候不懂幸福，20 歲時忙著追求學問，30 歲時拚命賺錢購房買車，40 歲時為升遷與高薪而努力，50 歲時整天為孩子的

前途奔波，60 歲時四處求醫問藥醫治可恨的病痛……」

神嘆了一口氣：「我可憐的孩子，我真的欠你太多的幸福。我將賜予你幸福，但你的心裡充滿了名利、煩惱、勞累與仇恨，孩子，你將在哪裡安置我賜予你的幸福？」

那人恍然大悟，他拋棄了名利、煩惱、勞累與仇恨……最後，他成了一個智者。

幸福其實是最簡單的東西，只要你把一切不屬於它的全都放下，它就會來到你身邊。

如果一個人的心靈不複雜，那麼他就可以輕易的獲得幸福。口渴時一泓清涼的泉水，嚴冬時一縷溫暖的陽光，都能給人帶來真正的幸福。或許一些欲望很高的人把這些都看成是天經地義的，他們習慣於將上天的恩賜與人生中的幸運視為理所當然，只有在把自己執著追求的東西追到手後才有一絲快感，他們的幸福顯然距離真正的幸福非常遙遠。

生活中經常會有這樣的畫面：一群穿著破破爛爛衣服的漁夫，面對藍天，隨隨便便的躺在沙灘上歇息，有睡著的，也有沒睡著的，他們的臉上蕩漾著單純的微笑，是發自心靈深處的那種，明亮而璀璨。也許他們自己連幸福是什麼都不知道，然而生活中真正快樂的，卻就是這麼一群簡單的人。

生活中簡單的幸福無處不在，只是我們缺乏感知幸福的心靈。無論在什麼樣的環境裡，只要擁有一雙發覺幸福的眼睛，幸福就無處不在。即使在貧困地區，難民過著缺衣少食的生活，但早餐時的一碗清粥和一盤清淡的小菜，對他們來說也是一種簡單的幸福。

人人都在尋覓幸福，美國人甚至把獲得幸福的權利寫入憲法，而人人又困惑於什麼是真正的幸福，就連哲學家也無法給幸福下一個準確定義。其實幸福沒有統一的答案，也沒有一定的模式。幸福的內涵必須用自己的心靈去

捕捉。一首優美的音樂，一杯清茶，一句溫暖的問候，一縷初夏的涼風……都能使人感受到淡淡的幸福。

幸福的生活可以很簡單，不需要華麗的物質，只需要心愛的人陪伴在自己身邊。享受生活並不等於享受物質，重要的是要了解自己的需求。我們總是把擁有物質的多少、外表形象的好壞看得過於重要，習慣用金錢、精力和時間來換取一種有目共睹的優越生活，卻沒有察覺自己的內心在一天天變得枯萎。事實上，只有當你只為內在的自己而活時，幸福才會潤澤你乾涸的心靈。

一個人需求的越少，得到的自由也就越多。正如梭羅所說：「所謂的舒適生活，不僅不是必不可少的，反而是人類進步的障礙，有識之士更願過比窮人還要簡單和粗陋的生活。」簡單的生活有利於清除物質與生命本質之間的樊籬，讓你認清生命中哪些是應當擁有的，哪些是必須丟棄的。

一位美國作家也曾說：「幸福來源於簡單生活。簡單其實是一種全新的生活哲學，當你用一種新的視野觀察生活、對待生活，你就會發現簡單的東西才是最美的。」簡單，是回歸內在自我的唯一途徑。當我們為擁有一幢別墅、一輛名車而透支生命，或者是為了一次升遷而甘心忍受上司苛刻的指責時，我們應該問問自己：這些東西真的有那麼重要嗎？

珍惜自己的生命

有一天，阿峰和曾經留德的老師談起了老師在德國的留學生活。

老師漫不經心的說：「在德國，因為學制還有一些適應的問題，有些人要待上十年才拿到博士學位。」

「那麼久啊！」阿峰驚嘆道，「對於才二十歲的我而言，十年不就是生命的一半嗎？」

　　老師笑了笑：「你為什麼會覺得十年很『久』呢？」

　　「等我拿到學位回國工作，都已經三、四十歲了。」阿峰回答道。

　　老師問他：「就算不出國，總有一天，你還是會變成『三、四十歲』，不是嗎？」

　　「那倒是。」阿峰點了點頭。

　　老師又問：「你想透了我這個問題的涵義了嗎？」

　　阿峰不解的看著老師。

　　「生命沒有過渡、不能等待，在德國度過的那十年，也是一個人生命中的一部分啊！」老師語重心長的說。

　　老師的話對阿峰產生了很大影響。從此，他對生命有了一個全新的認識。

　　「生命沒有過渡、不能等待。」每當阿峰在忙碌的生活中疲憊不堪想要放棄時，老師的話就會清晰的迴響在他耳邊。因此，他總是很努力的喜歡自己生命中的每一個階段，體驗每一個生命過程。因為，那些過程的本身就是生命，不能重來的生命。

　　我們經常說「人生苦短，如白駒過隙」，的確，和人類綿延幾千年的歷史相比，每一個個體的生命都是曇花一現。即使曾經萬人矚目的輝煌，也會隨著生命的消失而漸漸沉溺於歷史滄桑的長河中。生命對於每個人來說只有一次，它永遠都無法重來，這也正是生命的寶貴之處。

　　生命中有很多的美好，但是悲觀的人不這麼認為，他們覺得生命中只有痛苦和煩惱，快樂猶如天邊閃爍的群星，是永遠都無法觸及的一個夢想。於是，有很多人在遭遇挫折的時候選擇了放棄生命，他們用結束生命的「壯舉」來成全自己的悲傷，卻完全不顧這種不負責任的舉動會給親人和朋友帶來多麼大的傷害。

　　珍惜生命，並不是要你去尋求長生不老的仙丹讓自己長命百歲。珍惜生命，是讓自己在有生之年好好度過每一天，寬容別人，理解別人，忘記不快，把快樂帶給身邊的人，用心去愛這個世界。

　　雖然，漫漫人生路上，你會遇到來自學業、工作、感情、婚姻等眾多的不如意，這些煩惱曾讓你焦頭爛額，甚至痛不欲生，但即使如此，你也沒有任何理由輕易放棄生命。當你選擇離開的時候，你有沒有想過，痛苦會永遠離你而去，但隨之而去的還有幸福。你不應當因為一朵花的凋謝，就忘卻了整個春天的美好。只要用心去觀察，你會發現身邊有很多值得你去做的事情，它們會讓你的生命更加精彩。

　　許多的事，敗了之後還可以重來，許多的花，謝了之後還可以盛開。唯有鮮活的生命，一出生就約定無法更改！人生如戲，既然拉開了布幕，你就得勇敢面對舞台。生命，是一場沒有彩排的演出，無論過程是喜是悲，是苦是樂，它只有一次精彩！學會珍惜生命，不要帶著遺憾離開！

病由心生
內心的傷痛，身體都知道

作　　者：卓文庭、繪圖

發 行 人：黃振庭

出 版 者：崧博文化事業有限公司

發 行 者：崧博文化事業有限公司

E-mail：sonbookservice@gmail.com

粉 絲 頁：https://www.facebook.com/sonbookss/

網　　址：https://sonbook.net/

地　　址：台北市中正區重慶南路一段六十一號八樓 815 室

Rm. 815, 8F., No.61, Sec. 1, Chongqing S. Rd., Zhongzheng Dist., Taipei City 100, Taiwan

電　　話：(02) 2370-3310

傳　　真：(02) 2388-1990

印　　刷：京峯彩色印刷有限公司（京峰數位）

律師顧問：廣華律師事務所 張珮琦律師

- 版權聲明 -

本書版權為作者所有授權崧博出版事業有限公司獨家發行電子書及紙本書。若有其他相關權利及授權需求請與本公司聯繫。

未經書面許可，不得複製、發行。

定　　價：470 元

發行日期：2022 年 02 月第一版

◎本書以 POD 印製

國家圖書館出版品預行編目資料

病由心生：內心的傷痛，身體都知道 / 卓文庭著，繪圖 .-- 第一版 .-- 臺北市：崧博文化事業有限公司，2022.02

面；　公分

POD 版

ISBN 978-626-332-025-3（平裝）

1.CST: 心理衛生

172.9　　　　　　　110022843

電子書購買

臉書